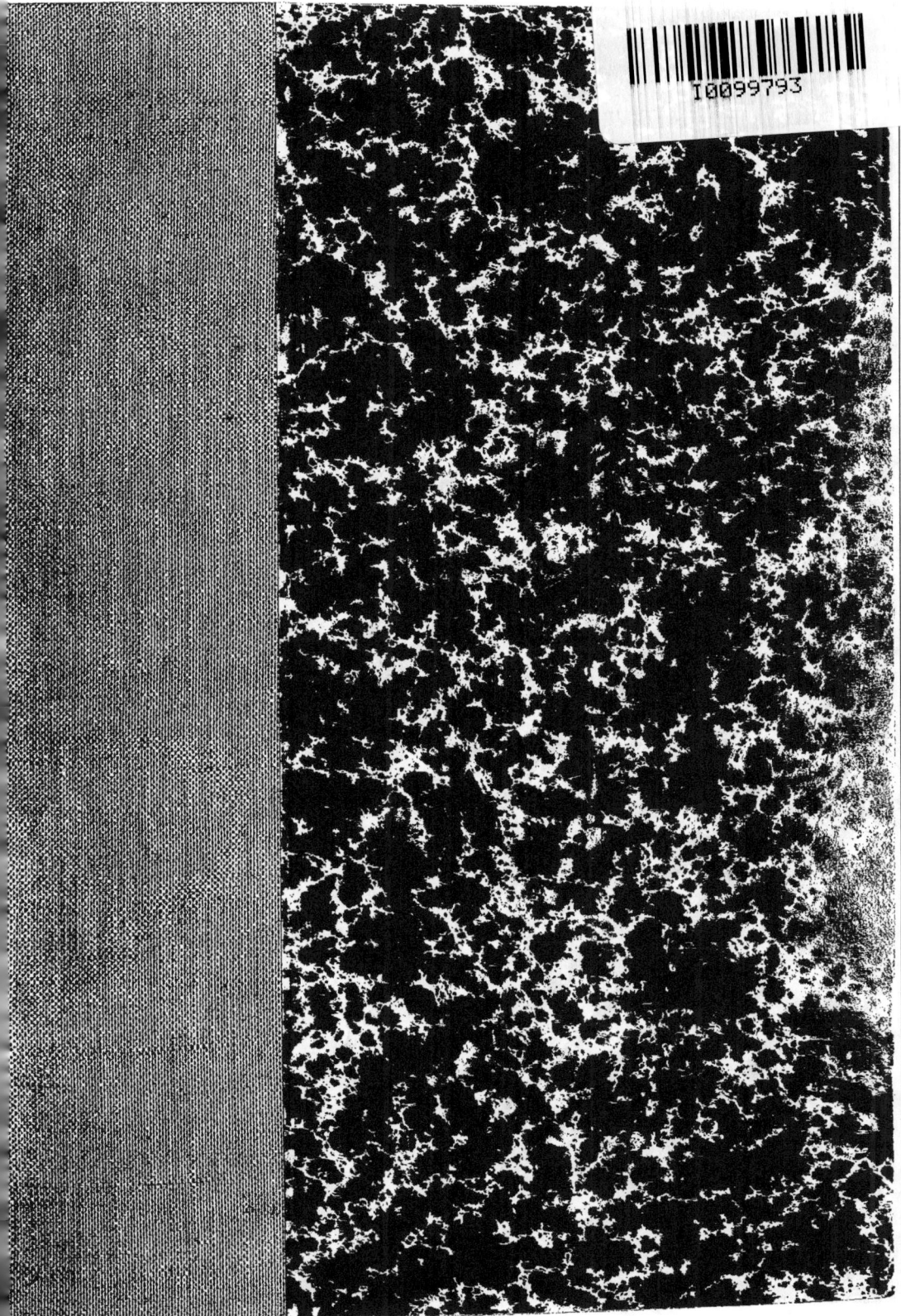

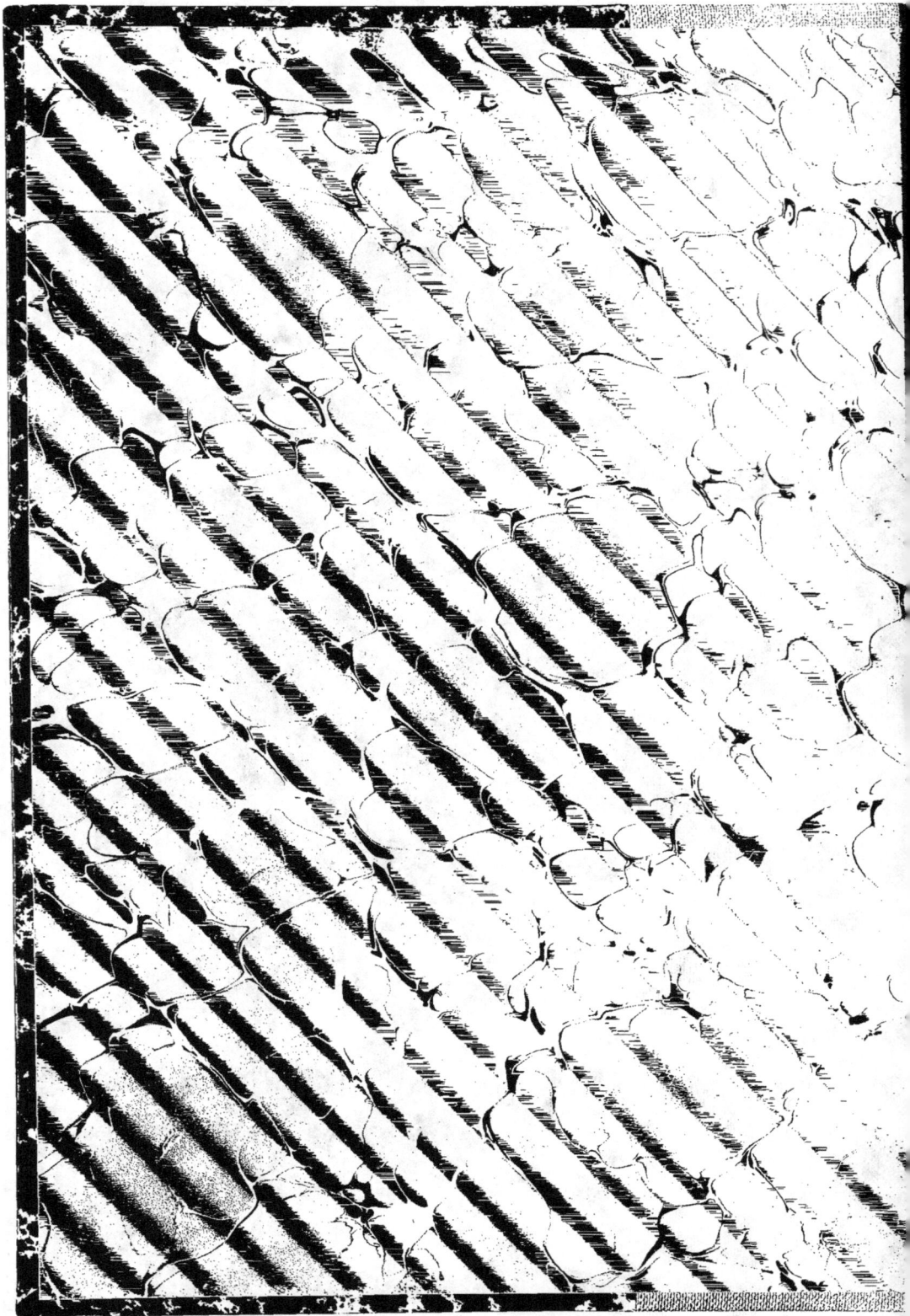

RÉPUBLIQUE FRANÇAISE

DOCUMENTS RELATIFS À LA GUERRE
1914-1915-1916

RAPPORTS

ET

PROCÈS-VERBAUX D'ENQUÊTE

DE LA COMMISSION

NSTITUÉE

EN VUE DE CONSTATER LES ACTES COMMIS

PAR L'ENNEMI

EN VIOLATION DU DROIT DES GENS

(DÉCRET DU 23 SEPTEMBRE 1914)

V

PARIS
IMPRIMERIE NATIONALE

MDCCCCXVI

DOCUMENTS RELATIFS À LA GUERRE

1914-1915-1916

COMMISSION

INSTITUÉE

EN VUE DE CONSTATER LES ACTES COMMIS

PAR L'ENNEMI

EN VIOLATION DU DROIT DES GENS

RAPPORTS

ET

PROCÈS-VERBAUX D'ENQUÊTE

V

RÉPUBLIQUE FRANÇAISE

DOCUMENTS RELATIFS À LA GUERRE
1914-1915-1916

RAPPORTS

ET

PROCÈS-VERBAUX D'ENQUÊTE

DE LA COMMISSION

INSTITUÉE

EN VUE DE CONSTATER LES ACTES COMMIS

PAR L'ENNEMI

EN VIOLATION DU DROIT DES GENS

(DÉCRET DU 23 SEPTEMBRE 1914)

V

PARIS
IMPRIMERIE NATIONALE

MDCCCCXVI

RAPPORT

PRÉSENTÉ PAR LA COMMISSION

À M. LE PRÉSIDENT DU CONSEIL

(8 DÉCEMBRE 1915)

RAPPORT

PRÉSENTÉ

À M. LE PRÉSIDENT DU CONSEIL

PAR LA COMMISSION

INSTITUÉE

EN VUE DE CONSTATER LES ACTES COMMIS

PAR L'ENNEMI

EN VIOLATION DU DROIT DES GENS

(DÉCRET DU 23 SEPTEMBRE 1914.)

CINQUIÈME RAPPORT.

MM. *Georges* PAYELLE, *Premier Président de la Cour des Comptes ; Armand* MOLLARD, *Ministre plénipotentiaire ; Georges* MARINGER, *Conseiller d'État, et Edmond* PAILLOT, *Conseiller à la Cour de Cassation, à M.* LE PRÉSIDENT DU CONSEIL DES MINISTRES.

MONSIEUR LE PRÉSIDENT DU CONSEIL,

Depuis que nous avons eu l'honneur de vous faire connaître les premiers résultats de l'enquête dont vous avez bien voulu nous charger, nous avons poursuivi nos recherches, tant dans les régions déjà visitées par notre Commission que dans des localités où il ne nous avait pas été possible de nous rendre encore. Nous avons aussi entendu, à Paris et en d'autres lieux, un grand nombre de réfugiés, dont les déclarations importantes ont révélé des faits nouveaux ou corroboré les renseignements antérieurement recueillis par nos soins.

De l'information à laquelle nous avons procédé, la preuve ressort, de plus en plus évidente, que les violations du droit des gens et les crimes de droit commun dont l'armée allemande s'est rendue coupable sur le territoire français sont sans nombre. Ainsi que nous l'avons exposé déjà, le meurtre et l'incendie apparaissent comme des procédés de guerre usuels et systématiques chez nos ennemis. Quant au pillage, il est incessant. Aussi n'en faisons-nous même plus mention, à moins qu'il n'ait été accompagné de circonstances ou de procédés qui en aggravent l'ignominie. De même, après la documentation de nos précédents rapports, nous avons renoncé à signaler les cas, continuellement renouvelés, où, sans qu'aucune provocation, aucune parole ni aucun geste eussent justifié de tels attentats contre la liberté humaine, de paisibles habitants, des femmes, des vieillards octogénaires et jusqu'à de jeunes enfants, ont été arrachés à leurs foyers, avec tant de brutalité qu'on ne leur a même pas permis de se vêtir suffisamment ni d'emporter les objets les plus indispensables. De lamentables troupeaux de captifs ont été traînés ainsi au milieu des armées allemandes, poussés à coups de crosse ou de baïonnette et soumis aux pires traitements. Beaucoup de ces pauvres gens ont été massacrés en route, parce que, brisés de coups, épuisés de fatigue et d'inanition, ils ne pouvaient plus suivre leurs bourreaux. D'autres sont morts en captivité. La plupart de ceux qui, après de longs mois de détention à l'étranger, ont été renvoyés en France, y sont rentrés dans un état d'affaiblissement physique qui révèle d'une manière impressionnante leurs privations et leurs souffrances.

Les violences infligées à ces infortunés ont cependant revêtu parfois un caractère tellement odieux, qu'il nous a paru nécessaire de les dénoncer à l'indignation du monde civilisé. Tel est, entre beaucoup d'autres, le martyre des otages de Sompuis, par le récit duquel nous commençons l'exposé des nouveaux faits relevés dans huit des départements qui ont subi le contact de l'ennemi.

MARNE.

Notre rapport du 17 décembre 1914 a sommairement relaté l'enlèvement de M. l'abbé Oudin, curé de Sompuis, de sa domestique et de plusieurs de ses paroissiens. On ignorait alors quel avait été leur sort. Les renseignements que nous avons recueillis depuis nous ont permis de l'établir (1).

Le 7 septembre, des Allemands firent irruption à deux reprises chez l'abbé Oudin, et sous le prétexte que les fils de ses sonnettes auraient pu faire partie de lignes téléphoniques destinées à renseigner les Français, pratiquèrent des perquisitions dans son presbytère. Après cette opération, ils durent reconnaître l'inanité de leurs soupçons. Malheureusement, ils avaient découvert, au cours de leurs recherches, une lettre dans laquelle le frère du curé, capitaine en retraite, s'exprimait sur leur compte avec quelque rudesse, en annonçant le projet de reprendre du service. Ce fut assez pour qu'ils se vengeassent cruellement sur un innocent. Mis en état d'arrestation, M. l'abbé Oudin, vieillard asthmatique de soixante-treize ans, fut d'abord enfermé dans sa cave jusqu'au lendemain sans nourriture, avec sa domestique, Mlle Côte, âgée de soixante-sept ans, et les sieurs Mougeot, Arnould, Poignet et Cuchard. Le 8, tous furent conduits à Coole, où on leur fit passer la nuit, toujours sans leur donner d'aliments; puis on les dirigea vers Châlons-sur-Marne. En route, comme le vieux prêtre, bourré de coups de crosse et complètement exténué, devenait incapable d'avancer davantage, on le fit monter avec sa servante dans une voiture de boucher que durent traîner les autres prisonniers. Quand le convoi stationna à Châlons, M. l'abbé Laisnez, directeur des Œuvres diocésaines, put s'approcher de M. Oudin, qu'il trouva coiffé d'une barrette et chaussé de souliers à boucle que le malheureux avait garnis d'un peu de paille tressée, pour soulager ses pieds endoloris. Il lui donna un chapeau, une pomme et un morceau de pain; mais ce fut en vain qu'il tenta d'obtenir de l'officier commandant l'escorte la mise en liberté de son confrère, dont il attestait l'innocence.

---

(1) V. Rapports et Procès-verbaux d'enquête de la Commission, I : pages 15, 82; et *infra*, Procès-verbaux d'enquête et Documents divers, nᵒˢ 1 à 6.

De Châlons, les otages furent transférés à Suippes, et on les fit entrer dans une maison pour les interroger. L'abbé Oudin, tenant à peine debout, fut saisi à l'épaule et rudement secoué par un officier, qui l'interpella sur un ton grossier. Il sortit de l'interrogatoire égaré, chancelant, et dut passer la nuit entière sous la pluie, dans la cour d'une école.

Le 11, les captifs arrivèrent à Vouziers, pour y séjourner jusqu'au 14 dans un manège où il leur fallut coucher sur de la sciure humide. La journée du 13 fut particulièrement atroce. Des soldats, et surtout des officiers, venus tout exprès en grand nombre, se firent un jeu de maltraiter le curé. Ils lui crachèrent au visage, le flagellèrent de leur cravache, le lancèrent en l'air pour le laisser retomber sur le sol, et lui portèrent sur les bras, sur les cuisses, sur la poitrine, des coups de talon de botte et des coups d'éperon.

Après ces abominables violences, M. l'abbé Oudin se trouva réduit à un tel état de faiblesse qu'on entendait à peine ses gémissements. Le 15, il fut emmené à Sedan : et, dans un hôpital de cette ville, il ne tarda pas à succomber. Un de ses compagnons de misère, le cultivateur Mougeot, qui, ayant reçu, lui aussi, de nombreux coups, avait plusieurs côtes fracturées, était en même temps transporté à la caserne Fabert : là, suivant l'expression d'un témoin, les Allemands le jetèrent sur de la paille comme un chien, et le laissèrent mourir sans soins.

Mlle Côte, au cours du terrible voyage, fut également l'objet des plus indignes cruautés. Avant d'arriver à Tannay, elle fut attachée à la roue d'une voiture. A l'étape, les soldats la terrassèrent dans la boue, la frappèrent brutalement et la traînèrent par les cheveux. L'ayant poussée dans l'église, quatre d'entre eux la jetèrent sur les marches de l'autel, puis, la saisissant de nouveau, la lancèrent au milieu des bancs. Elle fut ensuite, comme son maître, conduite à l'hôpital de Sedan. Elle en sortit, après un séjour assez long, pour être rapatriée avec les autres survivants des otages de sa commune.

Les violences dont le curé de Sompuis, sa servante et le sieur Mougeot ont été si odieusement accablés sont loin d'être les seuls attentats contre les personnes qu'ait établis notre complément d'enquête dans le département de la Marne.

Au commencement du mois de septembre 1914, quand les Allemands firent leur entrée à Changy, le sieur Bourgain (Albert), âgé de cinquante-cinq ans, prit la fuite en s'écriant : « Voici les Prussiens ! » Il avait à peine fait une dizaine de pas, qu'un uhlan lui tirait deux coups de fusil dans le dos. Arrêté presque aussitôt dans sa course par un fil métallique, il reçut du même cavalier, en se retournant, deux autres coups de feu qui l'atteignirent à la poitrine et l'abattirent. Il fut enterré sur place par l'ennemi (1).

A Merlaut, à la même époque, on constata qu'un sieur Carré avait été tué; mais on ne put déterminer exactement les causes de sa mort (2).

Un autre habitant de cette commune, M. Coche (Mathieu), âgé de soixante-dix ans, fut empoigné à Marolles par des cavaliers allemands qui l'emmenèrent dans les champs, attaché à un cheval dont il ne pouvait suivre le pas qu'avec les plus

(1) V. infra, Procès-verbaux et Documents, n°s 7, 8; — (2) n° 9.

grandes difficultés. En arrivant sur le territoire de Vitry-en-Perthois, il tomba et fut traîné sur le dos par la bête qui continuait d'avancer. On l'a retrouvé mort à peu de distance de l'endroit où on l'avait vu défaillir. Des soldats français du 90ᵉ territorial, en l'enterrant, ont remarqué à son front une blessure produite par une balle (1).

Le 4 septembre, à l'approche des Allemands, les époux Aveline quittaient en voiture le village de Montmort avec M. Gayrard, ancien notaire, et plusieurs autres personnes ; mais l'encombrement des chemins était tel, qu'ils se virent bientôt empêchés d'avancer. Après avoir couché dans une ferme, ils prirent le parti de retourner chez eux, et comme la route était fort cahoteuse, M. Gayrard, qui était malade, partit à pied en avant, dans l'espoir de se fatiguer moins. A peu de distance de Montmort, des troupes de la garde impériale l'appréhendèrent sans motif. Entouré de soldats, il était assis sur le bord d'un fossé, quand il vit passer le garde champêtre de sa commune. Il l'appela et le pria de donner sur lui des renseignements aux Prussiens. Le garde voulut alors s'approcher pour témoigner en faveur du prisonnier ; mais un officier lui intima l'ordre de se retirer sur-le-champ, et M. Gayrard fut transporté à Montmort, où les Allemands le fusillèrent devant la maison de son frère (2).

Le même jour et au même lieu, un homme étranger au pays et dont l'identité n'a pu être établie fut tué d'un coup de fusil.

Le 5 septembre, vers dix heures et demie du soir, au Baizil, trois Allemands vinrent frapper à la porte et aux fenêtres des époux Lheureux. Le mari, après les avoir fait entrer, consentit, sur leur demande, à leur donner à manger. Après s'être restaurés, les trois hommes montèrent au premier étage et s'introduisirent dans une chambre où se trouvait Mᵐᵉ Lheureux, auprès de ses enfants. Là un soldat essaya de s'emparer de la jeune Jeanne Lheureux ; mais celle-ci réussit à se dégager et à fuir avec sa sœur aînée. Les Allemands redescendirent au rez-de-chaussée. Bientôt, pourtant, l'un d'eux remontait l'escalier. Trouvant la chambre fermée, il tira dans la porte un coup de fusil, et la balle, après avoir traversé la serrure, atteignit aux reins Mᵐᵉ Lheureux. Transportée à l'hôpital d'Épernay, cette mère de famille y succomba, le 10 octobre, après cinq semaines de souffrances horribles (3).

Le 5 également, des groupes d'Allemands pénétrèrent chez les époux Crapart, à la ferme de Fontaine-Armée, commune de Rieux ; ils se retirèrent à la fin de la journée, après avoir pillé la maison et brisé les armoires. Le surlendemain, le bruit s'étant répandu qu'il allait en venir d'autres, les habitants jugèrent prudent de partir. En route, Crapart eut un regret, et ne pouvant se résigner à abandonner son exploitation, reprit le chemin de la ferme, dont il n'était encore éloigné que d'environ huit cents mètres. Peu de temps après, sa femme entendit des détonations du côté de Fontaine-Armée. Dans l'après-midi, en proie à une vive inquiétude, elle se décida à rentrer chez elle. A deux cents mètres des bâtiments, elle trouva le cadavre du fermier étendu près d'une haie. Crapart, fusillé par les Allemands, avait eu un bras brisé, la poitrine fracassée, et il avait reçu dans la tête des coups de feu qui lui avaient fait sauter les yeux. Une somme de huit cents francs, qu'il portait sur lui au moment de son départ, avait disparu (4).

---

(1) V. infra, Procès-verbaux et Documents, nᵒˢ 9 à 11 ; — (2) nᵒˢ 12 à 14 ; — (3) nᵒˢ 15, 16 ; — (4) nᵒˢ 17, 18.

Le village d'Étoges a subi un pillage général, auquel ont pris part des femmes qui accompagnaient les infirmiers de la Croix-Rouge allemande. Le 5 septembre, un soldat ennemi tira un coup de fusil et alluma une botte de paille à l'entrée d'une cave isolée où se tenaient quelques habitants. M. Constant Thomas, âgé de cinquante-quatre ans, voulut fuir l'asphyxie. On l'entendit crier en sortant : « Grâce! ne me faites pas de mal : j'ai femme et enfants! » Malgré sa prière, il fut presque aussitôt abattu d'un coup de fusil. Le sieur Preslot, âgé de soixante-et-onze ans, et le sieur Decès, de Champaubert, quittèrent leur réduit après lui et furent amenés devant un groupe d'officiers. Ceux-ci les accusèrent d'avoir caché des déserteurs dans la cave, et, leur montrant un vieux revolver de poche, prétendirent qu'on s'en était servi pour tirer sur leurs hommes. Néanmoins, après interrogatoire, les deux vieillards furent remis en liberté (1).

Le 6 septembre, à neuf heures du matin, M. Aubert, âgé de cinquante-neuf ans, cultivateur à Beaunay, était allé chercher du foin à une meule située près de chez lui. Un cavalier allemand lui ordonna de se retirer. Il obéit sans retard; mais, au moment où il rentrait dans sa cour, il fut blessé à la cuisse droite, d'un coup de fusil, par l'homme qui l'avait interpellé (2).

Le même jour, à Courgivaux, le vacher Gy, pris de frayeur à l'arrivée des Allemands, sortait tout tremblant de chez ses patrons pour se sauver dans les champs. Il fut tué, à cent mètres de la ferme, d'une balle dans la nuque et d'un coup de baïonnette à la poitrine (3).

Le 6 septembre encore, à Possesse, pendant l'occupation, on constatait, dans la soirée, la disparition du garde champêtre Baillot, qui s'était rendu au cimetière pour y creuser une fosse. Le 4 octobre, on découvrit son cadavre dans les champs, enterré sous une vingtaine de centimètres de terre. Il avait le front troué et la poitrine ensanglantée. Un licol entourait le corps à la hauteur des reins, et à quelques pas, sur une aubépine au tronc de laquelle Baillot avait dû être attaché au moment de son exécution, on remarquait des traces de balles (4).

Le 7 septembre, des habitants de Lenharrée trouvèrent, à six heures du soir, leur ancien maire, M. Félix, gisant mort sur la voie publique, devant sa maison, avec une blessure encore saignante à la tête. On pense qu'ayant voulu s'opposer à l'ouverture d'une de ses armoires, au bas de laquelle ont été relevées des taches de sang, il aura été assommé d'un coup de crosse par un Allemand et jeté ensuite par la fenêtre (5).

A Champguyon, où notre premier rapport a déjà signalé le meurtre des sieurs Verdier et Loûvet (6), on a ramassé, le 7 du même mois, dans un champ à quatre cents mètres du village, quelques heures après le départ de l'ennemi, le cadavre d'un autre habitant, le sieur Brochot, âgé de vingt-cinq ans. Les mains liées derrière le dos, il portait à la poitrine une large plaie, paraissant avoir été produite par plusieurs coups de feu, et à l'œil gauche une blessure faite par une balle. Ce jeune homme, qui ne possédait aucune arme, était d'un caractère particulièrement

---

(1) V. *infra*, Procès-verbaux et Documents, n°ˢ 19 à 22; — (2) n°ˢ 23, 24; — (3) n°ˢ 25, 26; — (4) n°ˢ 27 à 29; — (5) n°ˢ 30 à 34. — (6) V. Rapports et Procès-verbaux d'enquête de la Commission, I, pages 15, 16, 83, 84.

paisible et doux. On ne saurait admettre qu'il ait pu se livrer au moindre acte d'agression ou de résistance à l'égard de ses meurtriers (1).

Le 8 septembre, à Maisons-en-Champagne, six officiers allemands se présentèrent chez la dame Delhiver, dont le mari était mobilisé, et lui ordonnèrent de leur préparer à manger, exigeant notamment du macaroni. Elle s'empressa de leur obéir, et, avec le plat qu'ils avaient commandé, leur servit une moitié de poulet qui lui restait de la veille. Un capitaine se montra fort irrité qu'elle y eût laissé les abatis et lui porta un soufflet. Indignée, elle le souffleta à son tour. On lui ordonna aussitôt d'aller se coucher; mais, dès qu'elle fut dans son lit, les officiers vinrent l'en arracher. Elle put leur échapper et se sauva à peine vêtue. Poursuivie et bientôt rattrapée par ses agresseurs furieux, elle fut d'abord enfermée dans une maison où le poste était installé. Le lendemain, on la ramena chez elle. L'un de ses hôtes de la veille l'attacha alors sur une chaise, par trois tours de corde aux mains, aux genoux et aux pieds, avec tant de brutalité que, dix mois après, nous avons pu constater sur l'un des poignets de cette femme la cicatrice d'une plaie qui lui avait été faite par le lien fortement serré.

Au bout de trois quarts d'heure de souffrances intolérables, Mme Delhiver fut jetée sur son lit, toujours attachée, jusqu'à ce qu'un gendarme vint, vers quatre heures de l'après-midi, lui annoncer qu'elle allait être fusillée, et la chercher pour la conduire dans des jardins où se trouvaient des soldats. Ceux-ci la rouèrent de coups, et l'un d'eux la tint longtemps étendue sous sa botte, dont il lui écrasait la gorge. Grâce à l'intervention d'un officier d'état-major, elle eut cependant la vie sauve (2).

Au commencement de septembre, à Heiltz-l'Evêque, le suppléant du juge de paix, arrêté sans motif, a failli être fusillé, et les époux Thiébault ont été dévalisés. Deux soldats, après avoir fouillé le mari, lui ont pris quatre cents francs dans son porte-monnaie. Quelques instants après, d'autres Allemands lui ont retiré des poches deux cents francs qui lui restaient; puis, fouillant la femme à son tour, ont encore volé à celle-ci neuf cent soixante-quinze francs en billets de banque (3).

Le 3 septembre, un avion allemand, ayant sans doute essuyé le tir d'une troupe française, tomba sur le territoire de la commune de Jonquery, qui n'était pas encore occupé par l'ennemi, mais qui allait l'être quelques heures plus tard. Le lendemain, un officier vint chez le maire, M. Louis, et l'obligea à se rendre avec lui, en automobile, près de l'aéroplane abattu. Arrivé sur les lieux, il prétendit que les habitants avaient tiré sur les aviateurs, que le corps de l'un de ceux-ci avait été transporté dans la direction de Romigny, et que M. Louis avait certainement vu passer devant sa maison les meurtriers avec le cadavre; puis il enjoignit au maire, dont toutes les dénégations étaient demeurées inutiles, de lui dénoncer les coupables avant le lendemain à huit heures du matin, faute de quoi il le ferait fusiller et donnerait l'ordre de mettre le feu au village. Le 5, à l'heure indiquée, le maire alla trouver l'officier pour lui renouveler ses protestations de la veille. On le fit alors entrer dans une ferme où était déjà consigné un sieur Savart, vigneron à Sacy. La veuve Chevillet et son beau-frère, arrêtés sans motif pendant qu'ils travaillaient dans les vignes, les rejoignirent bientôt.

---

(1) V. *infra*, Procès-verbaux et Documents, n°s 35, 36; — (2) n° 37; — (3) n°s 38, 39.

Après un interrogatoire relatif à la prétendue agression contre les aviateurs, les quatre prisonniers furent alignés au pied d'un mur de la cour. A ce moment, Savart, apercevant une porte entr'ouverte, essaya de prendre la fuite; mais ses gardiens le sommèrent de s'arrêter, et comme il continuait sa course, l'abattirent à coups de fusil. A dix heures, un officier ordonna à M. Louis de parcourir le village avec deux soldats en armes, pour ouvrir les portes des maisons et faire sortir les habitants ainsi que le bétail. Aussitôt le feu fut mis à la salle d'école, et dix-sept maisons, sur trente-cinq, devinrent la proie des flammes (1).

Presque partout, du reste, comme nous l'avons déjà dit, les Allemands ont allumé des incendies sur leur passage, et tout en nous attachant scrupuleusement à faire, entre les dévastations, le départ de celles qui furent produites par les combats d'artillerie, nous continuons à constater, au cours de nos transports, des destructions uniquement dues à la fureur criminelle de nos ennemis, ou à l'implacable exécution d'un plan froidement conçu dans le but d'inspirer la terreur.

C'est ainsi qu'à Champguyon, village en grande partie détruit, quinze maisons ont été incendiées avec du pétrole, tandis que les autres ont été ravagées par les obus (2).

A Lisse, le 5 septembre, les Allemands, arrivés à une heure de l'après-midi, ont commencé à mettre le feu vers deux heures. Quarante-deux maisons sur soixante-quatre ont été brûlées. A huit heures du soir, des voisins ont éteint chez la veuve Lizambert un incendie qui consumait un lit, sur lequel était placée, entre les pieds d'une chaise, une lampe à pétrole allumée. Les soldats ont livré aux flammes une partie des archives de la commune et les registres de l'état civil, que l'instituteur avait cachés dans la cave de la mairie (3).

Dans notre premier rapport, nous avons mentionné les incendies volontaires d'Auve et de Bignicourt-sur-Saulx (4). Nous sommes en mesure d'ajouter aujourd'hui qu'à Auve, une octogénaire, la veuve Godart-Salaire, a été brûlée vive dans l'église, où elle s'était réfugiée, et qu'à Bignicourt, onze personnes ont péri asphyxiées dans la cave du sieur Blanchard (5).

A Marson, le 4 septembre, le sieur Prinet, ayant voulu s'opposer au pillage de son poulailler, a été tué par un soldat d'une balle dans la poitrine; le feu a été ensuite mis à sa maison et s'est communiqué à douze immeubles du voisinage.

Quatre jours plus tard, les Allemands, sous le prétexte mensonger qu'on avait tiré sur eux dans les environs, ont frappé la commune d'une contribution de trois mille francs, promettant, dans le cas où cette somme leur serait payée, « de ne brûler le village qu'en partie ». Deux propriétaires, MM. Oudard et Folliet, ont pu fournir les fonds, et il leur en a été remis un reçu, signé: Walraf. Tandis qu'ils versaient l'argent, M. Folliet vit que la ferme et les magasins de son fils étaient en flammes (6).

Le 6 septembre, lendemain de leur entrée à La Caure, les ennemis ont mis le feu à six immeubles, en trois endroits différents de cette localité. L'incendie a commencé

---

(1) V. *infra*, Procès-verbaux et Documents, nᵒˢ 4o, 41; — (2) nᵒˢ 42, 43; — (3) nᵒˢ 44 à 46. — (4) V. Rapports et Procès-verbaux d'enquête de la Commission, I: pages 14, 75, 79, 80. — (5) V. *infra*, Procès-verbaux et Documents, nᵒˢ 47, 48; — (6) nᵒ 49.

dans une chambre de la mairie, et un officier, auquel le maire se plaignait, s'est contenté de répondre : « C'est la guerre! » (1)

Le même jour, à Châtillon-sur-Morin, après un pillage général, vingt et une maisons, sur trente-six dont se composait l'agglomération, ont été incendiées. On a vu un Allemand portant une torche enflammée. Deux soldats français qui s'étaient attardés dans le village ont été carbonisés (2).

A Étrepy, où, comme nous l'avons déjà fait connaître, soixante-trois ménages se sont trouvés sans abri à la suite de l'incendie allumé le 6 septembre par l'ennemi, on a ramassé une torche et des sachets de poudre en tablettes. Deux vieillards de plus de quatre-vingts ans, les époux Milliat, emmenés presque nus à trois kilomètres du village, ont été indignement maltraités. La femme est morte quatre jours après son retour (3).

Dans la commune de Coizard, qui a été pillée pendant quatre journées consécutives au commencement du même mois, les sept habitations les plus importantes ont été brûlées. Comme on s'est battu à cette époque dans les environs, il est possible que la plupart de ces immeubles aient été détruits par les obus; en tout cas, la perte d'une ferme appartenant au sieur Clément est le résultat certain d'un incendie volontairement allumé par les Allemands (4).

A la ferme de La Verrerie, qui est située sur le territoire de la même commune, on a découvert, le 10 septembre, le corps d'un lieutenant du 3ᵉ zouaves, M. Bloquel, étendu sur de la paille dont il tenait encore des brins serrés entre ses dents et dans ses mains crispées. Blessé au coude, près de La Verrerie, dans un des combats de la Marne, fait prisonnier et amené dans les bâtiments de la ferme, cet officier a certainement été achevé par l'ennemi forcé de battre en retraite: son cadavre, quand on l'a relevé, avait encore le bras en écharpe et portait une plaie à la poitrine (5).

A Blacy, le 8 septembre, le général commandant le IIIᵉ Corps saxon (6) a déclaré à M. Lacoine, cultivateur, chez qui il était logé, que deux de ses hommes venaient d'être blessés, qu'on avait saisi dans le village une arme à feu cachée sous de la paille et que, pour ces motifs, la commune allait être incendiée. L'accusation était fausse. Du reste, la menace ne fut pas complètement exécutée : trois maisons seulement furent brûlées (7).

SEINE-ET-MARNE.

A Jouarre, où l'ennemi est resté du 4 au 8 septembre 1914, il s'est livré, dès son arrivée, à un pillage général, brisant les portes des habitations, dévalisant les caves, s'emparant du linge, des chaussures, des bijoux, et détruisant les objets qu'il ne jugeait pas à propos d'emporter. Le butin a été chargé sur des voitures automobiles portant l'insigne de la Croix-Rouge. Les pertes déclarées dépassent six cent mille francs (8).

Le 5 septembre, la dame X... se trouvait chez un de ses cousins, à la ferme de ....,

(1) V. *infra*, Procès-verbaux et Documents, n° 50; — (2) n° 51 ; — (3) nᵒˢ 52, 53, et : Rapports et Procès-verbaux d'enquête de la Commission, I : page 14. — (4) V. *infra*, Procès-verbaux et Documents, n° 55; — (5) nᵒˢ 54 à 56. — (6) Ainsi déclaré. — (7) V. *infra*, Procès-verbaux et Documents, n° 57; — (8) n° 58.

commune d'Amillis, lorsque survinrent de nombreux Allemands. Trois soldats, après lui avoir fait signe d'approcher, la poussèrent dans une chambre; puis l'un d'eux, le revolver à la main, la renversa sur le plancher et la viola, tandis que les deux autres la menaçaient de leur baïonnette (1).

A la Ferté-Gaucher, le 6 septembre, comme deux soldats allemands frappaient à sa porte et criaient d'ouvrir, la dame Z... obéit, et l'un de ces hommes aussitôt pénétra dans la maison. Brusquement saisie et jetée sur un lit où était couché un de ses enfants, la jeune femme dut subir les derniers outrages. L'autre soldat entra sur ces entrefaites et essaya à son tour de la violenter (2).

AISNE.

Le 2 septembre 1914, le sieur Crétel, âgé de soixante-dix-sept ans, cultivateur au hameau de Longavesne, commune de Vivières, a été tué à trois cents mètres de sa maison. Ce meurtre a été révélé par un sous-officier allemand, qui est venu avertir le maire qu'on avait tiré sur le vieillard parce que, sommé par une sentinelle de s'arrêter, il avait continué sa route. Or Crétel était sourd, et au moment où il avait été interpellé, il était à cinq ou six cents mètres du factionnaire. D'ailleurs, le sous-officier a reconnu lui-même « que ses hommes avaient été un peu trop vite » (3).

Le même jour, les Allemands, en entrant à Neuilly-Saint-Front, ont pillé les maisons dont les propriétaires avaient quitté le pays. Ils ont défoncé le coffre-fort de la dame Lamy et essayé de fracturer celui du percepteur. Deux femmes du hameau de Breuil, qui venaient par la plaine chercher du pain à Neuilly, ont essuyé des coups de fusil. L'une d'elles, Mlle Moulard, a été blessée assez grièvement; l'autre n'a été que légèrement atteinte (4).

Le 6 septembre, un charron de Villers-Cotterets, le sieur Dagbert, âgé de cinquante-sept ans, a été tué sur le territoire de Dampleux, dans les circonstances suivantes. Ce jour-là, comme le garde forestier Maupetit, qui logeait chez Dagbert, se rendait à Faverolles avec son brigadier, le charron les accompagna jusqu'à Dampleux pour chercher du tabac. Entre cette dernière commune et Faverolles, les deux forestiers croisèrent une automobile remplie d'Allemands, qui les mirent en joue; mais ils levèrent les bras, et les soldats ne tirèrent pas. Le lendemain, Maupetit, inquiet de n'avoir pas revu son hôte, alla prévenir de sa disparition le garde champêtre Philippont, de Dampleux. Ce dernier, se rappelant qu'il avait entendu la veille des détonations dans la direction de la forêt, pensa aussitôt que Dagbert avait dû être assassiné. Son pressentiment ne le trompait pas : deux heures plus tard, un sieur Baudet venait informer le maire qu'il avait découvert le cadavre du charron étendu en forêt, sur le bord de la route. Le garde champêtre se rendit à l'endroit indiqué et transporta à une trentaine de mètres sous bois le corps, qui portait deux blessures à l'épaule droite et une plaie de sortie énorme à la hauteur du rein gauche. Le lendemain, Maupetit constata, à quelques pas de la route, des trous faits par plusieurs

---

(1) V. *infra*, Procès-verbaux et Documents, n° 59; — (2) n° 60; — (3) n° 61; — (4) n° 62.

balles dans le tronc d'un gros arbre, près duquel se voyait une flaque de sang ; la casquette de la victime était à terre, tout près de là.

Dagbert était un homme d'un caractère très paisible. Il est vraisemblable, d'après la nature de ses blessures et la disposition des lieux, que pris de peur en voyant se diriger vers lui l'automobile rencontrée peu de temps avant par les deux gardes, il aura sauté dans le bois, et qu'il aura été fusillé au moment où il tentait de se dissimuler derrière l'arbre sur lequel se voient encore des traces de coups de feu.

Au moment où il a été tué, aucun combat n'était engagé sur le territoire de Dampleux (1).

Le 8, à Mézy-Moulins, M. Léger, rentier, vit quatre soldats allemands, précédés d'un lieutenant, amener auprès d'un commandant un vieillard inconnu qu'ils bousculaient et frappaient. L'officier supérieur, après avoir écouté les explications du lieutenant, que M. Léger ne comprit pas, étendit le bras et donna un ordre bref. Immédiatement, un soldat descendit d'une voiture avec son fusil et tira sur le prisonnier, qui s'affaissa. Celui-ci fut ensuite traîné dans le fossé de la route, où l'on vit son corps faire des soubresauts. Enfin, une fourragère remplie de blessés s'étant avancée, on l'y chargea pour l'emmener au milieu des champs. Un capitaine vint, peu de temps après, trouver le maire et lui dit : « Il y a un vieillard beaucoup malade dans la plaine : il faut venir le chercher. » Le maire, accompagné de quatre hommes, se rendit, sous la conduite de l'officier, auprès du moribond qui râlait, la bouche pleine de sang, et le fit transporter sur une civière jusqu'au village, où le malheureux succomba en arrivant. Le capitaine négligea de faire connaître les raisons pour lesquelles cet inconnu avait été exécuté. Il se borna à déclarer que la victime était âgée de soixante-douze ans (2).

Le 9 septembre, le sieur Leguéry (Édouard), maréchal ferrant à Chouy, a été arrêté sans motif par un détachement ennemi qui l'a odieusement martyrisé. L'adjoint au maire de Neuilly-Saint-Front l'a vu passer dans sa commune, attaché à la queue d'un cheval. Leguéry avait le visage ensanglanté et paraissait avoir reçu des coups de sabre. Il est mort deux jours après, à l'hôpital de Soissons, à la suite des mauvais traitements qu'il avait subis (3).

Le 10, à Noroy-sur-Ourcq, le garde champêtre Veret, âgé de soixante-neuf ans, a été tué chez lui, alors qu'il était seul dans sa chambre avec les Allemands. Il a eu le crâne fracassé. Des voisins ont entendu une vitre se briser et une discussion s'élever ; puis, subitement, tout bruit a cessé. On pense que Veret aura reçu un coup de crosse sur la tête, pour avoir un peu trop vivement protesté contre le bris de son carreau (4).

OISE.

Le 31 août 1914, vers midi, M. Malaisé, chef de culture à la ferme de Lamorlière, commune de Welles-Pérennes, envoya ses domestiques, Picard et Gorier, âgés le premier de dix-neuf ans et le second de dix-huit ans, chercher en voiture du pain à Montigny. Le soir, les deux jeunes gens n'étaient pas rentrés. Vers minuit, Gorier,

(1) V. *infra*, Procès-verbaux et Documents, n°s 63, 64 ; — (2) n°s 65, 66 ; — (3) n°s 67, 68 ; — (4) n°s 69 à 71.

grièvement blessé et se soutenant à peine, vint frapper aux volets de la maison. Pendant que son patron l'aidait à se mettre au lit, il lui raconta que des Allemands l'avaient poursuivi ainsi que son camarade, s'étaient emparés de son cheval et de sa voiture, et lui avaient tiré des coups de fusil ; puis, que des uhlans, survenant, lui avaient volé le billet de cent francs qu'il avait reçu au moment de son départ pour payer le pain et faire de la monnaie. Le pauvre garçon, dont la blessure affreuse laissait échapper les intestins, mourut dans la nuit.

Tandis que Gorier tombait mortellement atteint, Picard, poursuivi, ne tardait pas à être arrêté. Il fut d'abord conduit à Ferrières, puis transféré à Crèvecœur-le-Petit.

En arrivant dans ce village, pendant que les soldats, dont beaucoup étaient ivres, enfonçaient les portes des maisons abandonnées et se livraient au pillage, il réussit à s'échapper et se réfugia dans la cour d'une ferme appartenant à M. Audefroy, fils du maire; mais les Allemands y entrèrent derrière lui et le massacrèrent.

Les mêmes soldats pénétrèrent ensuite dans les bâtiments, y mirent le feu, puis sortirent en traînant le domestique Chatelain et l'allèrent jeter devant deux officiers qui, du haut de leurs chevaux, assistaient à la scène. Là, l'un des Allemands abattit le valet de ferme d'un coup de fusil tiré à bout portant. Les deux officiers, quelques instants auparavant, avaient menacé le maire de leur revolver, parce qu'il essayait d'intervenir pour faire cesser le pillage (1).

A Ferrières, où les Allemands mirent le feu à plusieurs maisons, le cantonnier Luisin-Catez et sa femme furent asphyxiés dans leur cave (2).

Le même jour, une troupe ennemie fit son entrée à Mortemer. Pendant le pillage de cette commune, le maire, M. Collard, âgé de soixante-treize ans, qui avait essayé de défendre son bien, fut brutalement frappé et dut passer toute la nuit au poste avec l'instituteur.

Les Allemands partirent le lendemain, à l'exception de quelques hommes de l'arrière, qui se rendirent chez l'épicier Huille pour lui réclamer du tabac. Comme il n'en avait pas, les soldats se saisirent de lui, et tout en le brutalisant, l'obligèrent à les conduire chez le débitant. Quand il fut arrivé devant la maison, il la leur indiqua de la main et fit demi-tour pour retourner chez lui; mais il fut aussitôt tué d'un coup de fusil au cœur (3).

Dans la soirée du 1er septembre, après le départ des troupes françaises, le sieur Legent, de Moyenneville, réfugié à Avrechy, se querella dans une rue de ce village avec un individu qui faisait partie d'une bande de gens à allures louches, porteurs de paniers ou de ballots, et dont quelques-uns étaient armés de fusils. Cet étranger lui cria en se sauvant : « Je vais le dire aux Allemands, et tu verras demain ! » Cette scène eut-elle vraiment quelque rapport avec les incidents qui suivirent ? Toujours est-il que le lendemain, comme les ennemis passaient en colonne, Legent, qui leur parlait avec animation, fut appréhendé, poussé contre un mur et fusillé (4).

Le 3 du même mois, le jeune Gerg, de Gouvieux, âgé de seize ans, se rendait en voiture avec sa mère et sa sœur, Mme Auger, dans la direction de Saint-Leu. Prévenu en route que des troupes ennemies stationnaient à proximité, il jugea prudent de

---

(1) V. infra, Procès-verbaux et Documents, nos 72 à 74; — (2) no 75; — (3) nos 76 à 79; — (4) nos 80 à 83.

tourner bride; mais les Allemands, qui l'avaient aperçu, tirèrent aussitôt sur l'équipage. Gerg et sa sœur, mortellement blessés, succombèrent tous deux dans la journée. Leur mère eut le ventre labouré par une balle. Le même jour, un autre jeune homme de Gouvieux, Paul Descorps, âgé de dix-sept ans qui allait à Creil à bicyclette, fut tué d'un coup de feu dans le dos et d'un coup de baïonnette à la gorge, au lieu-dit Les Égoulies (1).

Le 3 septembre également, le sieur Caron, âgé de soixante-dix ans, demeurant à Nourard-le-Franc, se trouvait dans la plaine, à deux cents mètres de sa maison, quand des soldats allemands, porteurs de brassards de la Croix-Rouge, arrivèrent en voiture près du village. Ils tirèrent sur lui sans motif et le blessèrent à la cuisse et à la main (2).

SOMME.

L'ennemi n'est resté que peu de temps dans celles des communes du département de la Somme qu'il n'occupe plus actuellement; mais il y a commis de graves excès.

A Méricourt-sur-Somme, village qu'il n'a fait que traverser, un grand nombre de soldats entrèrent, le 29 août, vers huit heures du soir, chez la dame X... et y firent main basse sur le linge, les bijoux et les denrées alimentaires. Trois d'entre eux, ayant ensuite obligé cette femme et ses enfants à quitter la cave où la famille s'était réunie, empoignèrent, sur les marches de l'escalier, la demoiselle X..., âgée de dix-sept ans, la ramenèrent de force dans la cave et se livrèrent sur elle à d'ignobles attentats. Tandis que deux de ces hommes la maintenaient par les épaules et par les jambes, le troisième la violait. Après l'avoir ainsi outragée tous trois successivement, ils lui dérobèrent, en la fouillant, les bijoux qu'elle portait et une somme de quarante-cinq francs. A la suite des violences dont elle a été victime, la jeune fille est restée malade pendant trois semaines.

Une de ses voisines, Mme Z..., qui avait été, dans la même maison, l'objet d'une révoltante persécution de la part d'un soldat, n'osa pas rentrer chez elle et s'arrangea pour passer la nuit, avec ses deux enfants, chez Mme X... A dix heures du soir, l'Allemand qui l'avait poursuivie de ses assiduités vint frapper à la porte avec tant d'insistance qu'il fallut lui ouvrir. Il prétendit que M. Z..., très souffrant, réclamait sa femme. Elle consentit à le suivre, à la condition que la fille aînée de son hôtesse et la belle-mère de cette jeune femme l'accompagneraient. En arrivant dans le jardin, le soldat se jeta sur elle et essaya de la violer, après avoir tiré deux coups de revolver pour effrayer les compagnes de sa victime; mais il ne put consommer son crime, un des témoins ayant couru chercher du secours. Mme Z... a été extrêmement impressionnée par cette agression, et sa santé en est demeurée longtemps ébranlée (3).

La commune de Proyart a été occupée pendant dix-sept jours par des troupes ennemies; elles y ont pratiqué un pillage abominable, auquel ont participé six ou sept diaconesses vêtues de noir et portant des coiffes blanches et des brassards. Une partie du village a été détruite par les obus, une autre partie a été brûlée à la main.

(1) V. infra, Procès-verbaux et Documents, nᵒˢ 84 à 87; — (2) nᵒˢ 88, 89; — (3) nᵒˢ 90 à 94. Au sujet d'un attentat analogue, commis non loin de Méricourt, à Nesle, en janvier 1915, voir la déposition nᵇ 95.

Les Allemands ont mis le feu à la maison Wable, après l'avoir saccagée et en avoir chargé le mobilier sur une automobile. Le 29 août, un uhlan, qui, avec plusieurs de ses camarades, était entré par le jardin chez le sieur Boulanger, a tiré trois coups de fusil dans la cave où ce vieillard de soixante-quatorze ans, presque aveugle, s'était réfugié en compagnie de quelques autres personnes. Atteint à la jambe et à la poitrine, M. Boulanger est mort sur-le-champ (1).

Le même jour et le lendemain, les Allemands ont incendié volontairement sept habitations et deux granges à Framerville. Pendant que les bâtiments brûlaient, les incendiaires dansaient au son d'un piano mécanique qu'ils avaient enlevé de la maison François Foucard et traîné dans la rue (2).

A Pont-Noyelle, où ils ont passé le 30 août, les ennemis ont commis de nombreux vols, notamment chez le boulanger Allet, chez Mme Tiquet et chez la veuve Minotte. Comme cette dernière, qui est âgée de soixante-dix-neuf ans, les avait suivis jusque dans la cave pour sauver un peu de son vin, un soldat l'a renversée sur un tas de bouteilles et a tenté de la violer (3).

Dans la même localité, plusieurs Allemands vinrent frapper à la porte charretière du sieur Adnet, et la brisèrent au moment où celui-ci, qui est atteint de paraplégie, faisait toute la diligence possible pour aller les recevoir. Un officier, entrant alors à cheval, renversa l'infirme et, sans s'occuper de lui, se rendit immédiatement à la porte de la cave, qu'il fit fracturer par ses hommes. Tout le champagne et tout le vin fin (sept ou huit cents bouteilles) furent bus ou emportés. Un certain nombre de soudards, s'étant attablés dans la maison, exigèrent que le propriétaire bût son champagne avec eux. Comme il s'y refusait, un sous-officier, par dérision, l'affubla de son casque. Indigné, M. Adnet arracha la coiffure et la jeta loin de lui; mais le gradé la lui replaça de nouveau violemment sur la tête et l'obligea à la conserver, au milieu des rires et des huées de la bande.

L'habitation fut saccagée. Les denrées, l'argenterie, les chevaux furent volés. M. Adnet, qui s'était traîné jusqu'à sa chambre, y aperçut un soldat en train de briser un coffret. Se voyant surpris, le voleur s'enfuit en emportant pour quinze ou dix-huit cents francs de bijoux (4).

Le même jour, à Lahoussoye, Mme veuve Coulon, âgée de quatre-vingts ans, se rendait, ainsi qu'elle en avait l'habitude, chez le sieur Renard, cultivateur, pour y chercher du lait. Elle ne le trouva pas à la maison; mais elle y vit trois Allemands qui étaient en train de manger. Dès qu'elle fut entrée, deux de ces hommes la saisirent et l'entraînèrent dans l'étable; puis ils la renversèrent sur le sol et, en lui meurtrissant la bouche pour étouffer ses cris, s'efforcèrent successivement de la violer. Le lendemain, on découvrit Renard mort, au fond de sa cave, une balle en plein cœur (5).

Le 30 août également, le sieur Grignon, âgé de soixante-seize ans, cultivateur à Querrieu, qui s'était réfugié avec sa famille à Pierregot, se mit en route pour retourner à sa ferme soigner son bétail. On le trouva sans vie, le lendemain, à proximité de son village, avec une large blessure au ventre faite par un instrument tranchant. Une

---

(1) V. *infra*, Procès-verbaux et Documents, n°s 96 à 98; — (2) n°s 99, 100; — (3) n°s 101 à 103; — (4) n° 104; — (5) n°s 105 à 107.

des poches du défunt contenait un bon de réquisition émanant du 27ᵉ régiment alle-mand d'infanterie de réserve, et tout maculé de sang. La commune de Querrieu a été presque complètement pillée par l'ennemi, qui y a brûlé volontairement deux mai-sons et un fournil (1).

Outre les crimes que nous avons pu constater sur place dans le département de la Somme, nous avons recueilli auprès des réfugiés des renseignements importants et nombreux sur les graves violations du droit des gens dont les communes encore occupées de ce département ont été également le théâtre. Certains de ces faits néces-siteront de notre part des investigations plus approfondies ; mais il en est d'autres, sur la réalité desquels nous sommes dès à présent suffisamment édifiés. Ce sont les suivants :

Le 29 août 1914, vers dix heures du matin, des Allemands vinrent piller la maison de Mˡˡᵉ Cochois, débitante, à Longueval; d'autres les suivirent, qui se montrèrent fort mécontents de ne plus rien trouver à voler. Tout à coup l'un d'eux, empoignant rudement la commerçante par les deux bras, l'entraîna dans une chambre du premier étage dont il ferma la porte au loquet; mais le frère de Mˡˡᵉ Cochois, attiré par le bruit, enfonça la porte, et par son attitude énergique intimida l'agresseur, qui ne poussa pas plus loin sa criminelle entreprise.

Redescendu au rez-de-chaussée, le soldat dit à la débitante : « Je sais que vous avez de l'argent. Donnez-le moi, ou je mets le feu à la maison. » Mˡˡᵉ Cochois lui affirma d'abord qu'elle ne possédait rien; puis, devant l'insistance et les menaces du misérable, elle finit par demander à son frère d'aller chercher une somme de quinze cents francs qu'il avait enterrée le matin même dans le jardin. L'homme mit l'argent dans ses poches et, satisfait, se retira (2).

Les Allemands sont venus à deux reprises à Maucourt. Au moment de la première occupation, le 29 août 1914, dans la matinée, un de leurs soldats pénétra dans la maison du sieur Hoschedé, où le père de celui-ci prenait le café avec MM. Dubois, Seigneurgens et Rousselle, braqua son fusil sur les personnes présentes et leur adressa des paroles qu'elles ne comprirent pas. Seigneurgens, effrayé, tenta de se sauver par une porte entr'ouverte ; mais l'Allemand, après lui avoir crié de s'arrêter, furieux de n'être pas obéi, fit feu deux fois de suite. Atteint au côté, le paysan put parcourir encore un trajet de cent cinquante mètres, au bout duquel il tomba mort.

Pendant ce temps, Rousselle avait sauté un mur. Blessé au bras d'un coup de feu, poursuivi et bientôt rejoint dans une grange, il reçut cinq balles dans la tête.

Le lendemain matin, M. Hoschedé vit, dans une rue du village, deux Allemands achever à coups de crosse et dévaliser un dragon français blessé, qui venait d'avoir son cheval tué sous lui (3).

L'ennemi quitta la commune le 30 août, après l'avoir pillée. Il y revint le 25 sep-tembre. A ce moment, quelques habitants qui s'étaient abrités dans une cave ayant abandonné leur refuge, plusieurs d'entre eux, MM. Ernest Dubois, Louis Hoschedé, Eugène Lombard et l'instituteur, M. Brazier, furent arrêtés. Les Allemands leur

(1) V. infra, Procès-verbaux et Documents, nᵒˢ 108 à 111 ; — (2) nᵒˢ 112, 113; — (3) nᵒˢ 114, 118, 119.

annoncèrent qu'ils allaient les faire tuer par nos soldats, et les mirent devant eux pendant qu'ils tiraient sur une troupe française dans la direction de Méharicourt. Peu après, notre artillerie ouvrit le feu, et comme les obus tombaient en abondance, l'ennemi rebroussa chemin. Les prisonniers, escortés de chaque côté par des soldats, baïonnette au canon, furent alors placés à l'arrière pour protéger la retraite. Quand on arriva à Chilly, un officier leur permit enfin de s'en aller (1).

Au mois de septembre 1914, à Dompierre-en-Santerre, les Allemands ont incendié trois maisons avec du pétrole et essayé d'en brûler d'autres. En octobre, ils ont de nouveau mis le feu à plusieurs immeubles, notamment à la boulangerie; ils étaient allés demander à une débitante de l'alcool, de l'essence et des chiffons pour accomplir leur œuvre de destruction (2).

Le 5 octobre, la dame X..., âgée de quarante-cinq ans, sa fille ..., âgée de vingt ans, et Mlle Z... ont été arrêtées dans cette commune et emmenées à Péronne, où, malgré leurs protestations, des médecins leur ont fait subir une visite sanitaire humiliante. Vers la même époque, un officier a renversé Mme X... sur une table et tenté de la violer (3).

Le 24 septembre, à Liancourt-Fosse, un détachement allemand s'empara d'une douzaine d'habitants et les conduisit sur la route de Roye, qui était battue par le tir des Français. Placés sur trois rangs et tenus en joue par les ennemis qui s'abritaient dans des maisons, les prisonniers étaient exposés au feu de nos troupes, quand un officier ordonna à deux d'entre eux, les sieurs Roquancourt et Loffroy, d'aller vérifier s'il n'y avait pas de soldats français cachés dans deux maisons qu'il leur désigna : « Tu vas aller dire à .tes bons Français, ajouta-t-il en s'adressant à Roquancourt, qu'ils s'arrêtent de tirer, sinon tu seras fusillé.... » Les deux hommes, après être entrés dans les maisons qui leur avaient été indiquées, purent s'échapper par une ruelle et se réfugier dans une cave.

Pendant ce temps, l'ennemi, en s'avançant, faisait marcher devant lui les civils restés entre ses mains et s'en servait comme de boucliers. M. Deroyon tombait mortellement atteint d'une balle au ventre; les sieurs Cotté, Prache et Colmache étaient grièvement blessés (4).

Les Allemands se sont installés à Flers à la fin de septembre 1914. Pendant le premier mois de l'occupation, le boulanger Delmotte, requis de leur faire du pain, se soumit à leurs exigences, sans recevoir, en échange de ses fournitures, autre chose que des bons de réquisition. Au bout de quelque temps, comme la farine manquait, il dut en aller chercher à ses frais à Bapaume, où elle lui fut vendue par l'ennemi lui-même, qui avait pris possession du moulin. Il finit un jour par se lasser, et refusa de travailler plus longtemps pour la troupe sans être payé au moins de la marchandise qu'il devait se procurer. Les Allemands, mécontents, cherchèrent une occasion de se venger. Le 14 octobre, ils ordonnèrent à Delmotte de leur remettre son fusil de chasse, ce qu'il fit sans discussion. Le 26, ils lui enjoignirent de leur livrer ses muni-tions. Obéissant encore, le boulanger leur apporta une boîte qui contenait, avec quelques cartouches, des éclats d'obus et deux chargeurs que son fils avait ramassés

(1) V. *infra*, Procès-verbaux et Documents, n°s 115 à 121; — (2) n°s 122, 123; — (3) n°s 123 à 125; — (4) n°s 126, 127.

dans les champs. Immédiatement arrêté pour détention d'engins de guerre, il fut enfermé et gardé à vue dans sa cave. Le lendemain, on le fusilla dans son jardin, près d'une fosse que les meurtriers avaient pris la précaution de creuser à l'avance.

M. Delmotte était un homme doux, serviable et généreux ; il avait fourni de ses deniers deux mille francs, pour le payement de la contribution de deux mille cinq cents francs dont la commune avait été frappée (1).

Le 12 octobre 1914, un aéroplane survola le village de Beaumont-Hamel. Les Allemands feignirent de croire que les dames Roussel et Flament lui avaient fait des signaux, la première en amenant dans sa cour un cheval rouge et un cheval blanc, la seconde en déployant un large morceau d'étoffe. Or Mme Flament s'était simplement mouchée, et Mme Roussel, qui, en l'absence de son mari mobilisé, était obligée de pourvoir à une exploitation agricole assez importante, avait fait attacher deux chevaux dans la cour pour faciliter le nettoyage de leur écurie.

Avec d'autres habitantes de la commune arrêtées pour des motifs aussi vains, Mmes Roussel et Flament furent interrogées par l'adjoint au colonel du 110e régiment d'infanterie. Après les avoir toutes sommées d'avouer leur culpabilité, cet officier s'acharna particulièrement contre Mme Flament, et promit aux autres la vie sauve si elles consentaient à la dénoncer. Il croyait avoir contre cette femme un sujet de ressentiment personnel. Quelques jours auparavant, en effet, il était allé lui demander du vin de Champagne, et elle avait déclaré n'en pas avoir ; mais en sortant, il en avait vu entre les mains de ses hommes : se croyant joué, il s'était répandu en reproches violents.

Malgré le danger, les courageuses citoyennes répondirent qu'elles ne consentiraient jamais à accuser une innocente et qu'elles préféraient la mort. Outré de leur résistance, l'Allemand, après leur avoir donné trois minutes de réflexion, les fit conduire devant le mur de l'église. Là, tandis que des soldats braquaient sur elles leurs fusils, il compta : « Un, deux... » Puis, pensant avoir, par ce simulacre d'exécution, terrorisé de faibles femmes, il renvoya ses prisonnières à la mairie avec un nouveau sursis d'une demi-heure. Ce délai expiré, il recommença à les presser de questions ; saisit deux sommes, l'une de 776 francs, l'autre de 1.345 francs, que Mmes Roussel et Flament, croyant leur exécution résolue, avaient confiées à une de leurs amies pour qu'elle les transmît à leurs familles ; menaça, dans un accès de rage, de faire enterrer vivante Mme Flament, et exigea que toutes les personnes arrêtées affirmassent leur innocence sous serment. Enfin, reculant au dernier moment devant l'abomination qu'il allait commettre, il fit reconduire chez Mme Roussel les malheureuses femmes qu'il avait ainsi persécutées. Elles y furent gardées à vue jusqu'au 28 octobre, date à laquelle on les transféra à Cambrai avec les autres habitants pris comme otages, parce qu'ils n'avaient pu payer la totalité d'une contribution de huit mille francs imposée à la commune (2).

Au nombre de ces derniers se trouvaient les époux Vivier et leur fils, âgé de douze ans. Au bout de cinq mois de captivité, M. Vivier obtint son inscription sur la liste des prisonniers civils à rapatrier. Il allait monter dans un train avec sa famille

(1) V. *infra*, Procès-verbaux et Documents, n°s 128 à 130 ; — (2) n°s 131 à 134.

et un certain nombre de ses concitoyens, quand un officier apporta l'ordre de retenir tous les jeunes gens ayant atteint leur douzième année. Dix ou douze garçons durent sortir des rangs. M. Vivier, pour ne pas abandonner son fils, demanda alors à rester ; mais on lui refusa cette faveur, et comme sa femme, au désespoir, se précipitait vers l'enfant, un gendarme la repoussa brutalement, en la menaçant de la fusiller si elle bougeait encore. Tous les parents séparés ainsi de leurs fils s'épuisèrent en vaines supplications ; malgré leurs larmes et leurs prières, la mesure impitoyable fut maintenue.

Le 25 août, date à laquelle ce fait indigne nous a été révélé, les époux Vivier étaient depuis le 17 mars, jour de la séparation, sans aucune nouvelle de leur enfant (1).

MEUSE.

Dans le premier rapport que nous avons eu l'honneur de vous adresser, nous vous faisions savoir, en mentionnant la destruction à peu près complète de Brabant-le-Roi et de Vassincourt, qu'il ne nous avait pas été possible d'établir d'une façon certaine les circonstances dans lesquelles ces deux communes avaient été presque anéanties (2). Nous sommes plus exactement renseignés aujourd'hui. Le village de Brabant-le-Roi a été dévasté par la bataille ; mais à Vassincourt, où les obus ont également démoli un certain nombre de maisons, l'ennemi, avant de se retirer, a brûlé volontairement les bâtiments qui avaient échappé aux effets du bombardement (3).

Entre le 7 et le 9 septembre, à Villers-aux-Vents, localité dont nous avons déjà relaté l'incendie, les Allemands arrêtèrent les sieurs Basile Vigroux, Émile Mathieu, Hector Bel et Lucien Minette (4). Ce dernier, qui était un peu simple d'esprit, essaya de résister ; mais il fut roué de coups et dépouillé de tous ses vêtements. On l'attacha ensuite par une chaîne à ses trois compagnons, et on le conduisit avec eux dans les champs, à un kilomètre du village.

Quatre officiers l'ayant alors fait détacher, après s'être concertés un instant, donnèrent l'ordre de le fusiller. Entraîné dans un bas-fond, il fut tué de deux coups de fusil, puis enterré sur place.

Les trois autres prisonniers furent mis en liberté peu de jours après. Au moment de son arrestation, Bel avait été fouillé, et une somme de quarante francs lui avait été dérobée.

Les arrondissements de Commercy, de Verdun et de Montmédy, dont une grande partie est encore occupée, sont naturellement ceux qui ont eu le plus à souffrir de l'invasion. Dans la région d'Étain surtout, la fureur de l'ennemi s'est implacablement déchaînée, et nous aurons à relater plus tard les massacres épouvantables qui ont ensanglanté certaines localités, comme la malheureuse commune de Rouvres. Nous attendons, pour vous faire le récit de ces horreurs, que notre documentation déjà considérable soit plus complète et plus précise encore.

(1) V. *infra*, Procès-verbaux et Documents : n°° 132, 134 ; — (2) V. Rapports et Procès-verbaux d'enquête de la Commission, I : pages 20 et 21. — (3) V. *infra*, Procès-verbaux et Documents : n°° 135 à 138. — (4) V. Rapports et Procès-verbaux d'enquête de la Commission, I : pages 18, 96, 97 ; et *infra*, Procès-verbaux et Documents : n°° 139, 140.

MEURTHE-ET-MOSELLE.

Dans le département de Meurthe-et-Moselle, les Allemands continuent à bombarder sans avertissement les villes ouvertes. Depuis le 11 novembre 1914, date de notre première enquête, Nancy, où il n'existe ni rassemblement de troupes, ni établissements militaires, a été attaquée quinze fois par des aéroplanes et deux fois par des dirigeables. Vingt-et-une personnes ont péri et vingt-cinq ont été blessées (1).

Lunéville a été également, à plusieurs reprises, le but de raids entrepris par les aviateurs ennemis. Ceux-ci, pour leurs incursions, ont choisi de préférence les jours où le marché attirait dans la ville une affluence de population. On avait déjà remarqué cette particularité, quand, le 1er septembre dernier, plusieurs avions effectuant un nouveau bombardement, l'un d'eux parvint à lancer une bombe en plein marché. L'engin tomba dans la rue de la Charité, tuant quarante-six personnes et en blessant une cinquantaine. Les victimes étaient presque toutes de pauvres femmes, qui, des régions précédemment ravagées par l'invasion, s'étaient rendues à Lunéville pour vendre le maigre produit de leurs jardins. « Après l'attentat, nous a dit le maire, la rue présentait le spectacle d'un carnage affreux. Des cadavres écrasés et déchiquetés étaient accumulés le long des murs de l'école : les visages étaient noirs ; des thorax étaient vidés ; des membres épars gisaient sur le sol ; des débris de cervelle avaient été projetés sur la chaussée et jusque dans les magasins, où une partie de la foule, effrayée par l'explosion précédente de deux bombes, s'était réfugiée. Partout, du sang répandu. » (2)

Le 12 août 1914, les 2e, 5e, 12e et 16e régiments d'infanterie entrèrent à Badonviller, après d'assez violents combats dans les environs. Leur premier acte fut de tuer un propriétaire inoffensif, M. Marchal, âgé de soixante-dix-huit ans, qui était tranquillement assis devant sa porte.

Bientôt, une action engagée autour de la ville se poursuivit dans les rues, où il restait une poignée de chasseurs à pied français, et ceux-ci, forcés de battre en retraite, tirèrent, avant de s'éloigner, sur les colonnes qui venaient renforcer l'ennemi. Furieux de cette fusillade, les Allemands, selon leur habitude, alléguèrent que des civils y avaient pris part, et l'ordre fut donné de tout mettre à feu et à sang. Le capitaine Baumann, du 16e régiment, se montra particulièrement menaçant. Pour l'apaiser, le maire, M. Benoit, parlementa avec lui de son mieux et lui affirma qu'aucun de ses concitoyens n'avait tiré. L'officier lui enjoignit alors de l'accompagner dans les rues et de faire ouvrir partout les portes et les fenêtres. Afin d'assurer, en ce qui concernait sa propre maison, l'exécution de cette consigne, le maire envoya chez lui sa femme, qui était auprès de ses parents, puis il alla se présenter au général ennemi pour plaider la cause de ses administrés et demander qu'on mît fin aux scènes de violence et aux incendies qui commençaient déjà. Le général, pour toute réponse, impartit un délai de vingt minutes, avant l'expiration duquel, en même temps que les soldats réfugiés à Badonviller devraient être livrés, tous les hommes auraient à se rassembler

---

(1) V. *infra*, Procès-verbaux et Documents, n°ˢ 141 à 143, et : Rapports et Procès-verbaux d'enquête de la Commission, I : pages 21', 108, 109. — (2) V. *infra*, n°ˢ 144 à 147.

devant la mairie. M. Benoit s'empressa de faire le nécessaire pour réunir ses concitoyens, et comme en s'y employant il passait devant son habitation, un officier la
lui désigna de la main, disant que, de là, on avait tiré. Après avoir énergiquement
protesté, le maire entra chez lui avec quatre soldats pour faire visiter sa demeure.
Un douloureux spectacle l'y attendait. En pénétrant dans une chambre du premier
étage dont la fenêtre avait été ouverte, il trouva sa femme étendue sans vie, avec une
plaie à la poitrine. Le malheureux mari, affolé, voulut se précipiter sur le cadavre ;
mais les Allemands l'entraînèrent, et il dut avec eux procéder à des perquisitions
chez des voisins, tandis que dans sa maison, où le feu venait d'être mis, le corps de
Mme Benoit se consumait.

Dans le même quartier, les Bavarois incendièrent encore une cité ouvrière, ainsi
que d'autres bâtiments, et tuèrent un jeune garçon de seize ans, Georges Odinot, au
domicile de ses parents. Cet enfant remontait de la cave avec une bouteille de vin et
une miche de pain destinées au repas de sa famille, quand, en entrant dans la
cuisine, il se trouva en présence de deux soldats qui le mirent en joue : « Pardon,
messieurs ! » s'écria-t-il ; mais l'un des deux hommes l'abattit d'une balle à la gorge.
Les Allemands traînèrent ensuite le cadavre par les jambes et allèrent le jeter dans
un hangar en flammes.

Pendant ce temps, d'autres meurtres étaient commis à l'extrémité opposée de la
ville, où l'incendie était également allumé. M. et Mme George, leur fille, leur
gendre M. Gruber et deux jeunes enfants de ces derniers, surpris par le feu dans
leur cave où ils s'étaient blottis, étaient poursuivis à coups de fusil. M. et Mme George
recevaient la mort devant leur maison ; M. Gruber, ayant un de ses enfants dans les
bras, était grièvement atteint et se traînait jusqu'à un pré voisin, où il devait succomber cinq heures plus tard. Sa femme, d'une maison située en face, assista à son
agonie, sans qu'il lui fût permis d'aller lui donner le moindre soin. Enfin, M. Spatz,
vieillard de quatre-vingt-un ans, M. Boulay (Emile) et son fils, âgé de quinze ans,
étaient massacrés chez eux.

Un certain nombre de personnes furent, au cours de cette horrible journée,
brutalement expulsées de leurs demeures, puis réunies dans la grande rue, où elles
subirent les plus mauvais traitements. Un homme de soixante-quinze ans, M. Batoz,
impotent et malade, fut tiré hors de son lit et traîné nu sur la route : il mourut quinze
jours après. Une dizaine de jeunes gens durent s'étendre sur le sol, les bras en croix,
et les soldats, en passant auprès d'eux, s'amusèrent à leur porter des coups de pied
et des coups de crosse, et à leur marcher sur les mains. Pendant une scène de ce
genre, le jeune Massel, âgé de dix-huit ans, qui avait été blessé par une balle, tomba
dans la rivière et s'y noya, sans qu'on autorisât sa mère et sa sœur, témoins de
l'accident, à lui porter secours.

En même temps qu'il assassinait, l'ennemi se livrait furieusement à l'incendie et
au pillage. Quatre-vingt-cinq maisons étaient détruites, et l'église était canonnée
par une batterie placée sur une crête dominant la ville. Ce bombardement, qui
ne répondait à aucun but militaire — car les combats avaient cessé —, s'effectua en
présence des otages de Fenneviller, qui, au dire de plusieurs témoins, auraient été
forcés à se découvrir et à crier : *Hourra !* avec les artilleurs, à chaque coup de

canon. Il est juste de signaler néanmoins que sur les instances de M. Berson, professeur au lycée Condorcet, qui était en vacances à Badonviller et y avait été arrêté, le capitaine Baumann consentit, pendant la canonnade, à envoyer des soldats faire la chaîne pour éteindre le commencement d'incendie qui s'était déclaré dans un groupe de maisons avoisinant l'église (1).

Dans notre rapport du 17 décembre 1914, nous vous avons fait connaître les meurtres dont les Allemands se sont rendus coupables dans le village de Crévic (2). A la liste des victimes que nous avons établie à cette époque, nous devons ajouter le nom de M. Hagnel. Le 22 août, cet homme de soixante-neuf ans vit arriver chez lui une troupe de soldats, auxquels il ouvrit immédiatement sa maison; mais ceux-ci se montrèrent si menaçants que Mme Hagnel, épouvantée, courut demander aide chez un voisin. Quand elle voulut rentrer, elle vit son habitation en flammes. Le corps de son mari fut retrouvé plus tard, presque carbonisé, dans les décombres. Il avait à la gorge une plaie large et profonde, paraissant avoir été produite par une baïonnette (3).

Les témoignages d'un grand nombre de réfugiés nous ont permis de nous rendre compte que, dans la partie du département de Meurthe-et-Moselle qui est encore envahie, et principalement dans l'arrondissement de Briey, les Allemands se sont livrés à d'effroyables excès. Nous ne croyons pas devoir, pour le moment, utiliser les éléments de preuves, déjà très sérieux, que nous avons pu recueillir sur les atrocités commises dans certaines localités de cette région si éprouvée; mais il n'en est pas de même en ce qui touche les faits qui se sont passés à Audun-le-Roman et à Jarny. Nous possédons à ce sujet des renseignements d'une telle concordance qu'ils ne sauraient laisser place à la plus légère incertitude.

Nous vous avons déjà communiqué une déposition faite devant nous, à Nancy, le 30 octobre 1914, par M. Véron, ancien instituteur à Audun-le-Roman (4). Elle a été non seulement confirmée d'une façon absolue, mais encore largement complétée par de nouvelles précisions. Arrivé le 4 août à Audun, l'ennemi, pendant les premiers temps de l'occupation, se conduisit avec une modération relative, bien qu'il se montrât exigeant dans ses réquisitions et parfois menaçant à l'égard du maire et des habitants. Le 21 août, son attitude se modifia brusquement, après le passage en débandade d'une troupe allemande qui venait de la direction d'Étain. Prétextant alors qu'ils avaient été l'objet d'une agression de la part des civils, les Allemands se mirent à incendier les maisons et à tirer dans les fenêtres ainsi que sur les gens. Sept femmes, Mlle Roux, Mlle Treffel, deux dames Zappoli, Mme Giglio, Mme Minelli et la bonne du sieur Scaglia, furent blessées. Le cantonnier-chef Chary fut tué en sortant de l'église. M. Martin, cultivateur, arraché de chez lui, reçut trois coups de fusil et tomba mort à sa porte, devant sa femme et ses filles. Les uhlans, s'acharnant ensuite sur son cadavre, le percèrent de leurs lances, et l'un d'eux lui fendit la tête avec son sabre.

---

(1) V. *infra*, Procès-verbaux et Documents, n°s 148 à 161. — (2) V. Rapports et Procès-verbaux d'enquête de la Commission, I : pages 29, 149, 150. — (3) V. *infra*, Procès-verbaux et Documents, n°s 162, 163. — (4) V. Rapports et Procès-verbaux d'enquête de la Commission, I : pages 36, 180.

Un jeune officier abattit à coups de browning M. Somen, ancien maire, au moment où celui-ci fermait la porte de sa grange. La victime ne succomba qu'au bout de trente heures. MM. Michel, adjoint, et Bernard (Édouard), pour avoir tenté de lui donner des soins, furent ligotés et emmenés à Ludelange, où on les fusilla le jour suivant.

Le lendemain 22, un combat s'engagea entre les envahisseurs et une troupe française. Contraint d'abord de reculer, l'ennemi revint bientôt en force et occupa de nouveau le village. MM. Rémer, Rodicq (Justin), Rodicq (Marcel), Guyot, Jolas dit Collignon et Thiéry, ainsi que deux Italiens, furent alors massacrés dans leurs demeures ou sur la voie publique. Tandis qu'on fusillait Thiéry, qui n'était âgé que de dix-huit ans, la mère de ce jeune homme, présente à l'exécution, implorait à genoux la grâce de son enfant.

Pendant les deux journées de carnage, presque toutes les maisons furent incendiées, tant à Audun-le-Roman qu'à Malavillers, commune voisine. A Audun, il en reste à peine une douzaine sur environ quatre cents. Un soldat, qui disait appartenir à l'armée du Kronprinz, déclara à Mlle Lecomte qu'un ordre venu de haut prescrivait de mettre le feu partout où l'on rencontrerait des Français. Est-il besoin d'ajouter que le prétexte invoqué le 21 août pour justifier de pareils crimes était manifestement insoutenable, et qu'antérieurement les Allemands n'avaient jamais élevé le moindre grief contre la population ? A deux reprises, au contraire, leurs généraux avaient rendu hommage à la correction parfaite du maire et de ses administrés (1).

Signalons encore qu'une femme d'Audun, Mme X..., réfugiée à Beuvillers, a été surprise dans cette commune par deux Allemands et outragée en présence de sa fille âgée de dix ans. Pendant qu'un des soldats la violait, l'autre la menaçait de son revolver et maintenait fermée une porte vitrée derrière laquelle se trouvait l'enfant, qui s'efforçait vainement de venir au secours de sa mère (2).

De même qu'Audun-le-Roman la commune de Jarny fut envahie presque au début des hostilités. Les Bavarois y arrivèrent au commencement de septembre, et dès le 10, se signalèrent par un meurtre. Alors que le sieur Collignon, pour se soumettre à une de leurs exigences, apportait ses armes à la mairie, des soldats tirèrent sur lui. Il ne fut pas atteint par les coups de feu, mais un de ses agresseurs se mit à sa poursuite et lui enfonça sa baïonnette dans la gorge.

Le 25, comme l'un des nombreux Italiens qui travaillaient dans les usines du pays venait de tuer son chien d'un coup de fusil, les Allemands prétendirent que c'était sur eux qu'on avait tiré. Il n'en fallut pas plus pour déchaîner les pires violences. L'incendie, qui fut immédiatement allumé, dévora vingt-deux maisons ainsi que le clocher, tandis que des soldats chantaient bruyamment, en s'accompagnant avec un piano mécanique, dans une auberge à côté de l'église. Pendant que l'habitation de Mlle Anna François flambait, le percepteur, M. Daval, vit cinq Bavarois devant l'immeuble, le fusil à la main, et, suivant son expression, dans l'attitude du chasseur qui attend le départ d'un lièvre. Les incendiaires, du reste, agissaient souvent de cette manière, ne laissant à leurs victimes que l'alternative d'être brûlées ou fusillées. Plusieurs personnes ont trouvé la mort dans ces conditions tragiques, et c'est ainsi qu'ont péri les membres de la famille Pérignon : le père, la mère et le fils ont été

---

(1) V. *infra*, Procès-verbaux et Documents, n°s 165 à 176 ; — (2) n° 177.

abattus à coups de fusil au fur et à mesure qu'ils sortaient de leur maison en flammes. La fille, Mme Leroy, a échappé à la mort ; mais elle a eu le bras fracassé par une balle.

Le même jour, il y eut encore d'autres massacres. On arrêta chez lui, sans aucun motif, le sieur Fournier, cafetier, avec son neveu, et on les emmena en automobile pour les fusiller tous deux à six cents mètres de leur maison. Un soldat bavarois du 4e régiment d'infanterie mit en joue M. Lhermitte, qui rentrait chez lui, et le tua. Il fit ensuite jouer la culasse de son arme pour se débarrasser de la douille vide, et monta tranquillement dans une voiture régimentaire.

La dame Bérard, femme d'un mobilisé, avait reçu l'ordre de donner à boire à des hommes des 66e et 68e régiments bavarois (1). Elle était allée déjà chercher pour eux un grand nombre de seaux d'eau, quand un officier ou un sous-officier, jugeant qu'elle en avait apporté suffisamment, lui enjoignit de rentrer chez elle. Comme des Allemands tiraient sur la maison, Mme Bérard alla se blottir dans sa cave avec ses trois enfants : Jean, âgé de six ans ; Maurice, âgé de deux ans ; Jeanne, âgée de neuf ans, et avec la famille Aufiero. Mais bientôt, s'étant aperçue qu'on versait du pétrole par le soupirail, et s'étant vue tout à coup environnée de flammes, elle se sauva précipitamment, en emportant sous chaque bras un de ses petits garçons, tandis que sa fillette et la jeune Béatrice Aufiero couraient à ses côtés, cramponnées à sa robe.

Au moment où le groupe traversait le ruisseau Rougeval, à quelques pas de la maison, des Bavarois tirèrent sur les fugitifs. Le petit Jean, atteint à la cuisse, au bas de la jambe et à la poitrine, s'écria : « Oh ! maman, que j'ai mal ! » et mourut aussitôt. Béatrice Aufiero reçut une balle qui lui détacha presque complètement le bras droit, et sa sœur Angèle, une enfant de neuf ans, qui la suivait à peu de distance, fut blessée moins grièvement au mollet.

Lorsque Mme Bérard, rejointe par la dame Aufiero, arriva sur la route, un spectacle épouvantable s'offrit à leurs yeux ; à une vingtaine de mètres d'elles, les Allemands exécutaient Aufiero, qu'ils avaient fait sortir de la cave. L'un d'eux, s'adressant à la femme du supplicié, lui dit en ricanant : « Regarde fusiller ton *Mann !* — Mon pauvre Côme ! » s'écria-t-elle. On lui répondit : « Tais ta gueule ! » (2)

Les deux femmes et les enfants furent ensuite emmenés dans le pré du Pont-de-l'Étang. Là, un général donna l'ordre de les massacrer ; mais Mme Bérard se jeta à ses genoux et l'implora avec tant de larmes, en lui embrassant les mains, qu'il consentit à faire grâce. Un des officiers présents dit, en désignant le cadavre du petit Jean, dont la mère ne s'était pas séparée : « En voilà un qui ne se battra pas plus tard contre les nôtres. » Le lendemain, la malheureuse femme, qui avait passé la nuit au lieu-dit la Barrière Zeller, fut avisée qu'elle eût à se débarrasser au plus tôt des restes de son enfant. N'ayant trouvé personne pour faire un cercueil, elle alla chercher dans les cantines deux caisses à lapins, qu'elle cloua l'une au bout de l'autre ; elle y déposa le corps et s'en fut au fond de son jardin creuser la fosse. Un officier bavarois eut l'impudence de demander à lui acheter, comme souvenir sans doute, le médaillon qu'elle portait au cou et qui encadrait une photographie du petit assassiné.

---

(1) Ainsi déclaré. V. *infra*, Procès-verbaux et Documents, n° 183. — (2) Textuel.

Le 26, les Allemands continuèrent à tuer. M. Génot, maire, l'abbé Vouaux, les sieurs Fidler et Bernier, qui avaient été arrêtés la veille, furent alignés le long d'une palissade, derrière l'auberge Blanchon, et fusillés au commandement. Enfin, M. Plessis, ancien garde champêtre, arraché de chez lui, fut abattu devant sa maison, et de nombreux Italiens furent mis à mort.

Il va sans dire qu'à Jarny comme partout, le pillage a accompagné le meurtre et l'incendie. Dans la sacristie de l'église paroissiale, les soldats ont enlevé les ornements et les objets du culte. On a retrouvé dans les rues et dans les champs les bannières, les nappes d'autel et jusqu'au drap mortuaire (1).

La ville de Blamont, arrondissement de Lunéville, est depuis de longs mois sous la domination ennemie. Nous ignorons ce qui s'y est passé postérieurement au 15 août 1914; mais, sur les événements qui ont marqué le début de l'occupation dans cet important chef-lieu de canton, nous avons pu recueillir des renseignements auxquels la personnalité de leurs auteurs donne une autorité particulière. Ils émanent, en effet, de M. Bentz, maire, conseiller général, et de M. Colin, professeur au lycée Louis-le-Grand.

Les Allemands sont venus en patrouille à Blamont dès le début de la guerre et y sont arrivés en force vers le 8 août. Ce jour même, une jeune fille, Mlle Cuny, a été tuée par un de leurs hommes. Elle était occupée à moissonner dans les champs avec son père; ayant entendu une fusillade, elle courut se cacher dans un fossé de bois. Comme un soldat s'avançait, elle se releva en criant : « Ne tirez pas ! » Aussitôt, l'Allemand lui fracassa la poitrine d'un coup de fusil à bout portant.

Dans la soirée du 12, M. Barthélemy, ancien maire, âgé de quatre-vingt-deux ou quatre-vingt-trois ans, a été tué par une salve tirée de la rue au moment où il s'approchait de sa fenêtre.

Le 13, vers huit ou neuf heures du soir, douze hommes vinrent chercher M. Bentz à son domicile et l'emmenèrent, menottes aux mains. En arrivant près de la place Carnot, devant la maison de la dame Brèce, ils lui montrèrent une ouverture de grenier de laquelle, assuraient-ils, on avait tiré sur eux; puis on le conduisit sur la place de l'Hôtel-de-Ville, où il trouva le sieur Foëll, cafetier, placé contre un mur, devant un peloton d'exécution.

Le commandant de place, pour prolonger l'angoisse du condamné, adressa aux troupes une allocution qui dura dix minutes ou un quart d'heure, pendant que des soldats brutalisaient le maire, lui crachant au visage et le frappant à coups de pied et à coups de poing. Enfin, le cafetier fut exécuté. M. Bentz, quand il l'eut vu tomber, pensa que son tour était venu; mais le commandant le fit emmener à la mairie, en lui disant : « Vous allez monter à votre cabinet, et vous y rédigerez une proclamation informant la population que, si le moindre incident se produit, vous serez fusillé avec un certain nombre d'habitants et la ville sera mise à feu et à sang. »

Le 15 août, après avoir été arrêté plusieurs fois encore et avoir eu continuellement deux sentinelles auprès de lui, le maire de Blamont est parvenu à gagner Nancy : c'est là que nous l'avons entendu, le 22 septembre dernier. Pendant les soirées qui

(1) V. infra, Procès-verbaux et Documents, n°s 178 à 184.

ont précédé son départ, les Allemands, qui dévalisaient les caves, tiraient sans raison des coups de fusil dans les rues. Le lendemain de leur arrivée en masse, ils avaient brûlé, après l'avoir pillée, la chocolaterie Burrus.

M. Colin était en vacances à Blamont depuis la fin du mois de juillet, quand il fut surpris par l'invasion. Le 13 août, des balles ayant traversé ses fenêtres, il rassembla auprès de lui sa femme, ses trois filles, sa belle-mère et ses deux bonnes, dans une chambre où il espérait les mettre à l'abri. A ce moment, des Bavarois conduits par un officier pénétrèrent dans l'appartement, criant que la plus jeune des demoiselles Colin, âgée de treize ans, avait tiré sur eux par une fenêtre. On leur démontra l'absurdité de cette allégation, et ils se retirèrent en engageant la famille à aller se coucher.

Quelques instants après, survint une autre bande dont le chef paraissait très surexcité. Cette fois, ce fut au professeur qu'on reprocha d'avoir tiré. Sa fille aînée voulut protester, et voyant son père menacé, lui entoura le cou de ses bras; elle reçut, à la tempe et à l'œil, un coup de crosse qui la jeta tout ensanglantée sur le plancher.

Brutalement frappé à son tour, M. Colin fut traîné dehors et grossièrement injurié par l'officier, qui lui cracha au visage à plusieurs reprises. Pendant ce temps, sa belle-mère, sa femme et ses trois filles étaient contraintes de se coucher sur le parquet de la salle à manger, tandis que les Allemands défonçaient le buffet, brisaient la vaisselle et portaient à Mme Colin, ainsi qu'à sa mère et à l'une des domestiques, de violents coups de crosse.

Comme le père de famille, déchiré par les cris venant de sa maison, disait à l'officier qui l'insultait : « Vous n'avez donc ni mère ni sœur, pour traiter ainsi des femmes », le Bavarois lui répondit : « Ma mère n'a jamais fait un cochon comme toi. »(1)

Après ces incidents révoltants, M. Colin fut conduit à la mairie. Quand on l'en fit sortir, il vit, en passant à l'endroit où Foëll avait été fusillé, du sang répandu et des débris de cervelle. Enfin, le 14, il fut emmené avec d'autres prisonniers jusqu'à la frontière, et le 15, on le remit en liberté (2).

VOSGES.

Dans les régions du département des Vosges que l'ennemi, sous la pression de nos armes, a évacuées en septembre 1914 et où il ne nous avait pas été possible de nous transporter au début de notre mission, nous venons de procéder à des enquêtes dont voici les résultats :

Les Allemands firent leur entrée à Raon-l'Étape le 24 août. En arrivant, ils brûlèrent d'abord quatre maisons dans la rue Carnot, sous le prétexte habituel qu'on avait tiré sur eux. Le lendemain, ils placèrent des mitrailleuses sur le perron de l'hôpital et creusèrent des tranchées dans le jardin. Aux sœurs qui protestaient contre cette violation d'un lieu hospitalier, ils avouèrent qu'ils avaient précisément choisi cet endroit pour se mettre à l'abri du tir des Français (3).

Jusqu'au 28, ils continuèrent à incendier la ville, en se servant de torches et de grenades, ainsi que d'un liquide inflammable qu'ils lançaient à l'aide de pompes à

(1) Textuel. — (2) V. *infra*, Procès-verbaux et Documents, n°° 185 à 189; — (3) n°° 198, 205, 206.

main. Ils avaient d'ailleurs enjoint aux habitants de leur apporter tout leur pétrole. La halle au blé, l'école des filles, plusieurs autres propriétés communales et cent deux habitations particulières furent détruites. Des soldats, auxquels le docteur Wendling demanda pourquoi ils mettaient le feu partout, répondirent : « Il ne fait pas clair dans votre ville : c'est pour nous éclairer la nuit. »

On eut, en outre, à déplorer la mort de plusieurs personnes parfaitement inoffensives. Un vieillard de soixante-quinze ans, M. Richard, fut tué d'une balle au moment où, d'une lucarne de sa maison, il regardait passer des troupes ennemies. Le sieur Huck fut massacré en sortant de sa cave, dans la nuit du 24 au 25. Quatre jours après, on retrouva dans la rivière, où les meurtriers l'avaient jeté, son cadavre avec une plaie à la tête. Un sieur Poirel fut mortellement blessé dans des circonstances mal précisées. Le sieur Périsse, obligé de marcher devant les soldats, fut abattu rue Chanzy. Enfin, dans la même rue, la veuve Grandemange reçut à la jambe une blessure à laquelle elle succomba au bout de quelques jours.

Pendant toute la durée de l'occupation, de nombreuses scènes de pillage se produisirent, auxquelles participaient des officiers et plusieurs femmes allemandes. Tous les trois jours, des automobiles chargées de butin partaient dans la direction de Cirey et revenaient à vide. Sur un fourgon rempli de tonneaux de vin volés chez M. Marceloff, les pillards placèrent un drapeau de la Croix-Rouge (1).

Dans la première semaine, la demoiselle X..., domestique, âgée de trente-quatre ans, fut surprise par quatre soldats dans la maison de son maître. Trois de ces hommes la maîtrisèrent pendant que le quatrième abusait d'elle. La dame Y... fut victime d'un attentat de même nature. Un Allemand la viola chez une voisine, après avoir chassé, le revolver au poing, les autres personnes présentes (2).

Quand tous ces faits se sont passés, la ville était occupée par le XVe Corps d'armée et notamment par le 99e régiment d'infanterie. Le général von Deimling était logé dans la propriété de la famille Sadoul. Son nom est resté longtemps inscrit sur la porte (3).

L'hôpital de Raon-l'Étape a été occupé successivement par trois ambulances allemandes, dont le personnel a fait évacuer un grand nombre de nos blessés et a laissé les autres sans soins. Leurs médecins ont tenu dans cet établissement une conduite scandaleuse, s'enivrant chaque jour et dévalisant les cantines d'officiers français blessés ou décédés. Une dizaine de matelas, une grande quantité de couvertures et plus de cent draps ont été dérobés.

Le médecin-chef de la dernière ambulance s'est fait remarquer par sa brutalité particulière et par sa grossièreté. Un jour, il a indignement insulté la religieuse qui s'occupait de la cuisine et lui a lancé plusieurs couteaux à la tête, se plaignant de n'être pas servi par elle avec tous les égards que son rang comportait. Vers la fin de son séjour, il a fait venir de son pays une personne qu'il a présentée comme sa femme légitime. Cette Allemande, fort libre d'allures, fumait et buvait avec les majors. On l'a vue piller, en compagnie d'officiers, la maison d'un notaire et faire charger sur une automobile les objets qu'elle y avait volés.

Le 25 août, quand l'ennemi entra dans l'hôpital, un sergent d'infanterie français,

---

(1) V. *infra*, Procès-verbaux et Documents, n°ˢ 190 à 200, et 206 ; — (2) n°ˢ 201, 202 ; — (3) n° 204.

sans armes, essaya de se sauver. A raison de sa blessure, dont le pansement était très apparent, on eût pu facilement le capturer; mais les Allemands, sans avoir fait la moindre tentative pour le prendre, tirèrent sur lui et le tuèrent. Le même jour, un infirmier, portant un brassard et un tablier, essuya un coup de feu qui perça ses vêtements, au moment où il allait ramasser dans le jardin une toile cirée tombée par la fenêtre (1).

La commune de La Neuveville-lès-Raon a été occupée par les mêmes troupes que Raon-l'Étape et n'a guère été plus épargnée. Les Allemands y ont organisé un pillage méthodique, en se servant d'automobiles pour envoyer au delà de la frontière le produit de leurs vols, auxquels les femmes ou les maitresses des chefs collaboraient. Quarante-cinq maisons ont été incendiées par des soldats, qui ont déclaré avoir reçu l'ordre de mettre le feu partout. Pendant dix-neuf jours, ce fut une orgie incessante. Pour pouvoir plus facilement vider les caves, les officiers, dans les habitations où ils étaient logés, obligeaient les propriétaires à se mettre au lit. Les maisons occupées par eux ont été laissées dans un état de malpropreté ignoble. Quelques-unes étaient remplies d'immondices et d'excréments.

A l'arrivée de l'ennemi, plusieurs personnes s'étaient réfugiées dans une cave de la ferme Lalevée, et un blessé appartenant au 20ᵉ bataillon de chasseurs à pied français avait pu s'y traîner auprès d'elles. Les Allemands, étant survenus, demandèrent aux femmes de le panser, puis le firent emporter par le sieur Zabel, soidisant pour le remettre aux soins d'un major; mais à peine Zabel avait-il franchi cinquante mètres, avec le soldat sur le dos, que tous deux étaient massacrés (2).

Le 25 août, une habitante de Raon-l'Étape, la dame Z..., âgée de trente ans, se trouvait chez sa tante, à La Neuveville. Un caporal (3) et un soldat ennemis, très surexcités, menaçaient de mettre le feu à la maison. Mᵐᵉ Z... essayait, pour les calmer, de leur parler allemand. Tout à coup, le soldat la saisit, la jeta sur un lit, après avoir planté sa baïonnette dans le sommier, et la viola en présence du gradé, qui ne jugea pas à propos d'intervenir.

Le même jour, dès leur entrée à Nossoncourt, les Allemands ont brûlé avec des torches vingt bâtiments (4). Le même jour et le lendemain, les 113ᵉ et 114ᵉ régiments d'infanterie bavarois ont également incendié le village de Sainte-Barbe. Les soldats entraient dans les maisons et exigeaient que les habitants leur donnassent des allumettes pour mettre le feu. Cent quatre immeubles, sur environ cent cinquante, ont été détruits. La demoiselle Haite, âgée de quatre-vingt-trois ans, qui était impotente, a été brûlée vive dans son lit : les Bavarois avaient empêché sa nièce de se porter à son secours (5).

Le 26 août, à Doncières, où vingt-sept maisons ont été incendiées à la main, les sieurs Grosjean, Hégy et Thomas, pour échapper à plusieurs Allemands qui leur

---

(1) V. *infra*, Procès-verbaux et Documents, nᵒˢ 205, 206; — (2) nᵒ 207.— (3) Ainsi déclaré : probablement un sous-officier. V. nᵒ 203. — (4) V. *infra*, Procès-verbaux et Documents, nᵒˢ 208, 209; — (5) nᵒˢ 210 à 214. Nous reproduisons ici les renseignements donnés par les témoins relativement à l'identité des régiments. La désignation des numéros paraît en tout cas certaine. L'indication : 114ᵉ se retrouve en effet dans une déposition relative à d'autres faits qui ont eu lieu dans la même commune. (V. Rapports et Procès-verbaux d'enquête de la Commission , III-IV : p. 101.)

tiraient des coups de fusil dans la rue, rentrèrent chez eux en toute hâte. Quelques instants après, Thomas était tué dans son grenier par une balle qui avait traversé la fenêtre (1).

Le 27, durant un combat à Ménil-sur-Belvitte, M. Henry, âgé de soixante-six ans, fut enlevé de sa maison, et les ennemis l'obligèrent à marcher devant eux pour arrêter la fusillade des Français, qui tiraient à une distance d'environ cinquante mètres. Des deux hommes qui l'escortaient, l'un était déjà tué et l'autre blessé, quand sa belle-fille, femme du maire de la commune, se jeta au milieu de la troupe, bouscula les soldats qui entouraient le prisonnier, et saisissant celui-ci par un bras, l'entraîna rapidement chez elle avant que les Allemands, stupéfaits de son audace, pensassent à l'en empêcher (2).

Le lendemain, le feu, mis par l'ennemi avec de la paille et des allumettes, dévora cinquante-deux maisons. Vers huit heures du matin, les époux Michel sortaient de leur habitation pour échapper aux flammes. Un officier arrêta le mari, lui ordonna de lever les bras et le fit fusiller par deux soldats. Presque au même moment, la dame Bernard sauta par une fenêtre, et son père, après lui avoir passé ses trois enfants, essaya de la rejoindre. A peine était-il dans le jardin que des Allemands l'abattaient de deux balles, l'une au cou, l'autre au côté droit. Pendant ce temps, M. Conte (Victor), cultivateur, était tué dans sa cave par un coup de fusil tiré à travers la porte (3).

Le 27 août, à Xaffévillers, le jeune Renaud, âgé de seize ans, a été arrêté, avec son père et un réfugié, par un détachement que commandait un officier du 1er régiment d'infanterie bavarois. Prévenus qu'ils seraient fusillés s'ils tentaient de s'évader, les trois hommes furent conduits dans les prés, où on les laissa jusqu'au lendemain soir sous le feu des troupes françaises. Renaud fut légèrement atteint à la jambe; son père reçut à la poitrine un éclat d'obus qui lui fit une blessure mortelle (4).

Dans cette même commune, les Allemands se sont livrés à un pillage général, et un de leurs soldats a violé une femme de soixante-quinze ans (5).

Le 29 août, à La Voivre, le curé, M. l'abbé Lahache, fut arrêté par les Allemands parce qu'ils avaient trouvé chez lui, épinglée au mur, une carte qui lui servait à organiser ses déplacements. Comme il passait, entouré de soldats, devant la maison de la dame Aze, cette femme sortit pour lui parler. Elle fut aussitôt saisie et jetée sur un banc, avec tant de brutalité qu'elle fut fortement contusionnée. Au bout d'une demi-heure, on l'emmena avec le prêtre. Celui-ci s'efforça d'abord de la rassurer; mais bientôt, s'étant rendu compte du sort dont ils étaient tous deux menacés, il lui dit : « Madame Aze, faisons notre acte de contrition : je vois bien que nous sommes perdus »; et il lui donna sa bénédiction.

Les prisonniers et la troupe qui les escortait arrivèrent sur la route d'Hurbache, où était réuni un nombreux état-major. Un commandant lut alors à l'abbé Lahache une sentence rédigée en français, dans laquelle était répétée plusieurs fois cette phrase : « Au nom de la loi, vous serez fusillé. » Le curé s'approcha de sa paroissienne : « Dites à ma sœur, lui recommanda-t-il, de prier pour moi, car je pars pour

---

(1) V. *infra*, Procès-verbaux et Documents; n°° 216 à 218; — (2) n°° 219, 220; — (3) n°° 221 à 227; — (4) n° 228; — (5) n° 229.

l'éternité. » Puis il lui embrassa les mains et lui confia sa montre, pour qu'elle la remît à Mlle Labache. Il alla ensuite résolument se placer à dix pas du chemin, se banda les yeux lui-même avec son mouchoir et entonna le chant du *Libera*. Dix soldats, s'étant portés devant lui, firent feu tous ensemble, et le curé de La Voivre tomba.

Pendant que se déroulait cette scène à la fois odieuse et sublime, quatre infirmiers creusaient une fosse dans un champ voisin; après l'exécution, ils y enterrèrent la victime.

Ramenée d'abord dans son village et gardée à vue, Mme Aze fut transférée, à dix heures du soir, à Saint-Michel-sur-Meurthe, où ses gardiens la fouillèrent et lui volèrent quelques pièces de vingt francs (1).

L'assassinat de l'abbé Labache n'est pas le seul crime que les ennemis aient commis à La Voivre. Un vieillard de soixante-quatorze ans, inoffensif et presque impotent, M. Bastien (Joseph), a été traîné et fusillé à cent mètres de son habitation. Enfin, les Allemands ont brûlé six maisons avec des baguettes fusantes (2).

Dès leur entrée à Saint-Michel-sur-Meurthe, le 29 août, ils ont de même incendié trois maisons. Un gradé, accompagné de deux soldats, est allé mettre le feu à la grange de la dame Barlier, avec une lampe à pétrole qu'il avait trouvée tout allumée dans la maison et dont il avait brisé le verre. Après cette opération, les trois hommes se sont tranquillement retirés (3).

Sur le territoire de la même commune, au hameau de Saulceray, une vingtaine d'Allemands firent irruption, le 5 septembre, dans une scierie où, avec le propriétaire, M. Villaume, âgé de soixante-quinze ans, étaient réunis la dame Gérard, sa sœur, et le mari de celle-ci, âgé de soixante-et-onze ans. Comme ils exigeaient du vin, M. Villaume mit son tonneau à leur disposition, et n'en fut pas moins renversé et piétiné; mais la rage des soldats ne connut plus de bornes quand fut découverte, dans la cave, une carabine scolaire appartenant au petit-fils des époux Gérard. La bande se jeta furieusement sur Gérard et Villaume, arracha les bretelles de ce dernier, et s'en servit pour fouailler à coups redoublés les deux hommes, qui furent ainsi poussés dehors. Pendant ce temps, Mme Gérard se sauvait chez le sieur Lemaître, au lieu-dit les Baraques. En route, elle entendit un feu de peloton.

Le lendemain, la pauvre femme, prévenue que son mari et son frère avaient été fusillés, partit à la recherche de leurs corps. Elle les trouva attachés l'un à l'autre par un bras avec les bretelles de Villaume. Chacun d'eux avait à la poitrine un trou énorme (4).

Le 4 septembre, au hameau de Bourmont, commune de Nompatelize, les Allemands, sous leur prétexte coutumier et toujours mensonger, arrêtèrent les sieurs Balland, Thiébaut et Valentin, et les conduisirent à la gare de Saint-Michel-sur-Meurthe, auprès d'une pile de planches devant laquelle il les obligèrent à se tenir debout. Au bout d'une demi-heure, des soldats s'emparèrent de Balland, l'emmenèrent à cinquante pas de ses compagnons et le fusillèrent. Ils revinrent ensuite

(1) V. *infra*, Procès-verbaux et Documents, n° 230; — (2) n° 231; — (3) n°ˢ 232, 233; — (4) n°ˢ 234, 235.

chercher les deux autres prisonniers, qui crurent leur dernière heure arrivée ; mais ils se contentèrent de les contraindre à transporter le corps de leur compatriote et à l'enterrer dans une tranchée, à proximité du chemin de fer. Désespérée de la mort de son mari, Mme Balland est décédée la nuit suivante (1).

Au petit village de Mandray, où les habitants ont supporté sans la moindre velléité de résistance toutes les rigueurs de l'invasion, l'ennemi n'a pas commis moins de cinq assassinats (2) :

Dans la soirée du 27 août, un groupe de trois hommes, s'éclairant d'une lanterne, vint frapper aux volets d'un cultivateur de cette commune, nommé Vauthier (Joseph) : celui-ci ouvrit sa fenêtre et se trouva en présence de son cousin Jean-Baptiste Vauthier, escorté de deux Allemands qui demandaient à manger. Il objecta qu'ayant déjà subi une rafle dans sa maison, il ne possédait plus de provisions, et Jean-Baptiste transmit cette réponse aux deux soldats. On ignore ce qui se passa ensuite ; mais, vers neuf heures du soir, le sieur Vincent, cultivateur à la Basse-Mandray, après avoir vu la lumière d'une lanterne approcher de chez lui, entendit une détonation et perçut aussitôt après le bruit des pas de deux hommes qui couraient. Le lendemain, à cinquante mètres de là, on trouva le cadavre de Jean-Baptiste Vauthier.

Le 5 septembre, à six heures du soir, une bande d'Allemands amena chez la dame Cuny, où un de leurs commandants était logé, un vieillard un peu simple d'esprit, du nom d'Apy, qu'ils accusaient, contre toute vraisemblance, d'avoir tiré sur eux. Il expliqua fort clairement qu'il avait été arrêté parce que, poussé par la curiosité, il s'était approché d'un immeuble incendié. A onze heures du soir, on le fit sortir et on le fusilla devant la maison.

Le 6 du même mois, un général vint dire à l'abbé Rément, curé de Mandray : « Les soldats français ont tué une de vos paroissiennes » ; et quelques instants après, le prêtre apprit qu'une vieille fille de soixante-quinze ans, Mlle Marie Péchey, qui avait été forcée de conduire des Allemands, la veille, à la ferme de Miraumeix, n'était pas encore de retour. Ayant rapproché dans son esprit la nouvelle de cette disparition et le propos qu'il venait d'entendre, M. l'abbé Rément se rendit auprès du général et obtint de lui, non sans peine, que des recherches fussent opérées. Le corps de Mlle Péchey fut rapporté, et l'on put facilement se convaincre que la victime, dont la tête était horriblement broyée, avait été tuée par un feu de salve. Comme l'a dit le curé de Mandray, le mensonge du général était flagrant.

Un cultivateur de la commune, le sieur Sibille, homme d'une nature douce et charitable, n'avait donné aux Allemands aucun sujet de plainte et s'était même employé à soigner leurs blessés. Le 8 septembre, deux soldats ennemis pénétrèrent chez lui et l'arrêtèrent en présence de sa femme, sans aucun motif : « Messieurs, leur dit-il, je ne fais pas de mal ; je suis le patron d'ici. » Mais les deux hommes, ne voulant rien entendre, le poussèrent dehors et l'emmenèrent. Six jours après, Mme Sibille, informée qu'on avait remarqué, près de La Croix-aux-Mines, une tombe sur laquelle était déposée une paire de sabots, se rendit à l'endroit indiqué et reconnut les chaussures de son mari. Quand on ouvrit la fosse, on y trouva effectivement le corps

---

(1) V. infra, Procès-verbaux et Documents, n°s 236 à 239 ; — (2) n°s 240 à 247.

qu'on recherchait. A quelques pas de là, sous une couche de terre peu épaisse, on découvrit, quinze jours plus tard, les restes complètement putréfiés d'un autre habitant de Mandray, le sieur Laurent Constant, tué dans des circonstances mystérieuses.

Il nous faut ajouter à cette série de crimes un grave attentat dont fut victime, dans la même commune, la veuve X..., âgée de cinquante-six ans. Un soldat allemand terrorisa cette femme en lui plaçant la pointe de sa baïonnette sur la poitrine, la jeta contre un mur et la viola (1).

C'est le 27 août qu'eut lieu l'envahissement de Saint-Dié. En arrivant, un officier arrêta le comptable Visser, qui sortait d'une cave de l'usine Blech, lui mit son revolver sous le menton en disant : « Vous, nous conduire ! » et le fit emmener par ses hommes. Tout près de l'usine, M. Visser rencontra, encadré par des Prussiens, le sieur Chotel, qu'on venait d'arrêter sur la route, et quelques instants après, les soldats, qui pénétraient dans toutes les maisons, se saisirent d'un jeune sourd-muet nommé Louzy, ainsi que du manœuvre Georges (Léon). Tout à coup, un Allemand qui traversait la rue du Breuil ayant reçu une balle au visage, l'officier, furieux, s'écria : « Les voilà, vos sales Français : ils tuent nos soldats au coin des rues. » Puis il donna un ordre à ses hommes et dit brusquement aux prisonniers : « Vous, sur le front ! Et en avant ! » Placés dès lors devant les troupes, les quatre otages arrivèrent bientôt en face d'une barricade, derrière laquelle tirait un groupe de chasseurs alpins. Là, ils se trouvèrent pris entre deux feux. Chotel s'affaissa sur les genoux. Se retournant vers les Allemands, il leur cria : « Lâches assassins ! » et tomba mort. Peu après, Georges fut tué à son tour; Louzy eut le poignet droit traversé, et Visser reçut au ventre une balle qui, déviant sur deux pièces de cinq francs placées dans une poche de son gilet, lui fit une blessure grave, mais non mortelle.

A l'hôpital dans lequel il a été soigné, M. Visser s'est trouvé avec deux jeunes garçons très grièvement blessés. L'un d'eux, Charles Perrin, âgé de quatorze ans, avait été atteint de deux coups de feu tirés par des Allemands pendant qu'il allait, en courant, faire une commission : il a succombé le 20 septembre 1914. L'enquête n'a pas permis d'identifier l'autre avec certitude; mais il nous a été rapporté qu'un nommé Paul Luquer, âgé de dix-neuf ans, est mort dans un des hôpitaux de Saint-Dié, le 16 septembre. Il avait été frappé par un projectile en plein visage, tandis qu'il essayait de secourir un blessé français, dans une rue de la ville (2).

Vers une heure et demie de l'après-midi, à l'angle formé par la rue de la Prairie et celle du Dixième-Bataillon, un soldat allemand, ayant aperçu le nommé Lafoucrière, âgé de dix-huit ans, le mit en joue et l'abattit, bien que ce jeune homme n'eût ni prononcé une parole, ni fait le moindre geste de provocation. Un vieillard, du nom de Tihay, reçut aussi la mort sur la voie publique pendant qu'il était entouré d'ennemis; mais il est possible que la balle qui l'a frappé ne lui ait pas été destinée, et qu'il ait été victime de la bataille qui sévissait à ce moment (3).

Le lendemain 28, le jeune Bleicher, âgé de vingt ans, réformé du service militaire, fut surpris par trois gradés à Saint-Roch, commune de Saint-Dié, chez une

---

(1) V. *infra*, Procès-verbaux et Documents, n° 248; — (2) n° 249, 251 à 257; — (3) n° 260, 261.

amie de sa mère, la dame Ziegler, à qui il faisait une visite. L'un d'eux, en entrant, lui cria : « Heraus ! » Bleicher fit alors un pas en avant et voulut expliquer sa présence. « Je suis... », dit-il ; mais il ne put achever sa phrase : il fut immédiatement tué d'un coup de revolver (1).

Dans notre rapport du 1er mai dernier, nous vous avons rendu compte, d'après les dépositions de plusieurs soldats, des assassinats commis aux Tiges, territoire de Saint-Dié, sur l'ordre d'un lieutenant allemand qui avait traîtreusement fait fusiller, le 29 août, une trentaine de prisonniers appartenant à notre 99e régiment d'infanterie (2). Les dames Vogt et Marchal, qui ont été témoins de ce drame, nous en ont confirmé les détails (3). La dame Berger, domiciliée aux Tiges, nous a en outre affirmé sous serment que, le 30 août, un soldat ennemi était venu massacrer à coups de revolver deux blessés français, incapables de se défendre, auxquels elle avait donné l'hospitalité dans sa maison. Le commissaire de police, qui est allé visiter le lieu du crime, a relevé sur le mur les traces très visibles de six balles et une tache de sang (4).

Pendant leur séjour à Saint-Dié, les ennemis ont donné libre cours à leurs habitudes de pillage et de dévastation. On les a vus briser, sous le péristyle de la mairie, un coffre-fort qu'ils avaient apporté à cet endroit ; ils ont dévalisé des caves ainsi que des magasins, et M. Badier, négociant en vins, à qui on a pris pour trente-cinq mille francs de marchandises, a reçu d'eux un certain nombre de bons de réquisition, signés par des officiers de la 26e division de réserve et du 71e régiment de landwehr prussien. Le 29 août, ils ont mis le feu au quartier de la rue de la Bolle, et pour supprimer toute possibilité de secours, ont fait rigoureusement garder pendant l'incendie les ponts qui relient ce quartier au reste de la ville. Quarante-cinq maisons et cinq usines ont été brûlées. Le même jour, deux soldats français d'infanterie de ligne et deux chasseurs alpins, surpris dans une cave par les Allemands, ont été conduits à l'angle de la rue de la Bolle et de la rue des Cités pour y être fusillés. Leurs cadavres sont restés pendant quatre jours sur la voie publique (5).

Avant d'en finir avec les violations du droit des gens dont Saint-Dié a eu si durement à souffrir pendant l'occupation allemande, nous jugeons intéressant de noter ici la déclaration de Mlle Marcelle Ferry, infirmière-surveillante à l'hôpital. Du 6 septembre au 10 du même mois, jour du départ des Allemands, Mlle Ferry, malgré le dévouement dont elle n'avait cessé de prodiguer les preuves, s'est vu interdire, sous peine d'expulsion, de faire des pansements aux Français. Comme elle réclamait contre cette défense injustifiable, un infirmier-chef lui répondit : « C'est par ordre. » Une telle mesure a eu des conséquences terribles. Beaucoup de nos blessés, qui auraient pu être sauvés, ont succombé à la gangrène et à l'infection (6).

Après le départ des Prussiens, la ville a continué à subir les effets meurtriers de la guerre, car elle a été canonnée une soixantaine de fois et des avions l'ont fréquemment bombardée. Vingt-et-une personnes y ont été tuées par les bombes et par les obus (7). En observant que la proportion des victimes, eu égard au nombre des bom-

---

(1) V. infra, Procès-verbaux et Documents, nos 258, 259. — (2) V. Rapports et Procès-verbaux d'enquête de la Commission, III-IV : pages 20, et 103 à 108. — (3) V. infra, Procès-verbaux et Documents, nos 262, 263 ; — (4) nos 264, 265 ; — (5) nos 249, 266 à 272 ; — (6) n° 273 ; — (7) nos 249, 250.

bardements et en comparaison de ce qui s'était passé ailleurs, n'était pas aussi élevée qu'on aurait pu le craindre, M. Burlin, premier adjoint au maire, a fait devant nous cette réflexion qui dépeint bien l'esprit de nos admirables populations de l'Est, si patriotiquement résignées : « Certes, nous avons été très éprouvés, mais nous sommes encore des privilégiés. »

On ne saurait d'ailleurs trop dire combien, à Saint-Dié, à Gérardmer (1), à Nancy, à Lunéville, et dans tous les lieux où l'ennemi a cru, par des attentats de ce genre, semer l'épouvante et l'affolement, le but qu'il poursuivait a été manqué. Le calme le plus absolu persiste après ces crimes inutiles, et le sentiment qu'ils font naître dans les âmes françaises est bien différent de la terreur.

Veuillez agréer, Monsieur le Président du Conseil, l'assurance de notre respectueux dévouement.

Paris, le 8 décembre 1915.

G. PAYELLE, *président ;*
Armand MOLLARD ;
G. MARINGER ;
PAILLOT, *rapporteur.*

---

(1) V. *infra*. Procès-verbaux et Documents, n° 274.

PROCÈS-VERBAUX D'ENQUÊTE

ET DOCUMENTS DIVERS

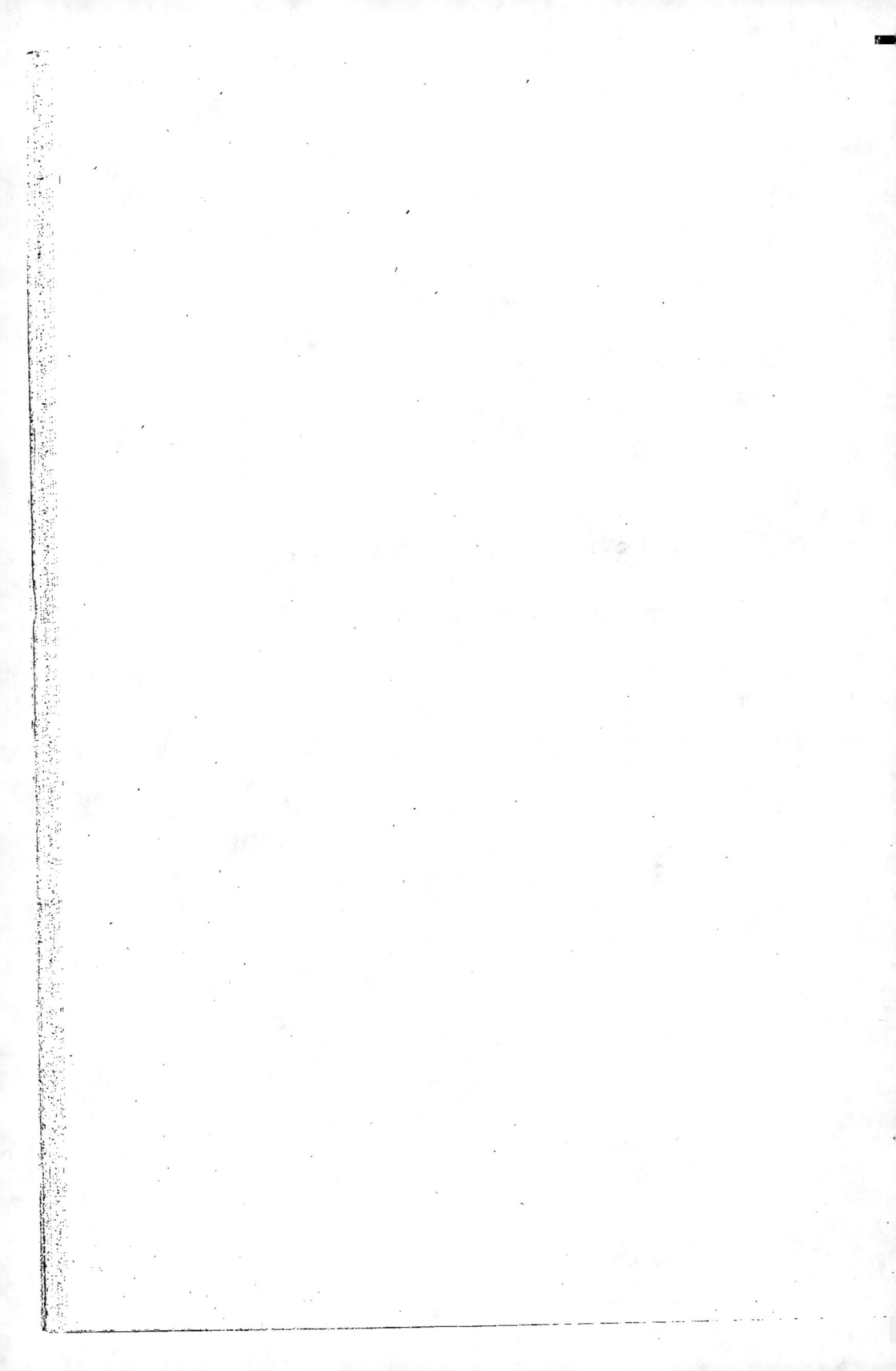

PROCÈS-VERBAUX D'ENQUÊTE

ET DOCUMENTS DIVERS.

MARNE

N° 1.

DÉPOSITION faite, le 29 juillet 1915, à BLACY (Marne), devant la Commission d'enquête instituée par décret du 23 septembre 1914.

JACQUINOT (Léon), 68 ans, cultivateur à Blacy :

Je jure de dire la vérité.

Le 9 septembre, j'ai été emmené comme otage, avec mon fils, par les Allemands. En route, nous avons été réunis à une colonne d'autres prisonniers et on nous a conduits à Sedan, où nous sommes restés, dans la prison, jusqu'au 21 avril.

A Vouziers, nous nous sommes trouvés avec M. l'abbé Oudin, curé de Sompuis, qu'on y avait amené un jour avant nous. Il était dans un état lamentable, par suite des mauvais traitements qu'il avait subis. J'ai vu les soldats le frapper à coups de talon dans l'estomac, alors que, n'en pouvant plus, il était tombé à terre, et lui porter des coups de cravache sur les mains quand il essayait de s'accrocher à eux pour se relever. Je les ai vus aussi lui cracher au visage. Comme il était dans l'impossibilité de marcher, il a été conduit en voiture à Sedan ; il est mort en arrivant dans cette ville.

Un autre prisonnier, M. Mougeot (Léger), de Sompuis, a été, lui aussi, cruellement martyrisé. En ma présence, il a été frappé à coups de talon et à coups d'éperon pendant qu'il était étendu à terre. Il a eu ainsi plusieurs côtes cassées. Nous avons appris qu'il était mort à Sedan, à la caserne Fabert, où nous l'avions vu, mon fils et moi, jeté comme un chien sur de la paille et laissé sans soins en cet état.

En nous conduisant à Sedan, les Allemands nous ont enfermés, pour y passer la nuit, dans l'église de Tannay (Ardennes), localité située entre cette ville et celle de Vouziers. La domestique du curé de Sompuis y est arrivée, avec ses gardiens, environ deux heures après nous. Quatre soldats l'ont saisie, l'ont jetée sur l'autel, puis, l'empoignant de nouveau, l'ont lancée au milieu des bancs. Elle poussait des cris affreux, et son visage était tellement tuméfié qu'elle ne voyait plus clair ; ses vêtements étaient en lambeaux. Cette malheureuse a été envoyée à l'hôpital de Sedan ; elle a été évacuée par Thonon en même temps que nous.....

J'ajoute qu'une de nos compagnes de captivité, Mlle Colsenet, de Courtisols, âgée d'environ trente-trois ans, a été brutalisée également. Elle en a été tellement bouleversée qu'elle est tombée malade, et qu'elle est morte deux jours après son arrivée à Sedan.

Après lecture, le témoin a signé avec nous et avec son fils, M. Jacquinot (Georges), âgé de 28 ans, qui, après avoir prêté serment, a confirmé de tout point la déposition ci-dessus.

N° 2.

DÉPOSITION faite, le 29 juillet 1915, à Maisons-en-Champagne (Marne), devant la Commission d'enquête.

Krantz (Émile-Léopold), 65 ans, berger à la ferme de La Noue, territoire de Maisons-en-Champagne :

Je jure de dire la vérité.

Le dimanche 6 septembre, pendant que je gardais mes moutons, j'ai été arrêté par les Allemands. Ils m'ont conduit à Sedan, puis m'ont transporté au camp de Zwickau (Saxe). En passant par Vouziers avec mes compagnons de captivité, — les Jacquinot, de Blacy, notamment, — j'ai rencontré un prêtre prisonnier que j'ai su depuis être le curé de Sompuis. Je l'ai vu cruellement maltraiter par les Allemands, qui le frappaient à coups redoublés. Sa bonne, qui faisait partie du convoi, était également martyrisée; elle avait le visage tout noir et ne voyait plus clair. Ses vêtements étaient en lambeaux.

Dans une commune dont je ne connais pas le nom, et où nous sommes arrivés ensuite, on nous a fait passer la nuit dans l'église. La bonne du curé de Sompuis a été jetée dans une couverture et lancée ainsi dans le chœur, sur les marches de l'autel. Le lendemain, comme elle ne pouvait pas marcher, on l'a mise sur une voiture dans laquelle je me trouvais moi-même, et on l'a transférée à l'hospice de Sedan. Je n'ai pas revu le curé.

Pour moi, on m'a enfermé dans un bâtiment militaire où j'ai vu M. Léger Mougeot, de Sompuis, qu'on y avait amené dans une petite voiture. Il avait eu quatre côtes cassées par des coups de crosse; on l'avait laissé étendu sur de la paille. Il était mourant quand je suis parti.

Après lecture, le témoin a signé avec nous.

N° 3.

DÉPOSITION reçue, le 3 juin 1915, à Châlons-sur-Marne, par M. Ducourbe, procureur de la République, agissant en exécution d'une commission rogatoire, en date du 1er juin, de la Commission d'enquête instituée par décret du 23 septembre 1914.

Arnould (Charles-Hubert), 74 ans, manouvrier à Châlons-sur-Marne :

Serment prêté.

J'habite Châlons depuis de longues années. Au moment de la mobilisation, l'ouvrage m'a manqué; c'est-à-dire que j'ai bien trouvé du travail, mais aucune rémunération. C'est alors que je suis allé à Sompuis, afin d'aider dans ses travaux de culture mon neveu, dont le fils venait d'être mobilisé. Au moment de la retraite des troupes françaises, mon neveu, sa femme, sa belle-mère et sa belle-fille ont quitté la commune. Ils voulaient m'emmener avec eux. J'ai préféré rester pour garder la maison, soigner les bêtes et faire l'ouvrage dans la mesure de mes moyens.

Les Allemands sont entrés dans Sompuis le dimanche 6 septembre, vers huit heures du soir. Aussitôt, sans qu'il y ait eu de combat, sans qu'on ait tiré sur eux, ils ont mis le feu à deux maisons de culture, qui ont été totalement détruites avec tout ce qu'elles contenaient : mobilier, bestiaux, récoltes.

Le lendemain, 7 septembre, vers cinq heures du matin, des obus français ont commencé à tomber sur le pays. Le toit de la maison de mon neveu a été fort endommagé par un éclat d'obus, et, notamment, le tuyau du fourneau-cuisinière a été démoli. J'ai voulu le réparer et je suis monté dans le grenier, où j'ai trouvé un tuyau de rechange que j'ai voulu mettre en place. Pour y arriver, j'ai dû frapper sur ce tuyau, et j'ai pu l'engager dans la toiture de façon qu'il dépassât un peu le sommet du toit. A ce moment, passaient dans la rue des Allemands portant le brassard de la Croix-Rouge. Ils se sont précipités dans le grenier, m'ont fait comprendre que j'adressais des signaux aux Français, et m'ont emmené, sans toutefois me brutaliser. Ils m'ont conduit dans une maison voisine, et j'ai comparu devant des officiers : quatre, je crois. L'un d'eux, qui parlait français, m'a dit que j'étais accusé d'avoir fait des signaux à mes compatriotes. J'ai protesté, mais inutilement, et je n'ai pas tardé à être jeté dans une cave, celle du presbytère, dans laquelle se trouvaient déjà l'abbé Oudin, curé du pays; sa domestique; Mougeot, manœuvre à Sompuis ; Désiré, cultivateur ; Poignet, maréchal ; Cuchard, cultivateur, également de la localité. J'y ai trouvé aussi les époux Rousselet, de Pogny, qui, ayant émigré, avaient été rencontrés et arrêtés par les Allemands.

L'abbé Oudin m'a dit qu'il avait été emprisonné le matin même, parce que les Allemands avaient trouvé chez lui une installation de sonnerie électrique lui permettant de correspondre avec les Français, disaient-ils, et surtout une lettre qu'un de ses parents, capitaine en retraite à Paris, lui avait écrite, et dans laquelle il lui disait qu'il s'attendait à être obligé de reprendre du service militaire. Le curé ne cessait de répéter que l'installation électrique ne servait qu'à lui permettre d'appeler sa bonne la nuit, s'il était malade, ou un oncle qui habitait avec lui, et qui venait de mourir récemment.

Cuchard avait été pris dans les circonstances suivantes. Son père étant gravement malade, il était allé à la mairie demander à un médecin allemand de venir lui donner des soins. Sans explication, il a été conduit à la cave et enfermé. Les autres avaient été pris parce que les Allemands les avaient vus sur leurs portes.

Nous sommes restés dans la cave, sans aucune nourriture, jusqu'au lendemain, 8 septembre, dans l'après-midi. A ce moment-là, sept ou huit soldats, tous ivres, nous ont fait sortir de la cave, nous ont fait parcourir les rues du pays qui brûlait, et enfin, nous ont fait prendre la route de Châlons. Le malheureux curé, très asthmatique, pouvait à peine se traîner ; il a pu néanmoins arriver jusqu'au village de Coole avec notre aide. Arrivés à Coole, nous avons été parqués dans une chambre et avons passé la nuit sur de la paille, sans avoir, malgré nos demandes, reçu aucun aliment. Le lendemain matin, nos gardiens nous ont fait sortir et nous ont fait prendre la direction de Châlons. Il était visible que le curé, à raison de son âge, de son infirmité, ne pouvait plus marcher. Nous étions obligés en quelque sorte de le porter. A quelque distance de Coole, notre escorte nous a fait arrêter; deux soldats, avisant dans un champ une voiture de boucher abandonnée, l'ont ramenée sur la route et ont dit : « Curé, montez dedans ». Le malheureux était bien incapable de le faire, à raison de sa faiblesse. Les Allemands ont « mis la voiture à cul ». Le derrière de la voiture ne s'ouvrant pas, ils ont fait asseoir ce vieillard sur le bord, ont brusquement rabattu les brancards, si bien que l'abbé Oudin est tombé dans le fond de la voiture, sur le dos, et les jambes en l'air. Sa domestique est montée à côté de lui ; les Allemands nous ont fait signe de nous mettre dans les brancards pour tirer la voiture, et au moment de nous mettre en marche, ils ont tous jeté leurs sacs dans la voiture, sur le curé et sa bonne, comme ils les auraient jetés sur un tas de foin. Nous sommes ainsi arrivés à Breuvery-sur-Coole, où nous avons couché sans qu'on nous ait donné à manger ni à boire.

Le 10 septembre, notre escorte nous a conduits à Châlons, où nous sommes arrivés, à l'hôtel de ville, vers onze heures du matin. Nous avons trouvé là un certain nombre d'officiers allemands. L'un d'eux a pris nos noms, puis est parti sans nous poser aucune question. Un prêtre de Châlons, l'abbé Laisnez, qui se trouvait à l'hôtel de ville, a tenté des démarches pour obtenir la mise en liberté de l'abbé Oudin. Il n'a pas réussi; mais il a pu obtenir de lui apporter un chapeau, des chaussures, une poire, un peu de pain, de vin. Au bout d'une heure environ de repos, on nous a fait sortir, en joignant à notre groupe quelques prisonniers français. Ceux-ci ont été chargés de tirer la voiture dans laquelle était le curé, et nous avons été conduits ainsi jusqu'à Suippes, où nous sommes arrivés vers neuf heures du soir, après avoir reçu la pluie pendant presque tout le trajet. Aussitôt arrivés à Suippes, nous avons été conduits dans une maison qui était occupée, je crois bien, par l'état-major. Nous avons été parqués dans une petite pièce et, successivement, nous avons comparu devant des officiers d'un grade assez élevé, à en juger par leurs uniformes et par l'attitude de leurs soldats. Un de ces officiers m'a demandé pourquoi j'avais été arrêté. J'ai répondu que je n'en savais rien. « Vous avez fait des signaux, » m'a-t-il dit, et aussitôt, il m'a fait sortir.

Le curé est entré à son tour; il se tenait à peine debout. J'ai vu un des officiers le secouer violemment par l'épaule, en lui disant sur un ton rude: « Vous, le curé, occupez de la politique : ce n'est pas votre affaire ». D'autres officiers ont également interpellé l'abbé Oudin. Je n'ai pas pu saisir leurs paroles, car la porte de la chambre qu'ils occupaient avait été refermée; mais j'entendais le bruit de leurs voix. Toujours est-il qu'au bout de quelques instants, le malheureux abbé Oudin est sorti chancelant, égaré; il n'a pas eu la force de nous dire quoi que ce soit. Tous, y compris le curé, nous avons passé la nuit dans la cour de la maison d'école, à la pluie et au froid. Pendant toute la nuit, les Allemands n'ont cessé d'amener de nouveaux prisonniers civils et militaires, si bien que, le lendemain matin, au moment du départ, nous étions près de six cents.

Le 11 septembre, nous avons tous été conduits à Vouziers, à pied, sous la pluie; le curé était toujours dans la voiture, traînée par des soldats français. Arrivés dans cette ville, nous avons été enfermés dans le manège de la caserne. Je ne sais comment l'abbé Oudin a été descendu de la voiture. Je l'ai vu, appuyé sur le bras de sa bonne, entrer dans le manège et venir s'étendre dans la sciure mouillée à côté de nous. Pendant la nuit, nous avons été tous à peu près tranquilles; mais le lendemain, il n'en a pas été de même.

Pendant toute la journée du dimanche 13 septembre, l'abbé Oudin n'a cessé d'être maltraité aussi bien par les officiers allemands que par leurs soldats, mais principalement par les officiers. Ils sont venus en grand nombre, et chacun d'eux, en passant, crachait au visage de l'abbé Oudin ou bien lui donnait un coup de cravache sur le visage, sur les mains, ou sur une autre partie du corps. J'ai vu des officiers et des soldats donner des coups d'éperon à ce malheureux sur les bras, sur les cuisses, sur les côtes. Il était tellement faible qu'il ne remuait même pas, malgré les souffrances qu'il devait endurer. J'ai vu aussi des soldats lui donner des coups de crosse; mais j'affirme que les officiers étaient beaucoup plus acharnés que leurs hommes. Ces atrocités n'ont cessé que dans la soirée. L'abbé Oudin a passé toute la nuit étendu par terre comme nous; on l'entendait à peine se plaindre.

Le 14 au matin, nous avons été dirigés sur Sedan, où nous sommes arrivés le lendemain. Le curé de Sompuis était resté à Vouziers, avec sa domestique et le sieur Mougeot. Le lendemain de notre arrivée à Sedan, l'abbé Oudin, sa bonne et Mougeot y ont été amenés en voiture. L'état du curé faisait peine à voir: il était mourant. Les Allemands l'ont sorti de la voiture qui l'avait amené, l'ont fait monter dans une autre voiture et l'ont emmené je ne sais où ; nous ne l'avons pas revu. Il nous a été raconté, à la prison de Sedan, que les Allemands avaient conduit l'abbé Oudin à l'hôpital, où il serait mort presque aussitôt, et qu'ils avaient eu la prétention de faire signer par l'archiprêtre de Sedan une attestation, aux termes de laquelle l'abbé Oudin n'aurait porté aucune trace de coups ou sévices.

La domestique du curé est restée peu de temps avec nous à Sedan. Quand elle est arrivée, elle avait le visage noir de coups. Il paraît que les Allemands lui auraient en partie arraché ses vêtements, l'auraient prise et soulevée de terre, par les pieds, par les bras, pour la laisser retomber sur le sol. Au moment de son arrivée à Sedan, elle était, paraît-il, à moitié nue ; une femme de la localité lui aurait donné un jupon afin qu'elle fût présentable.

Mougeot, qui était arrivé à Sedan avec trois côtes fracturées à la suite de coups reçus des soldats allemands, est mort à l'hôpital.

Nous sommes restés enfermés à la prison de Sedan jusqu'au 21 avril. Ce jour-là, sans aucune explication, on nous a fait monter en chemin de fer, et, en passant par l'Alsace et la Suisse, nous sommes revenus en France.

La bonne de l'abbé Oudin, après un séjour assez long à l'hôpital de Sedan, a été rapatriée en même temps que nous : je l'ai trouvée bien affaiblie, à la suite des mauvais traitements qu'elle avait endurés et de ceux qu'elle avait vu infliger à son maître. Elle est tombée malade à son arrivée en France et doit être soignée dans une ville française, dont le nom ne me revient pas. J'ignore également quel est son nom ; mais elle est originaire de Coole et peut être facilement retrouvée.

Lecture faite, persiste et signe avec nous.

N° 4.

DÉPOSITION reçue, le 4 juin 1915, à CHÂLONS-SUR-MARNE, par M. DUCOUDRÉ, procureur de la République, agissant en exécution d'une commission rogatoire, en date du 1er juin, de la Commission d'enquête instituée par décret du 23 septembre 1914.

LAISNEZ (Auguste-Victor), 58 ans, directeur des Œuvres diocésaines à Châlons-sur-Marne :

Serment prêté.

Je me trouvais à l'hôtel de ville de Châlons, le 11 septembre 1914, lorsque sont arrivés des otages pris par les Allemands. J'ai reconnu parmi eux mon confrère, l'abbé Oudin, curé de Sompuis, Arnould (Charles), de Châlons, et Cuchard, de Sompuis. Ils ont été parqués dans une cour intérieure de la mairie et y sont restés environ une demi-heure. Je me suis approché de l'abbé Oudin, vieillard âgé de soixante-douze ans, asthmatique, et très déprimé par les fatigues, les émotions endurées. Il n'avait pas de chapeau, mais simplement la barrette ; il était chaussé de petits souliers à boucle, et afin de pouvoir marcher, avait fait des tresses de paille qui enveloppaient ses pieds. J'ai causé un peu avec lui, et lui ai demandé pour quel motif il avait été arrêté. Il m'a répondu : « Ils prétendent que mes sonneries électriques sont des lignes de téléphone pour renseigner les Français. » Cuchard m'a dit en aparté : « On a trouvé chez lui des lettres d'un parent, lettres que les Allemands jugent compromettantes. » Il était visible que l'abbé Oudin avait dû être arrêté brusquement chez lui : son costume indiquait qu'on ne lui avait pas laissé le temps matériel de se chausser et de se vêtir mieux.

Il ne s'est pas plaint d'avoir été brutalisé ; du reste, il était l'objet d'une surveillance très étroite qui m'empêchait de causer librement avec lui. J'ai pu lui procurer des chaussures, un chapeau, un peu de pain, une pomme. Presque aussitôt, le chef de l'escorte a donné le signal du départ. J'ai cherché, à ce moment, à parlementer, à obtenir la liberté de mon confrère. L'officier commandant l'escorte, qui m'a paru avoir un grade supérieur, m'a opposé un refus, se bornant à me dire : « C'est un cas qui relève du général en chef, en ce moment à Saint-Étienne-au-Temple. » J'ai donné à cet officier ma carte, afin qu'il la remît à son général en passant à Saint-Étienne. J'avais écrit sur cette carte que je répondais de la complète innocence de l'abbé Oudin. Je ne sais si ma carte a été remise ; je n'ai plus eu aucune nouvelle.

Lecture faite, persiste et signe avec nous.

<hr>

N° 5.

DÉPOSITION reçue, le 10 juin 1915, à SOMPUIS (Marne), par M. AUBÉ, juge de paix, agissant en exécution d'une commission rogatoire, en date du 2 juin, de la Commission d'enquête instituée par décret du 23 septembre 1914.

CUCHARD (André), 40 ans, cultivateur, demeurant à Sompuis :

Serment prêté.

Le 8 septembre 1914, mon père étant gravement malade, j'ai recouru à un major allemand pour le prier de venir lui donner des soins. J'ai été gardé à la mairie, où il se trouvait, une partie de la journée, et vers le soir, emmené dans la cave du presbytère, où j'ai trouvé Rousselet et sa femme, de Pogny ; Fradecourt, émigré des Ardennes ; Royer (Désiré) ; Mougeot (Edme) ; Poignet (Pierre), de Sompuis, ainsi que M. le curé et sa bonne, et un soldat français. Nous sommes restés dans la cave toute la nuit et la journée du lendemain, n'ayant reçu pour nourriture qu'une pomme de terre cuite à l'eau, avec un quart de vin, tandis que nos gardiens faisaient ripaille. Vers sept heures du soir, départ précipité, après nous avoir conduits dans les quartiers du village déjà enflammés, et ce, au milieu d'une cohue d'Allemands ; puis, dirigés sur Coole au pas accéléré, tandis que M. le curé ne pouvait marcher et recevait force coups de poing et de crosse dans le dos. Nous avons passé la nuit à Coole et sommes partis le lendemain pour Breuvery. A bout de forces, M. le curé ne peut plus marcher à partir de Coupetz. Alors nous prenons une voiture dans un campement, sur laquelle il est hissé brutalement avec sa bonne et Mme Rousselet. Pour lui rendre la position plus incommode, les gardiens jettent leurs sacs autour d'eux, tandis que nous, les compagnons d'infortune, nous traînons la voiture. Arrêt à Breuvery pour passer la nuit, sans avoir reçu de nourriture. Le lendemain, départ pour Suippes ; nous nous arrêtons seulement à Châlons, place de l'Hôtel-de-ville. M. l'abbé Laisnez, qui se trouvait présent, reconnaît M. l'abbé Oudin et nous fait distribuer à chacun un morceau de pain ; M. le curé peut se rafraîchir et reçoit des chaussures et une coiffure, car il était parti tête nue. Au Cheppe, avant d'arriver à Suippes, une pluie battante se met à tomber, et nous arrivons à Suippes très tard et tout trempés. M. le curé, très souffrant, réclame le major allemand ; mais, refus obstiné de la part de ses bourreaux. De l'hôtel de ville, on nous emmène dans une maison particulière où des officiers allemands lui reprochent d'avoir chez lui un appareil téléphonique, tandis que les seuls fils qu'ils avaient pu voir n'étaient que des fils de sonnettes à tirage. Ils lui reprochent aussi de faire de la politique, et, pour toute explication, lisent une lettre qu'ils ont trouvée chez lui et qu'ils commentent en allemand. On nous force d'entrer dans un poste de police infect, puis nous allons coucher dans la cour d'une maison d'école. Le lendemain, départ pour Vouziers, sans voiture; M. le curé doit s'appuyer sur mon épaule pour pouvoir marcher. La route étant de plus en plus encombrée par les convois, nous sommes obligés de marcher dans les champs, ce qui fait que M. le curé, toujours brutalisé et manquant même d'eau pour se rafraîchir, est tombé avant d'arriver au village de Semide (Ardennes). Nous sommes obligés de l'abandonner, le laissant appuyé sur le talus de la route. M. le curé, étant la victime de choix du convoi, était sans interruption l'objet des railleries et des hurlements des Allemands que nous rencontrions. La pluie tombant à nouveau quand nous sommes arrivés à Vouziers, nous dûmes coucher sur la sciure du manège, tout trempés, et nous y étions à peine installés que M. le curé, mouillé comme nous, fut amené en voiture et dut partager notre litière. C'est là que commencent les plus grandes souffrances qu'il dut endurer. Coups de pied, coups de poing sur toutes les parties du corps : rien ne lui est épargné; il est flagellé à coups de cravache, on lui crache au visage, on le jette en l'air pour le laisser retomber sur la terre, etc... Nous devons l'abandonner à son malheureux sort sans pouvoir lui porter le moindre soulagement. Nous sommes ensuite emmenés à Sedan, et c'est d'autres compagnons d'infortune qui sont témoins des nouveaux traitements barbares qui lui sont infligés jusqu'à Sedan, où il est mort. Parmi ces témoins, se trouvaient les prisonniers de Blacy, dont Krantz et Jacquinot.

Lecture faite, persiste et signe avec nous.

N° 6.

DÉPOSITION reçue, le 27 août 1915, à TARARE (Rhône), par M. CAILLIER, juge de paix.

Côte (Marie-Émilie), 66 ans, domestique au service de M. le curé Oudin, à Sompuis (Marne), actuellement réfugiée à Tarare, lieu-dit la Providence :

Serment prêté.

Le 7 septembre 1914, vers onze heures du matin, les Allemands, qui occupaient le village depuis la veille, sont venus au nombre de six au presbytère et, je crois, tous sous-officiers. Ils ont pénétré de force dans les dépendances de la maison, puis sont entrés, sans frapper ni annoncer leur arrivée, dans la pièce servant de cuisine et où se trouvait M. le curé Oudin. Aussitôt, reprochant à ce prêtre d'avoir installé chez lui et fait fonctionner un téléphone, ce qui était faux, ils ont, sous ce prétexte, fouillé toutes les pièces de l'appartement et dégradé les sonnettes qui, je dois le dire, étaient ordinaires et non électriques. Leurs recherches n'ayant pas abouti, ils emmenèrent M. le curé à l'église, qui est à proximité du presbytère. Là, ils fouillèrent cet édifice ainsi que la sacristie, mais sans obtenir aucun résultat. Dans leur visite, soit du presbytère, soit de l'église, ils n'ont rien dérobé. Ils se sont alors retirés. Dans l'après-midi, vers une heure, les mêmes six sous-officiers revinrent à la cure et demandèrent du pain à M. le curé, qui leur répondit qu'il n'en avait pas. Ils demandèrent ensuite du vin. Je leur servis quatre bouteilles de vin rouge, qu'ils refusèrent; puis ils emmenèrent une seconde fois à l'église M. le curé, et là, le firent prisonnier : toutefois, ils le laissèrent passer la nuit dans sa chambre, mais sous la garde de deux soldats. Pendant le trajet de la cure à l'église, je rencontrai l'aumônier allemand, qui, en langage de pur français, me dit que M. le curé Oudin croyait que j'avais été fusillée; je lui répondis qu'il n'en était rien et le priai de rassurer mon patron sur mon sort.

Le lendemain matin, 8 septembre, à sept heures, l'aumônier allemand célébra la messe dans l'église de Sompuis, et M. le curé Oudin la servit. Pendant que se célébrait l'office, les Allemands bombardèrent l'église, et les carreaux, à chaque instant, volaient en éclats jusque sur l'autel, mais sans blesser les officiants qui, faut-il dire, seuls étaient présents. Après l'office, M. le curé fut de nouveau fait prisonnier, et enfermé dans la cave du presbytère sous la garde de plusieurs soldats prussiens. Trois autres habitants de Sompuis furent également enfermés avec lui, ainsi que moi-même; je dois dire que parmi ces trois personnes, il y avait M. Cuchard, cultivateur paraissant âgé de quarante à cinquante ans; M. Poignet, vieillard de soixante-douze ans, maréchal ferrant; j'ignore le nom du troisième. D'autres personnes des environs y furent aussi amenées, ce qui portait le nombre des prisonniers à environ dix à douze.

Le jeudi 10 septembre, vers sept heures du soir, à la nuit tombante, les Allemands nous ont fait sortir de la cave, en nous disant qu'ils allaient nous fusiller. Ils nous emmenèrent à Coole, village voisin, distant de Sompuis de quatre à cinq kilomètres, et là, nous firent coucher dans une grange sur de la paille, en nous prévenant que nous serions fusillés dès le lendemain matin.

Le lendemain, vendredi 11 septembre, au matin, au lieu de nous fusiller, ils nous conduisirent à Châlons-sur-Marne, à l'hôpital de cette ville; étant arrivés, ils nous firent prendre un peu de nourriture, pain et chocolat; puis, après une demi-heure, nous dirigèrent, avec une grande quantité d'autres prisonniers civils et militaires, sur Sedan. Les étapes, effectuées souvent à pied, mais quelquefois en voiture, furent longues et douloureuses, suivant le caractère plus ou moins humain des soldats qui nous conduisaient.

En cours de route, notamment à Suippes, puis à Vouziers, M. le curé fut l'objet de sévices de la part de nos gardiens et des soldats de la garnison, qui le frappèrent à coups de botte et de crosse de fusil. Cet homme, âgé de soixante-treize ans, était impotent et ne pouvait marcher que difficilement, ce qui démontre la conduite odieuse de nos ennemis à son égard.

En arrivant à Tannay, nous passons la nuit dans une église, sur un peu de paille; il était impossible de dormir. M. le curé, dont les blessures étaient douloureuses, n'a pu fermer les yeux, et le lendemain, n'ayant pu marcher, il fut mis dans une voiture, en piteux état, et arriva à Sedan dans une triste situation. Je ne l'ai jamais revu. J'ai appris sa mort le 21 septembre, étant moi-même à la prison civile de Sedan, où j'avais été enfermée.

J'ai été victime moi-même de la barbarie des Allemands avant d'arriver à Tannay. Comme je ne pouvais plus marcher, ils m'ont attachée à la roue d'une voiture, et un chef, étant venu à passer, donna l'ordre de me faire monter. Le chef étant parti, un de mes gardiens me frappa dans le dos, sur les épaules et sur la tête, je ne sais avec quel instrument. En arrivant à l'étape, je fus renversée, traînée dans la boue par les cheveux. Depuis mon arrivée à Sedan, je n'ai plus subi de mauvais traitements; j'ai été placée à l'hôpital, à la suite de maladie, jusqu'au jour où j'ai été évacuée sur Tarare où je suis actuellement.

Je dois ajouter que j'ai omis de vous signaler un détail important. En fouillant le presbytère, les Allemands ont découvert une lettre du frère de M. le curé, qui était commandant en retraite, et dans laquelle il faisait part de son intention de reprendre du service dans l'armée française, et, en un passage, traitait les Allemands de « bêtes brutes ». Cette lettre fut trouvée par les soldats allemands au presbytère pendant une perquisition, et ce fut sans doute la cause initiale des mauvais traitements qui furent, dans la suite, infligés à M. le curé Oudin.

Lecture faite, persiste et signe avec nous.

Nᵒˢ 7, 8.

DÉPOSITIONS faites, le 22 avril 1915, à CHANGY (Marne), devant la Commission d'enquête.

MICHEL (Ernest-Jean-Étienne), 48 ans, maire de Changy :

Je jure de dire la vérité.

Dans le commencement de septembre, les Allemands, qui ont occupé ma commune, l'ont complètement pillée et l'ont « mise sens dessus dessous ». Je me suis absenté pendant dix jours, et à mon retour j'ai exhumé le cadavre d'un de mes concitoyens, Bourgain (Albert), âgé de cinquante-cinq ans environ, qui, d'après les rapports qui m'ont été faits, avait été tué à coups de fusil par les ennemis, parce qu'il avait dit en les voyant : « Voici les Prussiens ! »

Ce malheureux était enterré sous une mince couche de terre, à proximité d'une maison. J'ai fait transporter son corps au cimetière.

Après lecture, le témoin a signé avec nous.

———

GUYOT (Aurélie), femme ROBERT, 70 ans, demeurant à Changy :

Je jure de dire la vérité.

Le 5 septembre, au moment de l'arrivée des Allemands, j'étais dans la rue avec mon mari et Albert Bourgain. Celui-ci m'a dit : « Voici les Prussiens ! » et il s'est sauvé. A peine avait-il fait dix pas, qu'il recevait d'un uhlan deux coups de fusil dans le dos ; arrêté par un fil métallique, il a été obligé de se retourner pour s'enfuir vers les pommiers ; son agresseur lui a alors tiré deux nouveaux coups de feu qui l'ont atteint à la poitrine : Bourgain est tombé.

Après lecture, le témoin a signé avec nous et avec M. ROBERT (Célide), âgé de soixante-dix-huit ans, vigneron à Changy, son mari, qui a confirmé les déclarations ci-dessus, après avoir prêté serment de dire la vérité.

———

Nᵒ 9.

DÉPOSITION faite, le 22 avril 1915, à MERLAUT (Marne), devant la Commission d'enquête.

MAUGIN (Léon), 66 ans, maire de Merlaut :

Je jure de dire la vérité.

Pendant l'occupation de Merlaut par les Allemands, au commencement du mois de septembre, la commune a été pillée. Deux habitants ont été tués : l'un, nommé Carré, a reçu deux coups de fusil, vraisemblablement à la suite d'une querelle ; l'autre, M. Coche (Mathieu), âgé de soixante-dix ans, qui se trouvait à Marolles, a été arrêté dans des circonstances que j'ignore. On l'a vu, sur le territoire de Vitry-en-Perthois, attaché à un cheval et traîné ainsi dans les champs, où l'on a retrouvé son cadavre.

Après lecture, le témoin a signé avec nous.

———

Nᵒˢ 10, 11.

DÉPOSITIONS faites, le 22 avril 1915, à VITRY-EN-PERTHOIS (Marne), devant la Commission d'enquête.

BEVELOT (Louis), 43 ans, cultivateur à Vitry-en-Perthois :

Je jure de dire la vérité.

Le 11 septembre, sur la route de Sainte-Menehould, à un kilomètre de Vitry-en-Perthois, j'ai vu M. Coche, de Merlaut, que je connaissais bien, entouré par un groupe d'environ vingt-cinq cavaliers allemands et attaché à un cheval par une corde qui lui passait sous les bras. S'adressant à moi, dès qu'il m'a reconnu, il m'a dit: « C'est-il pas malheureux, monsieur Bevelot ! » Il avait la plus grande difficulté à suivre le pas du cheval qui le tirait. A cent cinquante mètres de là, il est tombé, et j'ai constaté que le cheval, continuant à avancer, le traînait sur le dos. Je sais que le corps de Coche a été retrouvé à peu de distance. Il a été enterré sur place.

Après lecture, le témoin a signé avec nous.

———

RAULIN (Lucien), 55 ans, receveur-buraliste audit lieu, conseiller municipal :

Je jure de dire la vérité.

J'ai vu le cadavre de M. Coche. Je n'ai pas constaté par moi-même ses blessures ; mais des soldats du 90ᵉ territorial, qui l'ont enterré, ont dit qu'il portait la trace d'une balle au front.

Après lecture, le témoin a signé avec nous.

———

Nᵒˢ 12, 13, 14.

DÉPOSITIONS faites, le 29 juillet 1915, à MONTMORT (Marne), devant la Commission d'enquête.

LAGROUX (Rose), femme AVELINE, 42 ans, cultivatrice à Montmort :

Je jure de dire la vérité.

Le 4 septembre 1914, j'ai quitté le village avec mon mari, dans une voiture où avaient pris place également M. Gayrard, docteur en médecine, sa famille, et M. Gayrard (Marius), ancien notaire. L'encombrement des routes nous ayant empêchés de passer, nous sommes allés coucher dans une ferme, et le lendemain matin nous avons résolu de retourner à Montmort. Comme la route était très cahoteuse, nous avons conseillé à M. Gayrard, notaire, qui était malade depuis longtemps, de partir à pied, en avant; puis, après l'avoir vu s'éloigner, nous avons fait nos préparatifs de départ. Vingt minutes après, nous nous sommes dirigés vers notre commune, sans nous douter que les Allemands étaient déjà à Montmort. En chemin, nous sommes tombés au milieu de la garde impériale, qui nous a laissés passer, et quelques instants après nous avons vu, assis sur le bord du fossé de la route, M. Gayrard, qui était gardé par une sentinelle allemande. Mon mari a tenté d'approcher de lui, mais il a été brutalement repoussé et mis en joue par le factionnaire. Nous avons donc dû nous éloigner et nous avons quitté M. Gayrard, qui, sans prononcer une parole, nous a jeté un regard désespéré. Dans l'après-midi, mon mari l'a aperçu passant, aux mains des Allemands, devant chez nous, et plus tard il a vu le cadavre de ce malheureux.

Un autre meurtre a été commis ici le 5 septembre. Un inconnu a été tué devant notre ferme ; j'ai entendu le coup de fusil.

J'ajoute que dans l'après-midi, après le meurtre de M. Gayrard, qui avait été exécuté devant la porte de la maison de son frère le médecin, un officier est venu me trouver et m'a dit : « Oh ! Madame, docteur là, tiré kapout ! »

Après lecture, le témoin a signé avec nous.

AVELINE (Alexis), 56 ans, cultivateur à Montmort :

Je jure de dire la vérité.

Ma femme vous a déjà fait connaître les conditions dans lesquelles nous avons retrouvé M. Gayrard prisonnier des Allemands. Dans l'après-midi, je l'ai vu devant chez moi, suivant péniblement une voiture et entouré de soldats. Le lendemain, j'ai trouvé son cadavre étendu près du mur de la maison de son frère. Il portait une blessure au nez. Je l'ai retourné la face contre le mur et j'ai mis un peu de paille autour de lui. J'ai constaté que ses vêtements étaient déboutonnés, ce qui démontrait qu'on l'avait fouillé. Ce sont des émigrés, en tout cas des étrangers à la commune, qui l'ont enterré.

Le 5 septembre, dans la matinée, j'ai vu les Allemands transporter le corps d'un inconnu qu'ils venaient de tuer d'un coup de fusil devant ma maison. On ignore les raisons de ce meurtre.

Après lecture, le témoin a signé avec nous.

RENAULD (Albert), 52 ans, garde champêtre à Montmort :

Je jure de dire la vérité.

Le 5 septembre, en passant sur la route d'Étoges à Montmort, j'ai vu M. Gayrard, ancien notaire, assis sur le bord du fossé et entouré de six Allemands. S'adressant à ceux-ci, il leur a dit, en me désignant : « Demandez à M. Renauld, qui est garde champêtre, des renseignements sur mon compte. » J'ai alors voulu lui parler, mais un officier m'a immédiatement enjoint de me retirer.

Après lecture, le témoin a signé avec nous.

N° 15.

DÉPOSITION faite, le 30 juillet 1915, au BAIZIL (Marne), devant la Commission d'enquête.

LHEUREUX (Casimir), 59 ans, cordonnier au Baizil :

Je jure de dire la vérité.

Le 5 septembre, à dix heures et demie du soir, trois soldats allemands isolés sont venus frapper à ma porte et à ma fenêtre. Je leur ai ouvert la porte, les ai laissés pénétrer chez moi et, sur leur demande, je leur ai donné à manger. A un certain moment, ils sont montés avec une lampe jusque dans la chambre où se trouvaient ma femme et mes enfants. L'un d'eux a essayé d'empoigner ma fille Jeanne, actuellement à Épernay; mais, comme elle est très vigoureuse, elle a pu se débarrasser de lui et elle s'est sauvée avec ma fille aînée. Les trois Allemands sont alors redescendus; mais bientôt un de ces soldats est remonté au premier étage. Arrivé là, ayant trouvé fermée la porte de la chambre, il a tiré un coup de fusil à travers la serrure et a blessé grièvement aux reins ma femme, qui était derrière la porte, près de la fenêtre. La malheureuse a été transportée à l'hospice d'Épernay; elle y est morte le 10 octobre, après d'atroces souffrances.

Quand le soldat est descendu, aussitôt après avoir tiré, je lui ai dit: « Misérable, vous venez de tuer ma femme! » Il a immédiatement rechargé son arme, et m'en plaçant le canon sur la gorge, m'a poussé contre le mur.

Le lendemain, un officier allemand, en réquisition dans le village, ayant eu connaissance de ces faits, est venu me trouver et a demandé à voir la blessée. Il m'a invité à lui montrer la douille de la cartouche. Je la lui ai remise; mais il ne me l'a pas rendue, et il a dit : « C'est un malheur. »

Après lecture, le témoin a signé avec nous.

N° 16.

CERTIFICAT du docteur VERRON, chirurgien en chef de l'hôpital-hospice Auban-Moët, à ÉPERNAY.

Épernay ,le 5 août 1915.

Je soussigné certifie que Mme Lheureux (Casimir), domiciliée au Baizil, a été soignée dans mon service du 12 septembre au 10 octobre 1914, qu'elle était atteinte d'une plaie du poumon droit et de la moelle épinière, et qu'elle a succombé à ces blessures.

Signé : A. VERRON,
Chirurgien en chef de l'hôpital Auban-Moët.

N° 17.

DÉPOSITION faite, le 31 mars 1915, à FONTAINE-ARMÉE, commune de RIEUX (Marne), devant la Commission d'enquête.

LEFÈVRE (Maria), veuve CRAPART, 38 ans, fermière à Fontaine-Armée :

Je jure de dire la vérité.

Le 5 septembre, des Allemands sont venus chez nous ; ils ont pillé dès leur arrivée, ont brisé les armoires, et sont partis dans le courant de la journée. Le 7, comme on disait qu'il allait en venir d'autres, mes voisines ont quitté le pays. J'ai cru devoir faire comme elles. Mon mari m'a accompagnée sur un parcours d'environ huit cents mètres, puis il est retourné à la ferme en disant qu'on ne pouvait pas abandonner notre exploitation. En arrivant à la ferme de Chenezard, j'ai entendu des coups de fusil qui m'ont paru être tirés du côté de Fontaine-Armée. Je suis revenue à la maison le même jour, vers trois heures, et j'ai trouvé, près d'une haie, à deux cents mètres des bâtiments, le corps de mon mari étendu sur le sol. Il avait un bras cassé, la poitrine fracassée, et il avait reçu dans la tête des coups de feu qui lui avaient fait sauter les yeux. Une somme de huit cents francs qu'il portait sur lui avait disparu.

Après lecture, le témoin a signé avec nous.

N° 18.

DÉPOSITION reçue, le 16 novembre 1914, à MONTMIRAIL (Marne), par M. VUILLERET, juge de paix.

GUÉRIN (Alexandre), 64 ans, propriétaire, demeurant à Villeperdue, commune de Rieux :
Serment prêté.

Le mardi 8 septembre, ayant appris qu'un homme du pays, s'appelant Crapart (Albert), âgé de quarante-six ans, cultivateur au hameau de Fontaine-Armée, avait été tué, j'ai demandé à un capitaine du génie français l'autorisation de l'inhumer : avec l'aide de quatre ou cinq soldats français, nous avons enterré le cadavre.

Nous avons constaté que cet homme avait reçu cinq ou six balles dans la tête et sept ou huit dans la poitrine, plus une dans l'oreille droite.

Je suppose qu'il a été fusillé par les Allemands en s'enfuyant du pays la veille, mais j'ignore pour quel motif.

Son cadavre a été trouvé à environ trois cents mètres de sa ferme.

Lecture faite, persiste et signe avec nous.

N°ˢ 19, 20, 21, 22.

DÉPOSITIONS faites, le 29 juillet 1915, à ÉTOGES (Marne), devant la Commission d'enquête.

BÉRAT (Edgar), 51 ans, propriétaire et maire à Étoges :
Je jure de dire la vérité.

Dans l'après-midi du 5 septembre, j'ai été informé que mon concitoyen Constant Thomas, âgé de cinquante-quatre ans, avait été tué, vers onze heures, par les Allemands. C'était un homme très calme, un excellent ouvrier, absolument incapable de chercher noise à quelqu'un. J'ai aidé à transporter son cadavre : il portait une plaie à la poitrine, et le mur de la maison devant laquelle il avait été assassiné était éclaboussé de sang.

Le pillage dans la commune a été général; les caves, notamment, ont été complètement vidées. Des femmes, qui accompagnaient les soldats de la Croix-Rouge allemande, ont participé aux vols commis au familistère, au château et dans les maisons.

Après lecture, le témoin a signé avec nous.

VAUTRELLE (Marie), 38 ans, femme THOMAS, vigneronne à Étoges :
Je jure de dire la vérité.

Le 5 septembre, à l'arrivée des Allemands, nous étions cachés, au nombre d'une quinzaine, dans une cave pour échapper au bombardement qui était violent.

A un certain moment, mon mari, qui était avec nous, est sorti parce qu'un Allemand venait de tirer un coup de feu et d'allumer une botte de paille à l'entrée de la cave.

Cinq minutes après, quand nous sommes tous sortis à notre tour, j'ai trouvé son cadavre auprès d'un mur. Il portait une plaie à la poitrine.

Je reste veuve avec deux enfants.

Après lecture, le témoin a signé avec nous.

4..

THOMAS (Marie), femme OUDINÉ, 49 ans, vigneronne à Étoges :

Je jure de dire la vérité.

Le 5 septembre, je me trouvais avec d'autres personnes dans la cave qui appartient à M. Bérat. Quand mon frère, Constant Thomas, en est sorti, je l'ai entendu crier : « Grâce ! ne me faites pas de mal ! j'ai femme et enfants ». Je suis sortie moi-même presque aussitôt. Des Allemands m'ont mise en joue et m'ont saisie à la gorge ; en même temps, j'ai vu, étendu contre un mur, le corps de mon pauvre frère. Ma fille, âgée de dix-huit ans, a été comme moi brutalisée.

Après lecture, le témoin a signé avec nous.

PRESLOT (Auguste), 71 ans, vigneron à Étoges :

Je jure de dire la vérité.

Le 5 septembre, quand Thomas est sorti de la cave dans laquelle je me trouvais avec lui et avec d'autres personnes, je l'ai entendu crier : « Grâce ! ne me faites pas de mal ! j'ai femme et enfants ». En sortant à mon tour, un instant après, j'ai été arrêté et conduit dans les champs, ainsi que M. Decès, de Champaubert, âgé de quatre-vingts ans, et M. Charles Oudiné, auprès de plusieurs officiers. Ceux-ci nous ont interrogés, nous ont montré un vieux revolver de poche, en prétendant qu'avec cette arme on avait tiré sur des Allemands. Nous avons tous protesté. Ils nous ont alors accusés d'avoir caché des déserteurs dans la cave.

Après notre interrogatoire, on nous a rendu la liberté.

Après lecture, le témoin a signé avec nous.

Nᵒˢ 23, 24.

DÉPOSITIONS faites, le 29 juillet 1915, à BEAUNAY (Marne), devant la Commission d'enquête.

AUBERT (Alfred), 59 ans, cultivateur à Beaunay :

Je jure de dire la vérité.

Le 6 septembre 1914, vers neuf heures du matin, j'étais allé chercher du foin à ma meule auprès de ma cour, quand un cavalier allemand, qui se trouvait à une cinquantaine de mètres de moi, m'ordonna de me retirer. J'obéis immédiatement ; mais à peine étais-je arrivé dans ma cour, que le soldat tirait sur moi. Atteint à la cuisse droite, j'ai dû garder le lit pendant au moins trois semaines, et j'ai encore souffert longtemps après.

[*Nous, membres de la Commission, constatons que M. Aubert porte à la partie antérieure de la cuisse droite, à environ quinze centimètres du pli de l'aine, deux larges cicatrices.*]

Après lecture, le témoin a signé avec nous.

BÉRAT (Louis), 67 ans, maire de Beaunay :

Je jure de dire la vérité.

Le 6 septembre, j'ai entendu le coup de feu qui a blessé M. Aubert. Quelques instants avant, j'avais vu, monté sur son cheval et armé de sa carabine, le soldat allemand qui a tiré sur lui. Je l'ai encore revu après. Il n'y avait alors que deux soldats ennemis dans le pays.

Après lecture, le témoin a signé avec nous.

N°s 25, 26.

DÉPOSITIONS faites, le 28 juillet 1915, à COURGIVAUX (Marne), devant la Commission d'enquête.

GERMÉ (Louis), 52 ans, maire de Courgivaux :

Je jure de dire la vérité.

Les Allemands ont occupé ma commune du 5 au 7 septembre 1914. Ils s'y sont livrés au pillage, enlevant principalement du linge et des provisions, vidant les caves et dévalisant des magasins. Le vacher Eugène Gy, de la ferme de Champlong, a été tué par eux dans les champs.

Après lecture, le témoin a signé avec nous.

———————

LOISEAU (Alice), femme LEVON, 34 ans, fermière à Courgivaux, à la ferme de Champlong :

Je jure de dire la vérité.

Le 6 septembre, dans la matinée, les Allemands ont envahi notre ferme. Le vacher, Eugène Gy, qui était âgé de cinquante-huit ou soixante ans, a éprouvé à leur vue une frayeur affreuse. Il était tout tremblant. Vers deux ou trois heures de l'après-midi, il est sorti dans les champs ; mais à peine avait-il franchi une distance de cent mètres, qu'il était tué. J'ai vu son cadavre le lendemain : il portait la trace d'une balle à la nuque et avait reçu en outre un coup de baïonnette à la poitrine.

Après lecture, le témoin a signé avec nous.

———————

N°s 27, 28, 29.

DÉPOSITIONS faites, le 23 avril 1915, à POSSESSE (Marne), devant la Commission d'enquête.

MAULVAUX (Georges), 48 ans, maire de Possesse :

Je jure de dire la vérité.

Le 6 septembre, dans la soirée, notre garde champêtre, Baillot, s'est rendu au cimetière pour y creuser la fosse d'une émigrée qui était décédée à Possesse. A partir de ce moment, il a disparu. Le 4 octobre, son cadavre a été retrouvé sous vingt centimètres de terre, à un mètre et demi d'un buisson sur lequel se voyaient des traces de balles. Le corps du garde champêtre était entouré d'un licol, ce qui démontrait qu'il avait été attaché au buisson. J'ai l'un des projectiles qui ont été tirés sur lui. Il a été découvert dans une branche du buisson. C'est une balle de revolver.

Après lecture, le témoin a signé avec nous.

———————

ÉTIENNE (Alfred), 52 ans, cultivateur et adjoint au maire à Possesse :

Je jure de dire la vérité.

Le 4 octobre, j'ai découvert dans les champs, tout près d'un buisson, le cadavre de M. Baillot, notre garde champêtre, enfoui sous une vingtaine de centimètres de terre.

4...

Il avait un trou au front, et la poitrine ensanglantée. Un licol bien sanglé entourait son corps à la hauteur des reins. M. Henriquet, de la Maison-Rouge, m'a fait dire qu'il avait entendu les détonations quand on avait massacré Baillot. J'ai constaté des traces de projectiles dans le tronc et dans les branches de l'aubépine à laquelle la victime avait été sûrement attachée.

Après lecture, le témoin a signé avec nous.

COLIBERT (Édouard), 43 ans, cultivateur à Possesse :

Je jure de dire la vérité.

C'est moi qui ai mis M. Baillot dans le cercueil. Son corps portait des blessures à la tête et à la poitrine.

Après lecture, le témoin a signé avec nous.

N° 30.

PROCÈS-VERBAL D'ENQUÊTE JUDICIAIRE, dressé le 17 mai 1915, par M. LEGEY, juge de paix du canton de FÈRE-CHAMPENOISE (Marne).

Nous, Legey, juge de paix du canton de Fère-Champenoise,

Sur la demande, du 11 mai courant, de Monsieur le Premier Président de la Cour des Comptes, Président de la Commission instituée par décret du 23 septembre 1914 en vue de constater les actes commis par l'ennemi en violation du droit des gens,

Nous sommes exprès transporté dans la commune de Lenharrée et avons, au domicile de M. Charlot ci-après nommé, en présence et en compagnie de M. Jacquin, maire, recueilli les déclarations faites, sous la foi du serment préalablement prêté en nos mains, par M. Louis CHARLOT, âgé de soixante-six ans, et M. Jules VIOT, âgé de soixante-cinq ans, lesquelles se résument ainsi :

« Le lundi 7 septembre 1914, vers six heures du soir, en passant devant la demeure de M. Cléophas-Ernest Félix, nous l'avons trouvé gisant sans vie sur la voie publique, tout près de sa maison — et en dessous d'une fenêtre dont l'appui extérieur est à hauteur d'homme, — à plat ventre, décoiffé, ayant à la tempe gauche une blessure saignante. Notre intention était de le rentrer dans son logis; mais nous en avons été empêchés par les soldats ennemis, qui nous obligèrent à les suivre. Au bout d'un certain temps passé sous leur garde, on nous mit en mains un brancard pour transporter des morts; nous étions exténués, ce dont s'est aperçu M. Paul Collard, de Jâlons-les-Vignes, garde-voie, qui spontanément vint à notre aide. C'est seulement après que nous eûmes ramassé et porté près des fosses toutes préparées quatorze cadavres, qu'un officier nous rendit libres; il était alors (mardi 8 septembre) dix heures environ du matin. Nous ignorons encore, comme les autres habitants de la commune, en quel lieu notre ancien maire lâchement assassiné, que nous n'avons plus revu, a pu être inhumé. »

Après cette double déposition, nous juge, toujours accompagné de M. le maire, sommes allé à la maison Félix où se trouvait Mme Félix fils, dont le mari est mobilisé au 154e d'infanterie à Saint-Brieuc, ci-devant à Bar-le-Duc, laquelle nous a dit avoir évacué Lenharrée le 6 septembre et n'y être rentrée que le 13 au soir, revenant d'Échemines (Aube), où son beau-père n'avait voulu la suivre, ne croyant pas aux atrocités des Allemands cependant dénoncées par la presse française. A son retour, elle a constaté le pillage du mobilier, retrouvé dans la cour des coupons d'intérêts de l'Emprunt russe 1909, mais aucune trace d'une somme de cent vingt francs dont le disparu était porteur.

Ayant visité son cabinet particulier, nous avons acquis la certitude qu'il y a eu crime, homicide volontaire, et non pas mort accidentelle. La reconstitution de la scène, malgré l'absence des acteurs, était facile. La victime, encore assez vigoureuse, s'opposant sans doute à l'ouverture ou à la fracture de son armoire, aura été assommée par un coup de crosse, la faisant s'affaisser au pied même du meuble et y rester appuyée. Cette hypothèse est des plus vraisemblables, car le sang a maculé fortement le panneau inférieur gauche de l'armoire, à hauteur du genou. Pour se débarrasser de l'obstacle, les assassins-voleurs, sans conscience de l'horreur de leur acte barbare, ont jeté le cadavre dans la rue.

Dont procès-verbal clos en mairie, cinq heures du soir, le lundi dix-sept mai mil neuf cent quinze.

(Suivent les signatures.)

Nᵒˢ 31, 32, 33, 34.

DÉPOSITIONS reçues, le 24 juin 1915, à LENHARRÉE (Marne), par M. LEGEY, juge de paix du canton de Fère-Champenoise.

LALLEMENT (Auxener-Albert), 53 ans, maréchal-charron, demeurant à Lenharrée :

Serment prêté.

Le 3 juin, dans l'après-midi, Georges Félix est venu me demander de bien vouloir l'aider à retrouver le corps de son père, qu'on supposait avoir été inhumé par les Allemands dans sa propriété, entre une grange et la rivière. Sur son insistance, j'ai accepté, et le lendemain, vers quatre heures du matin, je me mettais à l'œuvre, en sa présence et celle de M. Jacquin, maire. Un premier coup de sonde découvrit partiellement un pantalon rouge et un sac de soldat français. Supposant que Félix avait été amené en même temps que les morts ennemis et pouvait se trouver avec eux, enterrés les premiers, le second sondage fut fait à l'extrémité de la tranchée, vers et près de la rivière, et, sous une mince couche de terre, 0 m. 30 à peu près, nous avons aperçu et reconnu les souliers napolitains, presque neufs, de Félix : le gauche lié avec une ficelle de manille, le droit sans lacet ; puis son pantalon de velours à petites côtes, nuance marron. Ayant décaché entièrement le corps, dont le dessus du crâne manquait et laissait le cerveau à nu, on le plaça sur une planche, afin de l'asperger avec le crésylol dont était muni M. le maire ; pareille opération eut lieu à l'intérieur du cercueil, et le départ pour l'église suivit immédiatement, c'est-à-dire vers huit heures du matin. Les clefs trouvées dans la poche gauche du gilet et le porte-monnaie qui était dans la poche du même côté du pantalon, et dont le contenu a été compté par M. le maire, ont été remis à M. Félix fils.

Lecture faite, persiste et signe avec nous.

MANSUY (Robert-Jules-Émile), 17 ans, apprenti maréchal ferrant, demeurant à Lenharrée chez le précédent témoin :

Serment prêté.

Je suis allé retrouver mon patron, le 4 juin, vers six heures et demie du matin, dans la chènevière Félix, et je l'ai aidé à mettre le corps dans le cercueil. J'ai bien vu la blessure affreuse entamant le haut de la tête du défunt.

Lecture faite, persiste et signe avec nous.

Roulot (Henriette-Pauline), 32 ans, épouse de Georges-Ernest-Athanase Félix, cultivatrice, demeurant à Lenharrée :

Serment prêté.

Mon mari et moi supposions que son père devait être enterré dans sa propriété, face à notre maison, ce qui nous incita à faire faire des recherches. Nous en avions parlé plusieurs fois à M. le maire, et en dernier lieu à la suite de votre première enquête du 17 mai, pendant le séjour chez nous de mon mari venu passer son congé de convalescence. Ce magistrat voulut bien, sur un avis conforme de la Préfecture, autoriser les fouilles nécessaires, lesquelles ont abouti à la découverte du corps de mon beau-père. L'enterrement, d'abord fixé au lendemain, eut lieu par anticipation le jour même, pour permettre à nos oncle et cousine de Pierre-Morains d'y assister et à mon mari de rejoindre son régiment sans retard.

Lecture faite, persiste et signe avec nous.

Jacquin (Eugène-Élie), 64 ans, cultivateur, maire de la commune de Lenharrée, y demeurant :

Serment prêté.

C'est sur le vu d'une lettre originaire de la Préfecture de la Marne et après m'être reporté à la loi municipale du 5 avril 1884, article 97, § 4, que j'ai cru pouvoir déférer aux demandes réitérées des époux Félix-Roulot. J'ai assisté à la fouille de la tranchée où le corps reposait, ainsi que vous en a informé ma lettre, qui, suivant immédiatement cette opération, vous a été portée par un exprès cycliste. Je n'ai rien de plus à faire connaître. Tout s'est passé avec décence, et les précautions hygiéniques ont été prises.

Lecture faite, persiste et signe avec nous.

Nos 35, 36.

DÉPOSITIONS faites, le 31 mars 1915, à Champguyon (Marne), devant la Commission d'enquête.

Guillaume (Armand), 53 ans, cultivateur à Champguyon :

Je jure de dire la vérité.

Le 7 septembre, un capitaine de gendarmerie est venu m'appeler, quelques heures après le départ des Allemands, pour me conduire auprès du cadavre d'un civil qu'il venait de trouver dans un champ, à quatre cents mètres du village. Je n'ai pas reconnu le mort à ce moment ; mais je me suis rendu compte plus tard que c'était M. Brochot, âgé de vingt-sept ans. Il a d'ailleurs été identifié par son père et par plusieurs habitants de la commune. Le corps portait à la poitrine une très large plaie, paraissant avoir été produite par plusieurs coups de feu, et à l'œil gauche une blessure faite par une balle. Les mains étaient liées derrière le dos.

Après lecture, le témoin a signé avec nous.

Brochot (Louis), 53 ans, cultivateur à Champguyon :

Je jure de dire la vérité.

J'ignore les circonstances dans lesquelles mon fils a été fusillé. Ce que je sais, c'est qu'il n'avait pas d'armes et qu'il était incapable de se livrer à un acte d'agression à l'égard des Allemands.

Comme je n'avais pas assisté à son inhumation, je l'ai fait exhumer le 15 septembre et je l'ai parfaitement reconnu.

Après lecture, le témoin a signé avec nous.

N° 37.

DÉPOSITION faite, le 29 juillet 1915, à Maisons-en-Champagne (Marne), devant la Commission d'enquête.

Chobert (Alix), femme Delhiver, 43 ans, sans profession, à Maisons-en-Champagne :

Je jure de dire la vérité.

Le 8 septembre, six officiers allemands, appartenant à un régiment qu'il m'est impossible de désigner d'une façon certaine, m'ont demandé de leur préparer du macaroni. N'ayant ni beurre, ni graisse, j'ai mis dans le macaroni une moitié de poulet qui me restait de la veille. Ignorant que les Allemands n'admettent pas qu'on leur serve des abatis, j'ai négligé d'enlever une patte de mon poulet. Furieux, un capitaine m'a adressé des paroles violentes et m'a donné un soufflet. Je l'ai souffleté à mon tour. Ayant alors reçu l'ordre d'aller immédiatement me coucher, je me suis empressée d'obéir ; mais à peine étais-je dans mon lit, que les officiers sont venus m'en arracher. J'ai pu me sauver jusqu'à une quarantaine de mètres de chez moi ; facilement rattrapée, j'ai été saisie, un jupon m'a été passé, et j'ai été conduite à la maison de M. Herbelot où était installé un poste allemand. Le lendemain, j'ai été ramenée chez moi dans la matinée, et l'un des officiers qui étaient venus dîner dans ma maison la veille m'a attachée sur une chaise avec trois tours de corde au cou, aux mains, aux genoux et aux pieds. Au bout de peu de temps, j'ai éprouvé de violentes douleurs, car ma situation était intolérable. Après trois quarts d'heure, on m'a placée sur mon lit, toujours ficelée et recroquevillée. J'y suis restée jusqu'à quatre heures du soir, et un gendarme qui est survenu m'a emmenée en me déclarant que j'allais être fusillée. Il m'a conduite dans les jardins derrière les maisons du village. Là j'ai subi les plus mauvais traitements ; puis, après diverses allées et venues au cours desquelles j'ai continué à recevoir des coups, j'ai fini par être mise en liberté grâce à l'intervention d'un officier d'état-major. Pendant tout le temps qu'a duré ce martyre, j'ai reçu de multiples coups de poing, et à un certain moment même, dans un enclos, alors que j'étais étendue à terre, un Allemand m'a tenue pendant trois quarts d'heure sous son pied qu'il avait placé sur mon cou. J'avais la figure pleine de boue et de sang, et j'avais la bouche remplie de terre. J'ai gardé longtemps la marque des clous de sa botte. Comme vous pouvez vous en rendre compte, je porte encore au bras droit les cicatrices des plaies qui m'ont été faites par les cordes avec lesquelles l'officier m'a attachée.

Ces faits se sont passés en l'absence de mon mari, que les Allemands avaient arrêté sans motif et emmené à Châlons, avec le curé.

Après lecture, le témoin a signé avec nous.

Nᵒˢ 38, 39.

DÉPOSITIONS faites, le 22 avril 1915, à HEILTZ-L'ÉVÊQUE (Marne), devant la Commission d'enquête.

LEBLANC (Nicolas-Henri-Philippe), 70 ans, suppléant du juge de paix et ancien maire, demeurant à Heiltz-l'Évêque :

Je jure de dire la vérité.

Le 6 septembre, dès leur arrivée, les Allemands ont pillé notre commune. Ils ont brisé mon coffre-fort, dans lequel il n'y avait rien, heureusement ; et le 8, en m'arrêtant pour me conduire à l'église, un officier m'a fouillé et m'a volé mon livret de caisse d'épargne, ainsi que mon portefeuille, qui contenait cinq cents francs. Sur mes réclamations violentes, un général, après avoir pris connaissance des mentions inscrites sur ma carte de visite, m'a fait rendre ce qui m'avait été pris ; mais il a déclaré que j'étais « bon pour otage », et a maintenu mon arrestation.

Je suis resté enfermé pendant trois jours dans l'église, avec environ quatre-vingts personnes du village et des communes environnantes ; puis j'ai été emmené dans différents endroits. Quand je suis arrivé à Poix, un capitaine m'a déclaré qu'il allait me faire fusiller parce que l'armée allemande ne pouvait s'embarrasser de moi, et il m'a engagé à me mettre à genoux pour recommander mon âme à Dieu. J'ai refusé de m'agenouiller, et j'ai crié : « Fusillez-moi tout de suite ; je ne vous crains pas ; j'en ai assez ; vive la France ! » — « Vous êtes un brave, m'a-t-il dit alors : pour votre punition, vous êtes libre. »

J'ai vu les Allemands mettre le feu au village de Poix, en tirant avec des fusils courts à gros canon sur les maisons. Chaque fois qu'un projectile atteignait une grange, on voyait les flammes s'élever aussitôt.

Après lecture, le témoin a signé avec nous.

THÉVENIER (Joséphine), femme THIÉBAULT, 66 ans, demeurant à Heiltz-l'Évêque :

Je jure de dire la vérité.

Le 7 septembre, deux Allemands sont entrés chez nous. L'un d'eux, en me montrant un thaler, m'a fait comprendre qu'il voulait de l'argent. Je me suis alors sauvée dans un petit bois, puis je suis rentrée à la maison. Les deux Allemands m'attendaient dans la cour. Mon mari, qui s'était caché, s'est alors montré. Il a été saisi ; ses agresseurs l'ont fouillé et lui ont pris quatre cents francs dans son porte-monnaie. Quelques instants après, d'autres soldats lui ont volé deux cents francs qui lui restaient et, m'ayant fouillée moi-même, m'ont enlevé neuf cent soixante-quinze francs en billets de banque.

Après lecture, le témoin a signé avec nous et avec son mari, M. THIÉBAULT (Jules-Adwire), âgé de soixante-neuf ans, qui, après avoir prêté serment de dire la vérité, a confirmé la déposition ci-dessus.

Nᵒˢ 40, 41.

DÉPOSITIONS faites, le 28 juillet 1915, à JONQUERY (Marne), devant la Commission d'enquête.

LOUIS (Adonis), 52 ans, maire de Jonquery :

Je jure de dire la vérité.

Le 3 septembre, vers dix heures et demie du matin, un aéroplane allemand est venu atterrir sur le territoire de ma commune, au lieu-dit « Sous le bois du Roi ». A deux heures, un détachement ennemi est arrivé, puis le gros de la troupe a fait son entrée ici à quatre heures. Presque aussitôt, un officier, descendant d'automobile, est venu me signifier qu'il était absolument interdit aux habitants d'approcher de l'aéroplane. Le lendemain, le même officier, vers six heures du soir, m'a fait monter en automobile et m'a conduit près de l'appareil abattu. Après m'avoir dit que les habitants de la commune avaient tiré sur les aviateurs et qu'ils avaient transporté le corps de l'un d'eux vers Romigny, il m'a sommé de faire connaître le nom des personnes qui avaient procédé à ce transport, ajoutant que celles-ci avaient dû passer devant chez moi. J'ai répondu, ce qui était la vérité, que je n'avais vu personne. Il m'a déclaré alors qu'il me donnait jusqu'au lendemain, à huit heures du matin, pour le renseigner, et que si je ne fournissais pas les indications demandées, je serais fusillé et le village serait brûlé.

Le 5, à huit heures, je me suis rendu de moi-même auprès de l'officier, comme il me l'avait ordonné, et je n'ai pu que confirmer ma réponse de la veille. On m'a fait entrer dans la cour de la ferme Mimin-Guibora. Là on m'a fait placer contre un mur, avec la veuve Chevillet, Chevillet (Ferdinand), Thibault (Louis) et un étranger à la commune, que j'ai su plus tard être un nommé Savart (Théophile-Auguste-Georges), né en 1879, vigneron à Sacy (Marne). J'étais convaincu que nous allions être fusillés, et j'avais fait le sacrifice de ma vie.

A un certain moment, Savart a essayé de prendre la fuite ; il a été tué d'un coup de fusil. Après cette exécution, les Allemands nous ont fait asseoir et nous ont laissés, gardés à vue, dans la cour de la ferme. A dix heures, deux soldats en armes sont venus me prendre, m'ont conduit auprès de la mairie, et un officier m'a donné l'ordre de faire, avec ces deux hommes, le tour du pays pour ouvrir les portes des maisons et faire sortir les habitants ainsi que le bétail. A ce moment, le feu a été mis à la salle d'école, et bientôt dix-sept maisons sur trente-cinq étaient en flammes. Les immeubles les plus importants ont été détruits.

Reconduit à la ferme, j'ai été gardé comme otage avec trois de mes concitoyens.

J'affirme qu'aucun habitant de Jonquery n'était pour rien ni dans la chute de l'aéroplane, ni dans la mort des aviateurs.

Après lecture, le témoin a signé avec nous.

———————

THIBAULT (Hildegonde), veuve CHEVILLET, 55 ans, vigneronne à Jonquery :

Je jure de dire la vérité.

Le 5 septembre 1914, j'étais sur le chemin des vignes avec mon beau-frère, Ferdinand Chevillet, lorsqu'un Allemand nous a appelés pour nous conduire à la ferme Mimin-Guibora. Nous avons trouvé là M. le maire et M. Thibault (Louis), ainsi qu'un individu étranger à la commune, « un passager ».

Un chef m'a demandé si j'avais vu quelqu'un tirer sur un aéroplane qui avait atterri deux jours avant sur le territoire de la commune, et la même question a été adressée à toutes les personnes présentes. Nous avons répondu négativement. On nous a alors fait entrer dans la cour de la ferme, et placer les uns près des autres contre le mur. Nous nous attendions à être fusillés. L'étranger, ayant vu une porte ouverte, a essayé de prendre la fuite ; à trois reprises, les Allemands lui ont crié : « Halte ! » puis l'un d'eux a tiré sur lui, et il est tombé la face contre terre.

Après lecture, le témoin a signé avec nous et avec MM. CHEVILLET (Ferdinand), âgé de soixante et un ans, et THIBAULT (Louis), âgé de quarante-sept ans, tous deux vignerons à Jonquery, qui, après avoir juré de dire la vérité, ont confirmé la déposition de la veuve Chevillet.

Nᵒˢ 42, 43.

DÉPOSITIONS faites, le 31 mars 1915, à CHAMPGUYON (Marne), devant la Commission d'enquête.

LAURAIN (Alexandre), 56 ans, instituteur à Champguyon :

Je jure de dire la vérité.

Le 6 septembre, les Allemands ont incendié volontairement quinze maisons de la commune. D'après les déclarations des habitants, ils se sont servis de pétrole et de grenades. D'autres immeubles ont été détruits par les obus.

Après lecture, le témoin a signé avec nous.

LAHAYE (Louis), 71 ans, cultivateur à Champguyon :

Je jure de dire la vérité.

Le 6 septembre, j'ai vu brûler la grange de M. Bression et celle de M. Vié. Dans cette dernière, le feu a été mis de la façon suivante : quatre Allemands ont pénétré dans l'immeuble et y ont jeté un liquide inflammable qui est tombé sur du blé non battu. L'incendie s'est déclaré aussitôt.

Après lecture, le témoin a signé avec nous.

Nᵒˢ 44, 45, 46.

DÉPOSITIONS faites, le 22 avril 1915, à LISSE (Marne), devant la Commission d'enquête.

BATONNIER (Maria), femme DESANLIS, 27 ans, demeurant à Lisse :

Je jure de dire la vérité.

Le 5 septembre, les Allemands sont arrivés à Lisse, à une heure de l'après-midi. A deux heures, ils ont commencé à mettre le feu. Il était resté très peu de personnes, quatorze à peine, dans la commune. J'étais de ce nombre.

Je me trouvais chez mon beau-frère Desanlis (Louis), actuellement absent, quand plusieurs soldats et un cycliste s'y sont présentés. Ce dernier nous a ordonné de sortir, et aussitôt le feu a éclaté dans la maison.

L'incendie, qui a dévoré les deux tiers du village, n'a pu être qu'allumé criminellement, car il y avait deux heures qu'était terminé le combat qui avait eu lieu aux environs. Aucun obus n'était d'ailleurs tombé sur les bâtiments de la commune. L'église a été incendiée, et, comme vous vous en êtes rendu compte, on ne voit sur les murs restés debout aucune trace de projectiles.

Après lecture, le témoin a signé avec nous.

Paradis (Parfait), 74 ans, cultivateur à Lisse :

Je jure de dire la vérité.

J'étais à Lisse quand les Allemands y ont mis le feu, le 5 septembre. C'est, à n'en pas douter, volontairement qu'ils ont allumé l'incendie, car il ne tombait pas d'obus dans le village. A huit heures du soir, on a éteint, dans la maison de la veuve Lizambert, qui était absente, le feu qui commençait à consumer un lit, sur lequel les incendiaires avaient disposé une lampe à pétrole allumée avec une chaise par-dessus.

Après lecture, le témoin a signé avec nous.

Gellot (Camille), 69 ans, maire de Lisse :

Je jure de dire la vérité.

J'étais absent quand ma commune a été incendiée; mais tous les renseignements que j'ai recueillis m'ont donné la certitude absolue que les Allemands y ont mis volontairement le feu.

Avant notre départ, l'instituteur avait pris soin de transporter dans la cave de la mairie, pour les y mettre en sûreté, les actes de l'état civil et une partie des archives. Or ces documents ont été retirés de cet endroit par les Allemands, et ils ont été consumés.

Quarante-deux maisons sur soixante-quatre ont été brûlées.

Après lecture, le témoin a signé avec nous et avec M. Riquet (Georges), instituteur et secrétaire de la mairie à Lisse, qui, sous la foi du serment, a déclaré confirmer la déposition ci-dessus.

N° 47.

DÉPOSITION faite, le 23 avril 1915, à Auve (Marne), devant la Commission d'enquête.

Gollard (Eugène), 56 ans, hôtelier à Auve :

Je jure de dire la vérité.

Quand les Allemands ont brûlé volontairement le village, une femme octogénaire, Mme veuve Godart-Salaire, est morte dans l'incendie de l'église. J'ai vu, huit jours après, son cadavre en partie carbonisé. On suppose qu'elle s'était réfugiée dans l'église et qu'elle y a été surprise par le feu.

Après lecture, le témoin a signé avec nous.

N° 48.

DÉPOSITION faite, le 22 avril 1915, à Bignicourt-sur-Saulx (Marne), devant la Commission d'enquête.

Blanchard (Édouard), 58 ans, maire de Bignicourt-sur-Saulx :

Pour compléter la déposition que je vous ai faite précédemment (1), je dois vous faire

---

(1) V. Rapports et Procès-verbaux d'enquête de la Commission, I, p. 79.

connaître que onze personnes de ma commune sont mortes dans l'incendie allumé volontairement par l'ennemi ; qu'une autre, Alphonsine Minet, a été retrouvée morte à Heiltz-le-Maurupt, où elle a sans doute été transportée mourante par les Allemands, et que la veuve Jacquot a disparu. Les victimes ont dû être asphyxiées dans la cave de mon frère. On y a retrouvé les cadavres en pleine décomposition.

Après lecture, le témoin a signé avec nous.

N° 49.

DÉPOSITION faite, le 5 octobre 1914, à MARSON (Marne), devant la Commission d'enquête.

FOLLIET (Lucien), 66 ans, propriétaire à Marson :

Je jure de dire la vérité.

Le 4 septembre, un habitant de la commune, M. Prinet (Gustave), ayant voulu s'opposer au pillage de son poulailler, vers onze heures du soir, a été poursuivi par les Allemands et tué par l'un d'eux d'un coup de fusil à la poitrine. Les ennemis ont mis ensuite le feu à sa maison, et le quartier qu'il habitait, composé de douze immeubles, a été également la proie des flammes.

Le 8 septembre, sous le prétexte, absolument faux d'ailleurs, qu'on avait tiré la veille, en dehors du village, des coups de fusil sur eux, les Allemands ont réclamé une indemnité de trois mille francs, en disant que, si elle était versée, Marson ne serait brûlé qu'en partie. Nous avons fourni la somme demandée, M. Oudart et moi. Pendant que nous comptions les espèces, la ferme et les magasins à vins de mon fils brûlaient. J'ai ensuite été pris comme otage, ainsi que M. Oudart et cinq autres de mes concitoyens. On nous a emmenés jusqu'à Pogny, et là on nous a relâchés en disant : « Puisqu'on n'a pas tiré sur nous dans les bois, vous pouvez partir ». Un reçu des trois mille francs versés nous a été remis. Il est signé : « Walraf ».

J'ajoute qu'un autre habitant de la commune, M. Marchal, âgé de soixante-treize ans, qui essayait de sauver des flammes son cheval et sa petite fortune, a été arrêté et emmené par les Allemands. Il n'a pas reparu. Ce dernier fait remonte au 4 septembre.

Après lecture, le témoin a signé avec nous et avec M. OUDART, âgé de soixante ans, conseiller municipal, qui a confirmé la déposition précédente.

N° 50.

DÉPOSITION faite, le 30 juillet 1915, à LA CAURE (Marne), devant la Commission d'enquête.

PILLET (Louis-Odon), 66 ans, maire de La Caure :

Je jure de dire la vérité.

Le 6 septembre, lendemain de leur arrivée ici, les Allemands ont incendié six immeubles de ma commune. Le feu a commencé dans une chambre de la mairie, vers dix heures du matin. Il a été mis intentionnellement, car il n'y avait là aucune matière inflammable. Je me suis rendu aussitôt à la maison commune et, avec l'aide de quelques personnes, j'ai éteint l'incendie, tandis que les soldats nous regardaient faire sans nous apporter le moindre concours. En sortant, je me suis aperçu qu'une ferme, située à trois ou quatre cents mètres de là, était en flammes. Elle a été complètement détruite, ainsi qu'un autre immeuble y attenant. A midi et demi, trois corps de ferme assez éloignés de ceux-ci ont été également brûlés en grande partie; enfin, à cinq heures, le feu a été mis de nouveau à la mairie.

Je me suis plaint à un officier; il m'a répondu : « C'est la guerre! »

Les incendies ont été allumés à La Caure par simple méchanceté, car on ne s'est pas battu dans le village et les Allemands n'ont invoqué aucun grief. J'ignore quel est le régiment auquel appartenaient les incendiaires.

Après lecture, le témoin a signé avec nous et avec MM. CROCHET (Casimir), âgé de soixante-huit ans, cultivateur; BESSAQUE (Joseph), âgé de soixante-douze ans, rentier, et DROUOT (Émile), âgé de quarante-sept ans, cultivateur, tous trois à La Caure, qui, après avoir prêté serment, ont déclaré confirmer la déposition ci-dessus.

N° 51.

DÉPOSITION faite, le 31 mars 1915, à CHÂTILLON-SUR-MORIN (Marne), devant la Commission d'enquête.

FOLLIET (Louis-Stanislas), 46 ans, instituteur à Châtillon-sur-Morin :

Je jure de dire la vérité.

Les Allemands ont mis le feu, à Châtillon, à vingt et une maisons sur trente-six dont se compose l'agglomération. Ces incendies ont eu lieu le 6 septembre. On a vu un soldat porteur d'une torche de résine enflammée. Deux militaires français ont péri dans les flammes; on a retrouvé leurs restes carbonisés.

J'ajoute que toutes les maisons avaient été pillées et saccagées.

Rien ne pouvait justifier de pareils actes. Les troupes ennemies n'ont, en effet, été l'objet d'aucune agression de la part des habitants.

Après lecture, le témoin a signé avec nous.

N° 52.

DÉPOSITION faite, le 6 octobre 1914, à ÉTREPY (Marne), devant la Commission d'enquête.

JACQUIN (Émile), 58 ans, maire à Étrepy :

J'étais à proximité du village quand l'incendie a éclaté. Il résulte des renseignements que j'ai recueillis que le feu a été mis volontairement par les Allemands. Sur soixante-dix ménages, soixante-trois sont sans asile. Je ne puis préciser, et personne ici ne peut préciser la manière dont l'incendie a été allumé; mais je sais que le feu prenait aussitôt que les soldats étaient entrés dans les maisons. Je vous remets une des torches qui ont été trouvées ici, ainsi qu'un instrument qui m'a paru être un bidon-pompe. Ces objets ont été abandonnés par l'ennemi. J'ai aussi des sachets contenant de la poudre en tablettes très inflammable. Le feu a été mis le 6 septembre.

Les époux Milliat ont été emmenés presque nus à trois kilomètres du village; comme ils cherchaient à revenir, ils ont été frappés si brutalement à coups de plat de sabre, que le mari, âgé de quatre-vingt-deux ans, est mourant, et que la femme, âgée de quatre-vingt-trois ans, est décédée à la suite de ces mauvais traitements.

Après lecture, le témoin a signé avec nous.

N° 53.

DÉPOSITION faite, le 22 avril 1915, à Jussécourt-Minecourt (Marne), devant la Commission d'enquête.

Milliat (Pierre-Germain), 84 ans, propriétaire à Étrepy :

Je jure de dire la vérité.

Au commencement de septembre, j'ai été arrêté chez moi avec ma femme par des Allemands qui m'accusaient d'être un espion. Je ne sais où ils m'ont emmené; en tout cas, ils m'ont cruellement maltraité, me frappant à coups de poing et à coups de crosse. J'ignore si ma femme a reçu, elle aussi, des coups; elle est morte quatre jours après notre retour. Nous sommes restés pendant quatre jours entre les mains des Prussiens.

Après lecture, le témoin a signé avec nous.

N°ˢ 54, 55.

DÉPOSITIONS faites, le 29 juillet 1915, à Coizard (Marne), devant la Commission d'enquête.

Pernet (Léon), 60 ans, vigneron à Coizard :

Je jure de dire la vérité.

Le 10 septembre 1914, je suis allé chercher à la ferme de La Verrerie un lieutenant français qu'on y avait trouvé mort. Cet officier était couché sur le ventre, dans une chambre, sur de la paille dont il tenait des brins dans les mains et entre les dents. Il avait un bras en écharpe, ayant été blessé au coude, et portait aussi une plaie à la poitrine. Il avait dû être fait prisonnier après sa blessure au bras, et être conduit par les Allemands à La Verrerie. Je pense que ceux-ci l'ont achevé au moment de battre en retraite.

Dans le courant du mois de novembre, un sergent-major du 3ᵉ régiment de zouaves, originaire d'Avize, est venu ici pour prendre des renseignements, sur l'ordre de son capitaine, au sujet de l'officier dont nous avions retrouvé le cadavre. Il nous a dit que cet officier devait être le lieutenant Bloquel, de son régiment, blessé dans un combat près de la ferme de La Verrerie et fait prisonnier par l'ennemi. Peu de temps après, la famille de M. Bloquel a envoyé la photographie de celui-ci à M. le maire. Nous avons parfaitement reconnu, sur cette photographie, le lieutenant tué à la ferme.

Après lecture, le témoin a signé avec nous et avec M. Petit (Alfred), âgé de cinquante-trois ans, cultivateur à Coizard, qui, serment prêté, a déclaré confirmer la déposition ci-dessus en ce qui concerne la reconnaissance du cadavre qu'il avait découvert à la ferme de La Verrerie.

Pernet (Eugène), 57 ans, conseiller municipal faisant fonctions de maire à Coizard :

Je jure de dire la vérité.

Nous avons eu ici les Allemands pendant quatre jours, au commencement du mois de septembre. Ils ont pillé partout. Sept maisons ont été brûlées : c'étaient les plus importantes du pays. Comme on s'est battu, je ne puis affirmer que toutes aient été incendiées autrement que par les obus; mais je suis certain que les Allemands ont mis volontairement le feu à la ferme de M. Clément.

Je n'ai rien à ajouter aux déclarations qui vous ont été faites sur la mort du lieutenant Bloquel.

Après lecture, le témoin a signé avec nous.

N° 56.

RAPPORT DE GENDARMERIE.

Ce jour d'hui, vingt-six décembre mil neuf cent quatorze, à quinze heures,

Nous soussignés, Deschamps (Arthur), brigadier, et Chadeau (Émile-Georges), gendarme à cheval à la résidence d'Étoges, département de la Marne, revêtus de notre uniforme et conformément aux ordres de nos chefs, rapportons que le 24 décembre, à quatorze heures, nous avons recueilli les renseignements suivants :

Mme Lecourt, née Barre (Marguerite), 60 ans, à la ferme de La Verrerie, commune de Coizard-Joches (Marne) :

« Je suis venue remplacer mon fils, régisseur de ladite ferme, aussitôt son départ, au moment de la mobilisation.

Le 5 septembre, dans la matinée, j'ai évacué avec tout le personnel, en emmenant les animaux et un peu de matériel : il n'était resté personne à la ferme. Nous y sommes revenus le 13 septembre dans l'après-midi. Elle avait été occupée par les troupes, mais il n'y avait plus d'effets militaires ni de matériel; une assez grande quantité de paille était étendue dans les différentes pièces du logement. Dans ma chambre, mes draps se trouvaient sur cette paille et maculés de sang.

Le lendemain ou le surlendemain, c'est-à-dire le 14 ou le 15 septembre, Léon Pernet, de Coizard, est venu à la ferme voir s'il y avait encore du matériel; car les Allemands, m'a-t-il dit, occupaient la ferme et y avaient laissé plus de cinq cents fusils et une assez grande quantité d'objets et d'effets. Il m'a dit aussi qu'il avait trouvé mort dans ma chambre un officier français qui avait été blessé, puis retenu comme prisonnier par les Allemands et achevé par ceux-ci au moment de leur retraite.

Il n'a été retrouvé à la ferme aucun objet permettant d'établir l'identité de ce malheureux officier. »

M. Pernet (Eugène), 55 ans, cordonnier, demeurant à Coizard, conseiller municipal faisant fonctions de maire en l'absence de ce dernier et de l'adjoint mobilisés :

« Ce sont les habitants de Coizard qui ont enterré tous les militaires trouvés morts sur le territoire de la commune après la retraite des Allemands. Parmi ces morts, il n'y a qu'un officier français, un lieutenant, retrouvé à la ferme de La Verrerie, aussitôt après la bataille, par Pernet (Léon) et Petit (Alfred). Je crois qu'il n'a été recueilli aucun papier ou objet permettant d'établir son indentité. En tout cas, il n'y avait rien qui pût appartenir à

5.

un officier parmi les objets recueillis sur les morts, et que M. Pigny, maire de la commune, m'a remis vers la fin de septembre, lorsqu'il a été appelé pour la garde des voies ferrées.

Je ne sais pas à quelle arme ni à quel corps appartenait cet officier; mais un sergent-major du 3ᵉ régiment de zouaves, qui est venu à Coizard dans le courant de novembre, aurait dit que ce lieutenant devait être le sien, probablement d'après les renseignements que lui avaient donnés Petit et Pernet (Léon). »

M. PETIT (Alfred), 52 ans, cultivateur à Coizard-Joches :

« Aussitôt la retraite des troupes allemandes, le 10 septembre au matin, je suis allé avec Thomas chercher un blessé dans les marais, près de la ferme de La Verrerie, qui avait été occupée plusieurs jours par les soldats allemands. Nous sommes allés dans cette ferme voir dans quel état ils l'avaient laissée. Dans une chambre au rez-de-chaussée, un officier français, étendu sur le ventre, sur de la paille près du lit, était mort. Nous avons remarqué qu'il avait un bras fracturé et maintenu par une écharpe; mais nous ne nous sommes pas rendu compte s'il avait d'autres blessures. Il a été ramené à Coizard l'après-midi par le maire, MM. Pigny et Pernet (Léon).

Je ne puis dire à quelle arme appartenait cet officier, ne sachant distinguer les uniformes. Il avait une trentaine d'années, était de taille moyenne, assez forte corpulence, très brun, moustache brune, teint frais; il avait une tunique ou veste bleu foncé avec deux galons contournant les manches, et une culotte rouge à bande noire avec trois ou quatre boutons dans le bas. Un sergent-major, qui est venu dans le courant de novembre et à qui j'ai donné ces renseignements, m'a dit que cet officier devait être son lieutenant. »

M. THOMAS (Théodule), 63 ans, charron à Coizard-Joches :

Le 10 septembre, dans la matinée, je suis allé avec Petit (Alfred) à la ferme de La Verrerie. Nous avons vu dans une chambre, étendu sur de la paille près du lit, un officier français, un lieutenant, qui était mort. Il avait le bras droit, je crois, fracturé, et tenu en écharpe. Il était de taille moyenne, brun, moustache brune, teint frais, et pouvait avoir trente à trente-cinq ans. Je n'ai pas distingué son uniforme, de sorte que je ne puis dire à quelle arme il appartenait. Je ne sais s'il avait des pièces d'identité sur lui; c'est Pernet (Léon) qui l'a fouillé. »

PERNET (Léon), étant absent, n'a pu être entendu ce jour.

Aujourd'hui 26 décembre 1914, à l'heure précitée et continuant l'enquête, nous avons reçu les déclarations suivantes :

M. CHARLOT (Constant), 56 ans, manouvrier à Coizard-Joches :

« Parmi les militaires que nous avons enterrés sur le territoire de Coizard, il n'y a qu'un officier français, un lieutenant, qui a été trouvé mort à la ferme de La Verrerie. Il était de taille et de corpulence moyennes, très brun; il avait une tunique ou veste bleu foncé, descendant à peine à la ceinture, deux galons jaunes contournant les manches; il n'avait pas d'écusson au col; il avait une culotte rouge avec bande noire et à boutons sur le côté de la jambe. L'on avait retrouvé sur lui un bout de papier écrit au crayon, qui a été remis au maire. »

M. PERNET (Léon), 60 ans, vigneron à Coizard-Joches :

« Le jeudi 10 septembre 1914, dans l'après-midi, je suis allé avec le maire, M. Pigny, chercher un officier français, un lieutenant, qui avait été trouvé mort à la ferme de La Verrerie. Il était étendu sur le ventre, sur de la paille près d'un lit, et tenait encore de la paille dans ses mains crispées et ses dents. Il avait un bras, le droit je crois, brisé au coude et maintenu par une écharpe, et portait une blessure (un coup de baïonnette) à la poitrine. A mon avis, cet officier, étant blessé, aura été fait prisonnier, puis amené et pansé par les Allemands à la ferme de La Verrerie, qu'ils occupaient; mais ils l'auront achevé au moment de leur retraite, dans la nuit du 9 au 10 septembre, car ils ont été surpris : il restait plus de cinq cents mausers dans la cour de cette ferme.

Je n'ai pas su reconnaître l'uniforme de cet officier : il avait une veste sans écusson, descendant à peine à la ceinture, bleu foncé, et deux galons contournant les manches; pantalon rouge avec bande noire et boutons sur le côté de la jambe; il était nu-tête et chaussé de petits souliers jaunes. Il pouvait avoir une trentaine d'années, était de taille moyenne, assez gros, très brun, moustache brune, teint frais. Je ne lui ai vu aucun autre signe particulier et n'ai pas remarqué la nuance de sa chemise, ni si elle portait ses initiales. Je n'ai retrouvé dans ses poches qu'un morceau de papier quadrillé, sur lequel était écrit au crayon : « Le village qui est devant vous est Coizard-Joches », et quelques autres mots dont je ne me souviens pas. Il n'y avait pas de signature. J'ai donné cet écrit à M. Pigny. Avant d'enterrer ce lieutenant, on n'a pas eu l'occasion de voir des militaires ou d'autres personnes pouvant faire connaître l'arme à laquelle il appartenait. Parmi les militaires retrouvés sur le territoire, il y en avait de différentes armes, mais un seul officier français. »

D'après la lettre du sergent-major PARIS, de la tranchée qu'occupait sa compagnie l'on a devant soi et la ferme de La Verrerie et Coizard-Joches.

Nous n'avons pu entendre M. Pigny (Alfred), maire de Coizard-Joches, qui est actuellement mobilisé comme garde des voies ferrées à Billy-le-Grand, circonscription de la brigade de Mourmelon, arrondissement de Châlons, section IV, groupe III et poste III; il pourra peut-être procurer l'écrit en question, qui n'a pu être retrouvé ni chez lui, ni chez M. Pernet.

(Suivent les signatures.)

N° 57.

DÉPOSITION faite, le 29 juillet 1915, à BLACY (Marne), devant la Commission d'enquête.

LACOINE (Paul), 56 ans, cultivateur à Blacy :

Je jure de dire la vérité.

Les Allemands sont arrivés ici le dimanche 6 septembre. Le 8, le général commandant le III⁰ Corps saxon, qui était logé chez moi, m'a dit qu'on avait trouvé une arme à feu dans de la paille et que deux de ses hommes avaient été blessés, ce qui était absolument faux. Il a ajouté que, pour cela, le village allait être brûlé. J'ai vu presque aussitôt la flamme s'élever au-dessus de la maison de M. Leglaye, et, un instant après, la maison de M. Conreaux brûler également. Il était environ huit heures du matin. A quatre heures du soir, comme je passais devant chez M. Rigault, des soldats m'ont interpellé pour me demander si cet immeuble m'appartenait. J'ai répondu affirmativement, dans le but de protéger la maison : à sept heures, elle était incendiée.

Après lecture, le témoin a signé avec nous.

SEINE-ET-MARNE

N° 58.

DÉPOSITION faite, le 22 janvier 1915, à Jouarre (Seine-et-Marne), devant la Commission d'enquête instituée par décret du 23 septembre 1914.

Cardusi (Pascal), 50 ans, receveur municipal à Jouarre :

Je jure de dire la vérité.

Les Allemands sont arrivés à Jouarre le 4 septembre et sont restés jusqu'au 8. Dès leur arrivée, ils se sont livrés au pillage, enfonçant les portes des maisons, s'emparant de tout ce qui leur paraissait digne d'être emporté : linge, bijoux, chaussures, ustensiles de ménage, objets de literie, etc., brisant ce qu'ils ne jugeaient pas à propos de conserver, et dévalisant les caves.

Le butin était entassé dans des voitures automobiles portant l'insigne de la Croix-Rouge. Les troupes se succédaient sans cesse, et le pillage recommençait à l'arrivée de chaque corps, dans la mesure du moins de ce qui pouvait rester. Le montant des pertes déclarées dépasse six cent mille francs.

Après lecture, le témoin a signé avec nous.

N° 59.

DÉPOSITION faite, le 22 janvier 1915, à Jouarre (Seine-et-Marne), devant la Commission d'enquête.

Dame X..., 40 ans, fermière à ..., commune de Jouarre :

Je jure de dire la vérité.

Le samedi 5 septembre, j'étais chez une de mes cousines, à la ferme de ..., commune d'Amillis, quand sont arrivés des Allemands en grand nombre. Nous leur avons donné à boire et à manger, ma cousine et moi. Trois de ces hommes m'ont fait signe de venir près d'eux. Sans méfiance, je me suis approchée. Ils m'ont poussée dans une chambre à coucher, et l'un d'eux m'ayant jetée à terre, m'a violée, tandis que les deux autres me menaçaient de leurs baïonnettes tirées hors du fourreau. Mon agresseur avait un revolver à la main au moment où il m'a fait tomber. Après cette scène, je me suis sauvée dans un bois.

Après lecture, le témoin a signé avec nous.

N° 60.

DÉPOSITION reçue, le 7 novembre 1914, à La Ferté-Gaucher (Seine-et-Marne), par M. Épiphane, juge de paix.

Dame Z . . ., 31 ans, demeurant à la Ferté-Gaucher :

Serment prêté.

Le dimanche 6 septembre dernier, vers huit heures et demie du soir, j'étais dans mon domicile, faubourg de Strasbourg, à la Ferté-Gaucher. Je me trouvais dans la pièce du devant, au rez-de-chaussée, lorsque j'entendis qu'on m'appelait ainsi : « Dame, dame, ouvrez ». Effrayée, je suis sortie sur le pas de la porte du couloir donnant directement sur la rue. J'aperçus alors deux soldats allemands qui me parlèrent. Je ne comprenais pas ce qu'ils voulaient. Tout à coup, l'un d'eux, m'écartant de la main, entra dans ma chambre, en ferma la porte ainsi que celle du couloir. Instinctivement, je l'avais suivi. Brusquement, ou plutôt brutalement, il me saisit à bras-le-corps, voulant m'entraîner vers le lit; je lui résistai et j'y mis toutes mes forces. Il m'ordonna alors de me déshabiller, lui-même cherchant à le faire : il n'y réussit pas. Je lui criais : « Plutôt fusillée que moi déshabillée ! » Je luttais toujours; mais, me trouvant enfin à bout de forces, il parvint à me jeter sur le lit où reposait l'aîné de mes enfants, qui criait. Ces cris ne l'attendrirent point, et il abusa de moi. Sa bestiale passion assouvie, il s'en alla : il était resté environ un quart d'heure. Peu de temps après, l'autre Allemand entra également par force; il essaya de me violenter, mais il n'y parvint pas. Je crois qu'il devait avoir peur que le premier ne revienne, car il ne faisait que dire : « Camarade revenir : vite ! vite ! »

Je dois dire que j'étais seule avec mes deux jeunes enfants, et que la présence du plus âgé (âgé de quatre ans) n'arrêta pas l'odieux satyre dans son abominable attentat. Pendant la lutte, l'Allemand m'a dit que « demain matin, mes deux enfants seraient *kapout*, et que moi, je serais épargné... »

Lecture faite, persiste et signe avec nous.

AISNE

N° 61.

DÉPOSITION faite, le 27 juillet 1915, à VIVIÈRES (Aisne), devant la Commission d'enquête instituée par décret du 23 septembre 1914.

HERMAND (Victor), 51 ans, maire de Vivières :

Je jure de dire la vérité.

Le 2 septembre 1914, M. Crétel (Désiré), âgé de soixante-dix-sept ans, cultivateur au hameau de Longavesne, a été tué sur la route, à trois cents mètres environ de sa maison. Un sous-officier allemand est venu m'en avertir. Il a déclaré que, sommé de s'arrêter, ce vieillard avait continué sa route, ce qui s'explique par ce fait que Crétel était à cinq ou six cents mètres de la sentinelle qui l'interpellait. Le sous-officier a ajouté : « Mes hommes ont été un peu trop vite. »

Je suis allé immédiatement reconnaître le cadavre, qui portait à la gorge une plaie produite par coup de feu.

Après lecture, le témoin a signé avec nous.

Il résulte de renseignements recueillis à Vivières et confirmés par M. Hermand, à la suite de sa déposition, que le sieur Désiré Crétel était sourd.

(Suivent les signatures des membres de la Commission.)

N° 62.

DÉPOSITION faite, le 28 janvier 1915, à NEUILLY-SAINT-FRONT (Aisne), devant la Commission d'enquête.

BÉGIS (Antoine-Albert), 67 ans, adjoint au maire de Neuilly-Saint-Front :

Je jure de dire la vérité.

Les Allemands sont arrivés le 2 septembre à Neuilly-Saint-Front. Ils ont pillé les maisons abandonnées, ont défoncé un coffre-fort chez Mme Lamy, et ont tenté de fracturer celui du percepteur. Ils ont emmené comme convoyeur, avec sa voiture et ses deux chevaux, M. Balon, et l'ont ensuite envoyé en Allemagne, où il est encore, interné à Erfurt.

Ils ont amené ici M. Leguéry, maréchal ferrant à Chouy, le 9 septembre. Je l'ai vu passer attaché à la queue d'un cheval, traversant la ville dans la direction de Château-Thierry, et je l'ai vu revenir, une heure après, dans la même situation. A ce moment, il avait le visage ensanglanté et paraissait avoir reçu des coups de sabre. J'ai appris plus tard qu'il était mort à Soissons.

Quant à M. Nodin, qui a été tué à Chouy, ce n'est pas ici, mais à Monnes, où il travaillait, qu'il a été arrêté par l'ennemi.

Deux femmes de Breuil, commune de Neuilly, qui venaient par la plaine chercher du pain dans la ville, ont essuyé des coups de fusil. L'une d'elles, Mlle Moulard, a été blessée assez grièvement. Elle est en traitement à l'hospice de Château-Thierry. J'ignore le nom de l'autre, qui n'a été que légèrement atteinte.

Après lecture, le témoin a signé avec nous.

N°. 63.

DÉPOSITION faite, le 19 juillet 1915, à Dampleux, maison forestière (Aisne), devant la Commission d'enquête.

Maupetit (Amand), 51 ans, garde forestier à Dampleux :

Je jure de dire la vérité.

Le dimanche 6 septembre, alors que j'étais logé chez M. Dagbert, à Villers-Cotterets, je me suis rendu à Faverolles avec mon brigadier. Dagbert, qui désirait acheter du tabac à Dampleux, nous a accompagnés jusqu'à cette dernière commune. Entre Dampleux et Faverolles, nous avons rencontré des Allemands qui étaient montés dans des automobiles. Ils nous ont mis en joue; mais nous avons levé les bras, et ils n'ont pas tiré. Quand nous sommes repassés à Dampleux, on nous a appris qu'on avait entendu des détonations peu de temps après que nous avions quitté le village, et nous avons eu alors le pressentiment que Dagbert avait peut-être été assassiné. Le lendemain, comme il n'était pas rentré, je me suis mis à sa recherche; je ne l'ai pas trouvé, mais j'ai constaté, à la lisière de la forêt, qu'un arbre portait les traces de sept balles, et qu'à un mètre environ du tronc il y avait une petite flaque de sang. La casquette de Dagbert était restée à proximité. Dans l'après-midi, le cadavre a été découvert par M. Baudet (Louis), de Dampleux, à une faible distance de l'arbre. J'ai vu le corps quand il a été ramené à Villers-Cotterets. C'est moi qui l'ai déshabillé. Il portait deux plaies à l'épaule droite et une plaie de sortie énorme à hauteur du rein gauche.

Après lecture, le témoin a signé avec nous.

Le même jour, nous, membres de la Commission, nous sommes transportés en forêt avec le garde Maupetit, à l'endroit où celui-ci a fait les constatations relatées dans sa déposition ci-dessus. Nous avons remarqué que le tronc de l'arbre dont le témoin nous a parlé porte les traces de six balles; il est situé sous bois, à quelques mètres de la route.

Après lecture, nous avons signé avec le témoin.

N° 64.

DÉPOSITION faite, le 19 juillet 1915, à Dampleux (Aisne), devant la Commission d'enquête.

Philippont (Octave), 62 ans, garde champêtre à Dampleux :

Je jure de dire la vérité.

Un homme a été tué ici par les Allemands, pendant l'occupation de la commune. Il se nommait Dagbert (Émile-Joseph), était âgé de cinquante-sept ans et habitait Villers-Cotterets, où il exerçait le métier de charron. Il a reçu une balle dans les reins, à cinq cents mètres environ de Dampleux, à la lisière de la forêt. C'était un homme très honorable et très paisible. Le 7 septembre, le garde forestier Maupetit, qui demeurait alors chez Dagbert à Villers-Cotterets, est venu me prévenir que celui-ci n'était pas rentré. Je me suis alors rappelé que la veille, vers cinq ou six heures du soir, j'avais entendu des détonations dans la direction de la forêt, et j'ai pensé que le malheureux avait dû être massacré par les ennemis. Mon pressentiment était juste, car, environ deux heures après, notre concitoyen Victor-Eugène Baudet, qui est actuellement mobilisé, est venu prévenir M. le maire qu'il avait trouvé le cadavre étendu sur la route, au bord du fossé, en forêt. M'étant rendu sur les lieux avec MM. Baudet et Levasseur, j'ai placé le corps à trente mètres sous bois, en attendant qu'il pût être transporté à Villers-Cotterets. On ignore les raisons pour lesquelles Dagbert a été assassiné; mais ce que je puis affirmer, c'est qu'on ne se battait pas au moment du meurtre. D'ailleurs, jamais il n'y a eu de combat à Dampleux.

M. Levasseur est malade et ne peut comparaître devant vous.

Après lecture, le témoin a signé avec nous.

Nos 65, 66.

DÉPOSITIONS faites, le 28 juillet 1915, à Mézy-Moulins (Aisne), devant la Commission d'enquête.

Léger (Louis), 68 ans, rentier à Moulins :

Je jure de dire la vérité.

Le 8 septembre 1914, me trouvant devant chez moi, j'ai vu quatre soldats allemands, précédés d'un lieutenant, amener auprès d'un commandant un vieillard qu'ils bousculaient et qu'ils frappaient. Le lieutenant a fourni au commandant des explications que je n'ai pas comprises, et celui-ci, en étendant le bras, a donné un ordre bref. Un soldat est alors descendu d'une voiture et, d'un coup de fusil, a abattu le vieillard. Celui-ci a été traîné ensuite par quatre Allemands jusqu'au fossé de la route, où j'ai vu le corps étendu faire des soubresauts. Enfin, quelques instants après, une fourragère pleine de blessés et de morts est arrivée; on y a chargé l'inconnu.

Le lendemain, j'ai vu la victime à Moulins, où on l'avait ramenée. Elle était morte, et je l'ai parfaitement reconnue.

Après lecture, le témoin a signé avec nous.

Grosjean (Victor-Alexandre), 69 ans, maire de Mézy-Moulins :

Je jure de dire la vérité.

Un jour, au commencement de septembre, un capitaine allemand est venu me trouver et m'a dit : « Il y a un civil beaucoup malade dans la plaine, un vieillard. Il faut venir le chercher. » Je l'ai alors accompagné, avec quatre hommes de la commune, et il nous a conduits jusqu'au lieu où gisait un inconnu, qui avait du sang plein la bouche et la figure toute noire. Le malheureux râlait encore; nous l'avons transporté au village sur une civière, et il est mort environ une heure après, sans avoir à aucun moment repris connaissance. Quant au capitaine, il est parti à cheval aussitôt après nous avoir amenés auprès du blessé. La victime ne portait aucun papier; elle était absolument inconnue au pays, et il a été impossible de l'identifier. Le seul objet que nous ayons trouvé sur elle est la clef que je vous présente. Le capitaine allemand en savait peut-être plus long, car il m'a dit que l'homme était âgé de soixante-douze ans.

Après lecture, le témoin a signé avec nous et avec M. VELTER (Jules), âgé de soixante-trois ans, retraité des Chemins de fer de l'Est, qui, après avoir juré de dire la vérité, a confirmé la déposition ci-dessus, ayant été parmi les personnes qui ont ramené au village le corps de l'individu fusillé.

Nᵒˢ 67, 68.

DÉPOSITIONS faites, le 28 janvier 1915, à CHOUY (Aisne), devant la Commission d'enquête.

GREPPER (Juliette), veuve LEGUÉRY, demeurant à Chouy :

Je jure de dire la vérité.

Mon mari, Leguéry (Édouard), maréchal ferrant, âgé de cinquante-deux ans, a été arrêté sans aucun motif et enlevé par les Allemands, le 9 septembre dans l'après-midi. Pendant un mois, j'ai ignoré ce qu'il était devenu; enfin un jeune homme de la commune, M. Roussel, qui sortait de l'hôpital de Soissons, m'a fait savoir que mon mari était mort dans cet établissement. J'ai alors écrit à l'économe de l'hôpital, qui m'a confirmé la nouvelle du décès, survenu, d'après les indications de sa lettre, le 11 septembre.

Au moment de son arrestation, Leguéry était dans un état de santé excellent.

Après lecture, le témoin a signé avec nous.

ROUSSEL (Maurice), 17 ans, demeurant à Chouy :

Je jure de dire la vérité.

Ayant été blessé d'une balle au bras, alors que je ramassais des blessés à Crouy, où j'étais garçon charcutier, j'ai été soigné à l'hôpital de Soissons. Là j'ai appris la mort de M. Leguéry, survenue dans cet établissement, et c'est moi qui en ai averti la veuve. J'ai entendu dire à l'hôpital que M. Leguéry avait été odieusement martyrisé par les Allemands, et que sa mort était la conséquence des mauvais traitements qu'il avait subis.

Après lecture, le témoin a signé avec nous.

Nᵒˢ 69, 70, 71.

DÉPOSITIONS faites, le 19 juillet 1915, à NOROY-SUR-OURCQ (Aisne), devant la Commission d'enquête.

CHRISTOPHE (Auguste), 62 ans, maire de Noroy-sur-Ourcq :

Je jure de dire la vérité.

Notre garde champêtre, M. Veret (Jules), âgé de soixante-neuf ans, a été tué chez lui, le 10 septembre, par les Allemands. Il était seul avec eux dans sa chambre, et on ne sait pas pourquoi ce meurtre a été commis. Il paraît qu'on a entendu, pendant une demi-minute, le bruit d'une discussion et que ce bruit a cessé subitement. Veret a eu le crâne défoncé : il est probable que sa blessure a été faite par un coup de crosse.

Après lecture, le témoin a signé avec nous.

———————

MARTIN (Jules), 78 ans, cultivateur à Noroy-sur-Ourcq :

Je jure de dire la vérité.

Le 10 septembre, après le départ des Allemands, qui étaient restés une douzaine d'heures dans la commune, M. Gaulet m'a fait remarquer qu'on n'avait pas vu le garde champêtre sortir. Je me suis rendu chez celui-ci, avec M. Gaulet et mon gendre, et nous avons trouvé le garde Veret étendu sur le sol. Il portait au sommet du crâne une énorme blessure et baignait dans son sang.

Après lecture, le témoin a signé avec nous.

———————

GAULET (Charles), instituteur et secrétaire de mairie à Noroy-sur-Ourcq :

Je jure de dire la vérité.

Le 10 septembre, dans l'après-midi, j'ai entendu un bris de carreaux chez M. Veret, garde champêtre, mon voisin, et presque aussitôt la voix de celui-ci. Après le départ de l'ennemi, n'ayant pas vu le garde sortir, je me suis rendu chez lui avec M. Martin et le gendre de ce dernier. Nous avons alors trouvé M. Veret étendu sur le sol, avec le crâne défoncé. Il était doux et paisible, et avait causé tranquillement pendant la matinée avec les Allemands. Je suppose que, voyant briser ses vitres, il a dû protester, et que c'est pour cela qu'on l'a tué.

Après lecture, le témoin a signé avec nous.

———————

OISE

N° 72.

DÉPOSITION faite, le 27 juillet 1915, à la ferme de Lamorlière, commune de WELLES-PÉRENNES (Oise), devant la Commission d'enquête instituée par décret du 23 septembre 1914.

MALAISÉ (Claude), 59 ans, chef de culture à la ferme de Lamorlière, commune de Welles-Pérennes :

Je jure de dire la vérité.

Le 31 août, vers midi, j'ai envoyé mes deux domestiques : Picard (Lucien), âgé de dix-neuf ans, et Gorier (Gaston), âgé de dix-huit ans, chercher en voiture du pain à Montigny. Le soir ils n'étaient pas rentrés. Vers minuit, étant couché, j'ai entendu frapper au volet. Ayant ouvert, j'ai reconnu Gorier, qui paraissait grièvement blessé. Je l'ai aidé à se mettre au lit, et il a pu me donner quelques renseignements sur ce qui lui était arrivé. J'ai alors appris de lui-même que des Allemands, après l'avoir poursuivi ainsi que Picard, lui avaient pris son cheval et sa voiture, et lui avaient tiré un coup de fusil; puis que des uhlans, étant survenus, l'avaient fouillé et lui avaient volé cent francs qui lui avaient été remis par moi pour payer le pain et faire de la monnaie.

La blessure de ce malheureux laissait passer les intestins. Je lui ai donné des soins jusqu'à deux heures du matin; puis je suis retourné dans ma chambre, sur sa prière, car il disait qu'il allait mieux. A quatre heures et demie, je suis allé de nouveau auprès de lui : j'ai alors constaté qu'il était mort.

J'ai su plus tard que Picard, arrêté par les Allemands, avait été emmené à Crèvecœur et y avait été tué.

Après lecture, le témoin a signé avec nous.

N°ˢ 73, 74.

DÉPOSITIONS faites, le 27 juillet 1915, à CRÈVECŒUR-LE-PETIT (Oise), devant la Commission d'enquête.

AUDEFROY (Aimé), 65 ans, maire de Crèvecœur-le-Petit :

Je jure de dire la vérité.

Le 31 août, dans l'après-midi, les Allemands firent leur entrée à Crèvecœur. Beaucoup d'entre eux étaient en état d'ivresse. Dans plusieurs maisons, dont les propriétaires étaient absents, ils s'introduisirent en brisant les portes et se livrèrent au pillage. Une de mes maisons, dans laquelle habite ordinairement mon fils actuellement mobilisé, a été ainsi complètement dévalisée.

Au bout d'une demi-heure environ, je vis des soldats parcourir cette maison, en paraissant chercher quelqu'un. Je m'approchai et essayai d'intervenir; mais je fus brutalement repoussé, et deux officiers me placèrent leur revolver sur les tempes. A ce moment, je constatai que le feu était à la grange.

Sur ces entrefaites, j'ai entendu une détonation ; puis j'ai vu des soldats traîner, en le maltraitant, le sieur Châtelain, domestique de mon fils, jusqu'aux pieds des chevaux des deux officiers, et là, l'un d'eux le tuer d'un coup de fusil tiré à bout portant.

Les Allemands avaient amené ici, depuis le village de Ferrières, un jeune homme nommé Picard. En arrivant à Crèvecœur, celui-ci avait essayé de leur échapper ; d'après ce que j'ai su plus tard, c'était lui qu'ils avaient cherché dans la ferme de mon fils, et il avait été tué dans la cour par le coup de fusil dont j'avais entendu la détonation.

J'ai vu son cadavre le lendemain. Il portait à la tête la trace d'une balle, et à la gorge une plaie paraissant avoir été faite par une baïonnette ou par un couteau.

Après lecture, le témoin a signé avec nous.

———————

Frion (Léontine), 19 ans, demeurant chez ses parents à Crèvecœur-le-Petit :

Je jure de dire la vérité.

Le 31 août, j'ai vu M. Picard arriver dans Crèvecœur au milieu de cavaliers allemands. A un certain moment, il a pu s'échapper et s'est réfugié dans la maison de M. Audefroy ; mais les Allemands se sont aussitôt mis à sa poursuite. Bientôt j'ai constaté que la flamme s'élevait au-dessus de la grange et j'ai entendu deux détonations. Le lendemain, j'ai vu dans la cour les cadavres de Picard et de Châtelain.

Après lecture, le témoin a signé avec nous et avec sa mère, Mᵐᵉ Vincent (Pascaline), femme Frion, cultivatrice à Crèvecœur-le-Petit, qui, après avoir prêté serment de dire la vérité, a déclaré confirmer la déposition ci-dessus.

———————

N° 75.

DÉPOSITION faite, le 27 juillet 1915, à Ferrières (Oise), devant la Commission d'enquête.

Amory (Désiré), 48 ans, adjoint faisant fonctions de maire à Ferrières :

Je jure de dire la vérité.

Le 31 août 1914, les Allemands, en arrivant à Ferrières, ont mis volontairement le feu, avec des bombes à main, à six maisons de la commune. Une seule a été complètement incendiée ; le cantonnier communal Luisin-Catez et sa femme y ont été asphyxiés dans la cave. Un soldat français, après avoir tiré sur les ennemis, s'était réfugié dans cette maison, et c'est pour cette raison qu'elle a été brûlée. Ce soldat a pu s'échapper.

Après lecture, le témoin a signé avec nous.

———————

Nᵒˢ 76, 77, 78, 79.

DÉPOSITIONS faites, le 27 juillet 1915, à Mortemer (Oise), devant la Commission d'enquête.

Collard (Numa), 73 ans, maire de Mortemer :

Je jure de dire la vérité.

Le 31 août 1914, les Allemands, en arrivant dans notre village, se sont livrés à un pillage général. Comme j'essayais de sauver un peu de mon bien, j'ai été brutalement frappé à coups de pied, et j'ai dû passer la nuit au poste, avec l'instituteur. La troupe ennemie est partie le lendemain de bonne heure, à l'exception de quelques hommes de l'arrière. Plusieurs de ceux-ci se sont rendus au domicile de M. Léon Huille, épicier, et ont exigé qu'il leur donnât du tabac. Comme il leur disait qu'il n'en avait pas, ils l'arrêtèrent et lui firent traverser tout le village pour qu'il leur indiquât le débit de tabac. En route, ils le bousculèrent et le frappèrent à coups de crosse. En arrivant devant le débit, Huille se retourna pour s'en aller : aussitôt il fut tué d'un coup de fusil au cœur.

J'ai porté, le lendemain, son corps au cimetière sur une civière avec MM. Bonnay, adjoint, Oueillé, instituteur, et un autre de nos concitoyens.

M. Huille était âgé de quarante-neuf ans.

Après lecture, le témoin a signé avec nous.

———————

Défossés (Arthidor), 60 ans, manouvrier à Mortemer :

Je jure de dire la vérité.

Le 1er septembre, me trouvant dans la rue, j'ai vu passer Huille, escorté de deux soldats allemands qui le poussaient. En arrivant devant moi, il m'a dit que ceux-ci voulaient le tuer parce qu'il n'avait pas de tabac à leur donner. J'ai affirmé qu'il n'était pas marchand de tabac, et j'ai indiqué l'emplacement du débit. Quelques instants après, j'ai entendu le coup de feu qui a tué Léon Huille.

Après lecture, le témoin a signé avec nous.

———————

Bonnay (Léopold), 70 ans, adjoint au maire de Mortemer :

Je jure de dire la vérité.

Le 1er septembre, j'étais en train de nettoyer ma cour, après le départ des Allemands qui avaient passé la nuit chez moi, quand j'ai entendu Huille, qui était dans la rue, prononcer les paroles suivantes : « Puisque je vous dis qu'il n'est pas chez lui, cet homme...! A-t-il une tête! » Je suis sorti pour voir avec qui il causait, et j'ai constaté qu'il s'adressait à un Allemand vêtu d'un uniforme sombre. Je suis rentré presque aussitôt, et une minute après, ayant entendu un coup de feu, je me suis dit : « Pour moi, Huille est tué ».

Après lecture, le témoin a signé avec nous.

———————

Oueillé (Jean-Firmin), 37 ans, instituteur à Mortemer :

Je jure de dire la vérité.

Le 1er septembre, j'ai vu passer M. Huille escorté de deux soldats allemands qui le poussaient. En arrivant devant le débit de tabac, il a indiqué de la main la maison. Comme il se retournait ensuite, il a reçu une violente bourrade. Il s'est alors retourné une seconde fois, en faisant un geste de protestation. Aussitôt l'un des Allemands lui a tiré à bout portant un coup de fusil dans le dos. Huille a porté une main à son cœur, l'autre à sa casquette, et il est tombé raide mort.

Après lecture, le témoin a signé avec nous.

Nᵒˢ 80, 81, 82, 83.

DÉPOSITIONS faites, le 27 juillet 1915, à AVRECHY (Oise), devant la Commission d'enquête.

COCHET (Arthur), 37 ans, cultivateur à Avrechy, au hameau d'Argenlieu :

Je jure de dire la vérité.

M. Legent, qui était de Moyenneville (Oise), était venu se réfugier ici avec sa femme et sa fille, et logeait chez moi. Dans la soirée du 1ᵉʳ septembre, après le départ des troupes françaises, alors qu'il ne restait que quelques soldats laissés en arrière-garde et chargés de barrer la route, je l'ai entendu se disputer avec un individu, et je l'ai vu revenir à la maison avec une botte qu'il venait de prendre à celui-ci. Je sais qu'il a été fusillé le lendemain matin par les Allemands, et j'ai entendu les coups de fusil ; à ce moment, j'étais caché dans la cave d'un voisin.

Après lecture, le témoin a signé avec nous.

GUYS (Louis), 59 ans, propriétaire à Avrechy, au hameau d'Argenlieu :

Je jure de dire la vérité.

Le 1ᵉʳ septembre, une voiture automobile, dans laquelle se trouvaient deux hommes vêtus en civils et deux autres portant des uniformes d'officiers français, est passée à Argenlieu, qui est un hameau de la commune d'Avrechy et où je demeure. L'un des civils, s'adressant à moi et aux personnes qui m'entouraient, nous a demandé si quelqu'un consentirait à relever les numéros des régiments allemands qui passeraient. Legent a répondu qu'il le ferait volontiers.

Dans la soirée du même jour, il est arrivé des individus à allures louches, portant des ballots et des paniers pleins, quelques-uns d'entre eux ayant des fusils. Vers neuf heures du soir, j'ai entendu une discussion s'élever, dans la rue, entre Legent et un de ces hommes. Ce dernier, à qui Legent avait pris une botte, a crié en se sauvant : « Je m'en vais le dire aux Allemands, et tu verras cela demain ».

Le lendemain matin, étant encore couché, j'ai entendu trois coups de feu, et j'ai dit à mes enfants : « Voilà l'émigré de chez Cochet qu'on fusille ». Je ne m'étais pas trompé.

Dans l'après-midi, j'ai vu le cadavre de Legent ; il était couvert de sang.

Après lecture, le témoin a signé avec nous.

GALLON (Alfred), 60 ans, maire d'Avrechy :

Je jure de dire la vérité.

Le 3 septembre au matin, Mᵐᵉ Legent, qui n'habite plus maintenant la commune, est venue me prévenir que son mari avait été fusillé la veille par les Allemands, au hameau d'Argenlieu. Je me suis aussitôt transporté à cet endroit, et après quelques recherches j'ai trouvé le cadavre étendu au pied d'un mur. Il portait trois blessures, et sur le mur se voyaient les traces de trois balles.

Après lecture, le témoin a signé avec nous.

Louis (Angèle), 44 ans, sans profession, à Avrechy :

Je jure de dire la vérité.

Le jour où M. Legent a été tué, je l'ai vu sortir à plusieurs reprises de la maison de M. Cochet, chez qui il logeait, et adresser la parole aux Allemands qui passaient en colonne. Je n'ai pas entendu ce qu'il disait, mais il m'a semblé qu'il parlait avec une certaine animation.

Après lecture, le témoin a signé avec nous.

Nᵒˢ 84, 85, 86, 87.

DÉPOSITIONS faites, le 8 février 1915, à GOUVIEUX (Oise), devant la Commission d'enquête.

JEANNOT (Pierre-Émile), 62 ans, secrétaire de la mairie à Gouvieux :

Je jure de dire la vérité.

Le 3 septembre, jour où Gouvieux a été pour la première fois visité par des patrouilles allemandes, le jeune Gerg (Gaston), âgé de seize ans, est entré chez M. Schilds, entraîneur, son voisin, qui était parti en abandonnant sa propriété; il a attelé le cheval de M. Schilds à un tilbury, et a emmené sa mère et sa sœur, Mme Auger, dans la direction de Saint-Leu, pour voir les ruines des ponts qu'on avait fait sauter. D'après ce qu'on a dit, des sentinelles lui ont ordonné de s'arrêter, aux environs de la Canardière de Chantilly. Au lieu d'obtempérer à cet ordre, Gerg aurait fait faire demi-tour à son équipage et aurait tenté de s'enfuir. C'est alors que les Allemands auraient tiré sur la voiture. Toujours est-il que Gerg et sa sœur, grièvement blessés, sont morts dans la journée à l'hôpital James-de-Rothschild, et que leur mère a eu le ventre labouré par une balle.

Le même jour, le nommé Paul Descorps, âgé de dix-sept ans, mécanicien, s'étant dirigé vers Creil à bicyclette pour y voir les dégâts commis par l'ennemi, a été tué dans des circonstances qu'on ignore, au lieu dit Les Égoulies, territoire de Gouvieux. On a trouvé son cadavre le 9 septembre, sous une mince couche de terre.

D'après les constatations médicales, il avait reçu un coup de baïonnette à la gorge. La bicyclette toute neuve, qu'il avait empruntée à un voisin, avait été volée.

Après lecture, le témoin a signé avec nous.

LASSIÈGE (Aline), femme GERG, 55 ans, sans profession, à Gouvieux :

Je jure de dire la vérité.

Le 3 septembre, je me rendais à Chantilly avec mon fils et ma fille, dans le tilbury de M. Schilds, quand, en arrivant à la Canardière, on nous a prévenus que les ennemis étaient à proximité. Mon fils a fait faire alors demi-tour à la voiture; mais à peine étions-nous repartis dans la direction de Gouvieux, que des Allemands tiraient sur nous. Ma fille et mon fils, grièvement atteints, sont morts le même jour des suites de leurs blessures.

J'ai eu le ventre labouré par une balle, et j'ai dû passer un mois à l'hôpital. Je ne suis pas encore guérie.

Après lecture, le témoin a signé avec nous.

Le Moullec (Anne-Marie), femme Descorps, demeurant à Gouvieux :

Je jure de dire la vérité.

Le 3 septembre, mon fils est parti à bicyclette. Six jours après, on m'a ramené son cadavre, trouvé à côté de la route. Il portait deux blessures : l'une au dos, produite par un coup de feu ; l'autre à la gorge, par un coup de sabre.

Après lecture, le témoin a signé avec nous.

Vacher (Raoul), 35 ans, manouvrier à Gouvieux :

Je jure de dire la vérité.

C'est moi qui ai trouvé le cadavre du jeune Descorps, au lieu dit Les Égoulies. Il était recouvert de quelques centimètres de terre. Après être allé prévenir la municipalité, je suis retourné auprès de la tombe, avec MM. Flamand et Morel, pour procéder à l'inhumation. Je n'ai pas cherché à constater les blessures que Descorps avait reçues.

Après lecture, le témoin a signé avec nous.

Nᵒˢ 88, 89.

DÉPOSITIONS reçues, le 20 octobre 1914, à Nourard-le-Franc (Oise), par M. Meignié, procureur de la République.

Caron (Joseph), 70 ans, entrepreneur de battage à Nourard-le-Franc :

Serment prêté.

Le 3 septembre dernier, je me trouvais dans la plaine, vers cinq heures et demie du soir, à deux cents mètres de chez moi, pendant que des soldats allemands, en voiture, entraient dans le pays ; ils avaient au bras le brassard de la Croix-Rouge. Ils ont tiré de nombreux coups de fusil, et j'ai vu la fumée de l'incendie qu'ils avaient allumé : six maisons ont été brûlées. M'apercevant dans la plaine, ils ont tiré sur moi et m'ont atteint en deux endroits : au pouce de la main gauche, qui a été traversé, et à la cuisse gauche, qui a été également transpercée ; c'est un hasard que je n'aie pas été tué. Mes enfants m'ont secouru et m'ont traîné jusqu'à une ferme du pays. Ma femme a eu une émotion si vive, qu'elle est morte huit jours après.

Lecture faite, persiste et signe avec nous.

Veuve Bouton, 70 ans, propriétaire à Nourard-le-Franc :

Serment prêté.

Le 3 septembre, je me trouvais chez moi lorsque, vers cinq heures et demie, une voiture victoria, montée par trois Allemands dont un avait le brassard de la Croix-Rouge, s'est arrêtée dans le village. Les hommes sont descendus et sont entrés dans un café. Après avoir payé leurs consommations, ils sont remontés en voiture et, dans les rues du village, ont tiré des coups de fusil pour affoler les habitants. Puis, sans que personne leur ait rien dit, ils ont mis le feu à quatre maisons, dans une impasse à côté de chez moi. Ils sont revenus au café et se sont amusés à mettre le feu à une grange voisine, en tirant des coups de feu ; ils ont fait de même pour une autre grange et une maison. Enfin, non satisfaits, ils ont aperçu à proximité, dans un champ, M. Caron, sur lequel ils ont tiré, lui faisant deux blessures : l'une au pouce, l'autre à la cuisse. C'est miracle que M. Caron n'ait pas été tué. Après quoi, ils sont partis dans la direction du Mesnil-sur-Bulles.

*(Suit la signature du Procureur de la République,
la déclarante ne sachant signer.)*

6.

SOMME

N°s 90, 91, 92, 93, 94.

DÉPOSITIONS faites, le 27 août 1915, à Méricourt-sur-Somme (Somme), devant la Commission d'enquête instituée par décret du 23 septembre 1914.

Dame X..., 55 ans, fermière à Méricourt-sur-Somme :

Je jure de dire la vérité.

Les Allemands n'ont fait presque que passer à Méricourt. Le 29 août, vers huit heures du soir, il en est entré beaucoup chez nous. Ils ont pris tout ce qui leur convenait: les objets d'alimentation, des animaux, le linge et quelques bijoux.

A un certain moment, trois soldats nous obligèrent à sortir de la cave, où j'étais réfugiée avec mes filles et le reste de ma famille. Dans l'escalier, ma plus jeune fille fut saisie à la gorge, ramenée dans la cave, et tandis que deux soldats la maintenaient par les épaules et par les jambes, le troisième la violait. Tous les trois l'ont successivement outragée de la même manière; puis, l'ayant fouillée, ils lui ont volé ses bijoux, ainsi que vingt-cinq francs en monnaie d'argent et vingt francs en or. A la suite de ces attentats, elle a été malade pendant trois semaines.

Le même soir, ma voisine, Mme Z..., qui avait été très épouvantée par la persécution dont elle avait été l'objet de la part d'un Allemand d'un certain âge, voulut coucher chez nous avec ses deux enfants. Vers dix heures, l'Allemand vint frapper à la porte avec tant de violence qu'il fallut lui ouvrir. Il raconta que M. Z..., étant malade, demandait sa femme en toute hâte, et invita celle-ci à le suivre. Elle y consentit, à la condition que ma fille aînée et sa belle-mère l'accompagneraient. A peine les trois femmes étaient-elles sorties, que j'entendis dans le jardin des cris, puis deux coups de feu. L'Allemand avait terrassé Mme Z... en essayant de la violer, et avait tiré deux coups de revolver pour effrayer les témoins et les empêcher d'intervenir. Après cette agression, notre voisine a été très souffrante; elle commence seulement à travailler maintenant.

Après lecture, le témoin a signé avec nous.

Demoiselle X..., 17 ans, à Méricourt-sur-Somme :

Je jure de dire la vérité.

Le 29 août, dans la soirée, comme je remontais notre escalier, j'ai été saisie par un Allemand et traînée à la cave. Là j'ai été violée successivement par trois soldats. Je ne pouvais me défendre, car, pendant que l'un de ces hommes m'outrageait, les deux autres me tenaient par les bras et par les jambes.

Après lecture, le témoin a signé avec nous.

Dame Y..., 58 ans, à Méricourt-sur-Somme :

Je jure de dire la vérité.

Le 29 août, vers dix heures du soir, j'ai accompagné avec ma belle-fille Mme Z... dans le jardin quand un Allemand est venu la chercher, soi-disant pour la conduire auprès de son mari malade. Tout à coup, ce soldat l'a jetée à terre, et comme la jeune femme ne voulait pas lâcher mon bras, j'ai été renversée sous elle. Nous avons poussé des cris ; c'est alors que l'agresseur a tiré en l'air, pour nous effrayer, deux coups de revolver. Voyant que ma belle-fille était allée chercher du secours, il n'a pas osé consommer entièrement l'attentat.

Après lecture, le témoin a signé avec nous.

Dame Y..., née X..., 23 ans, fermière à Méricourt-sur-Somme :

Je jure de dire la vérité.

J'ai assisté, le 29 août, à la conversation du soldat allemand avec Mme Z... Il a raconté à celle-ci que son mari malade la réclamait, et l'a ainsi décidée à le suivre ; mais elle ne s'y est résignée qu'à la condition que je l'accompagnerais avec ma belle-mère. Dans le jardin de mes parents, il l'a renversée pour la violer ; je me suis aussitôt sauvée pour appeler mon beau-père.

Après lecture, le témoin a signé avec nous.

Dame Z..., 32 ans, demeurant à Méricourt-sur-Somme :

Je jure de dire la vérité.

J'étais couchée avec mes deux enfants chez Mme X..., quand un Allemand est venu me chercher sous le prétexte que mon mari était malade. Je n'ai consenti à le suivre qu'à la condition que Mme Y... et sa belle-mère viendraient avec moi. Dans le jardin, il m'a renversée et s'est jeté sur moi ; mais il n'a pu parvenir à me violer. Mme Y... mère, que je ne voulais pas lâcher, est tombée avec moi, et sa belle-fille s'est sauvée. Mon agresseur a alors tiré deux coups de revolver en l'air. Je le suppliais d'avoir pitié de moi à cause de mes enfants ; il a dû me comprendre, car il a fini par me lâcher.

[La déposition ci-dessus a été faite en langue flamande avec l'assistance de Mme X..., qui a préalablement prêté serment de traduire fidèlement les déclarations du témoin.]

Les dames Z... et X... ont signé avec nous, après lecture et traduction.

N° 95.

DÉPOSITION reçue, le 18 juin 1915, à AMIENS, par M. BUSQUE, commissaire spécial de la police des chemins de fer.

Dame X..., 25 ans, manouvrière à Nesle (Somme), actuellement réfugiée à Amiens :

Alors que les Allemands occupaient Nesle depuis le 29 août, à cinq heures de l'après-midi, il y eut, le 27 ou le 28 janvier, d'importants passages de troupes d'infanterie. Dans la nuit qui suivit l'un de ces deux jours, vers minuit, je reposais dans ma chambre, ayant auprès de moi mes trois enfants : une petite fille âgée de cinq ans, un garçon de trois ans et ma dernière venue, qui a vingt mois. Suivant la précaution observée par toutes les femmes du bourg depuis le séjour de l'ennemi, je ne m'étais pas dévêtue. Je fus réveillée par des bruits de pas et des voix à la porte de mon habitation, qui bientôt céda. Du dehors, avec la pointe d'une baïonnette, on avait forcé la serrure. Je n'eus que le temps d'allumer une petite lampe à faible clarté, et six soldats allemands entrèrent. Dans leur jargon ils me firent comprendre qu'ils désiraient du feu. Je n'avais ni feu, ni combustible. Ma fille aînée effrayée se pendit à mon cou en pleurant et en poussant des cris. Ils me l'arrachèrent des bras et la jetèrent, comme un paquet, sur le lit. Mon garçon, sanglotant comme sa sœur et s'accrochant à moi, fut happé par un bras et lancé dans un coin de la pièce. C'est alors qu'à deux ou trois ils me saisirent de telle manière que je ne pouvais avoir un doute sur leurs intentions. Je me débattis un moment, mais je fus bientôt réduite et renversée sur le lit, où le plus déterminé de mes agresseurs me viola en présence de mes enfants et sous les yeux de ses camarades. L'attentat consommé, comme je me plaignais, disant qu'il était honteux de traiter les femmes avec une pareille sauvagerie, j'essuyai encore deux gifles retentissantes. Je présume que d'autres outrages m'étaient destinés, quand l'un des six hommes observa qu'il était temps pour eux de partir. Du moins, je crus le comprendre, car il sortit aussitôt et les autres le suivirent. J'ai quitté Nesle le 25 avril, par un convoi comprenant une cinquantaine de femmes, toutes mères de famille.

La raison qu'on nous donna de notre expulsion fut que nous étions, avec nos enfants, trop de bouches à nourrir.

Je ne saurais exactement vous dire comment les Allemands se sont comportés, d'une façon générale, dans le village. Les habitants évitaient de sortir. Sur la rue, les rassemblements de trois personnes étaient formellement interdits. Tout le monde mesurait ses propos, crainte de représailles. J'ai ouï dire cependant qu'outre le pillage auquel l'envahisseur s'était livré, de nombreuses femmes avaient été l'objet d'outrages et de tentatives de violences.

Lecture faite, persiste et signe avec nous.

Nᵒˢ 96, 97.

DÉPOSITIONS faites, le 27 août 1915, à PROYART (Somme), devant la Commission d'enquête.

VAILLANT (Henriette), femme SACHY, 34 ans, demeurant à Proyart :

Je jure de dire la vérité.

Le 29 août 1914, à neuf heures et demie du matin, je venais de descendre avec ma famille dans la cave de M. Boulanger (Victorice), quand des uhlans sont entrés dans la maison par le jardin. L'un d'eux a immédiatement tiré trois coups de fusil dans la cave, par la porte qui était restée ouverte. Atteint à la jambe et à la poitrine, M. Boulanger est mort sur-le-champ; il était âgé de soixante-quatorze ans et presque aveugle. Pendant qu'un soldat tuait M. Boulanger, les autres brisaient tout dans la maison.

Le 1ᵉʳ septembre, dans la matinée, j'ai vu les Allemands charger sur des automobiles le mobilier de M. Wable, et mettre ensuite le feu à la maison en y jetant quelque chose qui crépitait. Pendant l'incendie, ils dansaient au son d'un phonographe.

Après lecture, le témoin a signé avec nous.

BOULANGER (Julien), 47 ans, maire de Proyart :

Je jure de dire la vérité.

Les Allemands ont occupé ma commune pendant dix-sept jours, à partir du 29 août. Au début, ils l'ont pillée indignement. Six ou sept diaconesses, vêtues de noir, portant une coiffe blanche et un brassard de la Croix-Rouge, entraient dans les maisons avec des soldats et prenaient tout ce qui leur convenait.

Une partie du village a été détruite par les obus, une autre partie a été brûlée à la main. La maison de M. Wable, notamment, a été incendiée volontairement après avoir été saccagée.

Après lecture, le témoin a signé avec nous.

* * *

N° 98.

DÉPOSITION reçue, le 16 octobre 1914, à FONTENAY-LE-COMTE (Vendée), par M. CHEBROU, procureur de la République.

PIVARD (Henri), 27 ans, soldat au 45ᵉ bataillon de chasseurs à pied :

Serment prêté.

Le 29 août, vers quatre heures du soir, à Proyart (Somme), mon bataillon fut obligé de battre en retraite. Paralysé par un éclat d'obus, je ne pus suivre mes camarades et je restai sur le terrain, à quelques mètres à peine des dernières maisons du village, qui avait été occupé par des artilleurs et des fantassins allemands. Je ne puis dire à quel corps d'armée ils appartenaient. Je les ai vus très distinctement aller de maison en maison et y mettre le feu ; j'ai bien vu incendier ainsi une dizaine de maisons, notamment une grosse ferme. Je n'ai pas distingué de quels engins incendiaires ils se servaient. Je ne sais pas si des habitants ont péri dans les flammes.

J'ai été relevé le soir même par des Allemands, qui m'ont soigné ; j'ai passé la nuit avec eux au milieu des champs, et le lendemain ils m'ont conduit à Villers-Bretonneux où j'ai été déposé dans un hôpital. Les Allemands sont partis dans la direction de Paris ; puis des Français civils m'ont conduit à l'hôpital d'Amiens, d'où j'ai été ensuite évacué sur Fontenay-le-Comte.

Lecture faite, persiste et signe avec nous.

* * *

Nᵒˢ 99, 100.

DÉPOSITIONS faites, le 27 août 1915, à PROYART (Somme), devant la Commission d'enquête.

BUQUET (Rosa), 66 ans, curé de Framerville (Somme) :

Je jure de dire la vérité.

Le 29 août, les Allemands sont arrivés dans ma paroisse. Ce jour-là et le lendemain, ils ont mis le feu volontairement à sept habitations et à deux granges. On entendait une détonation, puis le feu prenait immédiatement. Chaque fois qu'un bâtiment brûlait, ils faisaient jouer un piano mécanique qu'ils avaient pris dans la maison François Foucard, et dansaient au son de cet instrument. J'ajoute qu'ils se sont livrés à un pillage général dans les maisons inhabitées.

Après lecture, le témoin a signé avec nous.

———————

DECOIN (Céline), femme JOSSE, 49 ans, propriétaire à Framerville :

Je jure de dire la vérité.

J'ai vu, le 30 août, quatre soldats allemands mettre le feu à la maison François Foucard en tirant à l'intérieur de l'habitation avec leur fusil. J'en ai vu d'autres sortir de la même maison un piano mécanique, au son duquel ils ont dansé.

Après lecture, le témoin a signé avec nous.

———————

Nᵒˢ 101, 102, 103.

DÉPOSITIONS faites, le 26 août 1915, à PONT-NOYELLE (Somme), devant la Commission d'enquête.

ALLET (Victor), 49 ans, boulanger à Pont-Noyelle :

Je jure de dire la vérité.

J'étais au nombre des rares habitants de Pont-Noyelle qui étaient restés dans le village lors de l'arrivée des Allemands. Ceux-ci ont pillé la commune. Chez moi, ils ont volé des denrées alimentaires, des poules, des lapins, des couverts et trois montres sans grande valeur.

Après lecture, le témoin a signé avec nous.

———————

JOVELET (Jeanne), femme TIQUET, 38 ans, à Pont-Noyelle :

Je jure de dire la vérité.

Quand je suis rentrée à Pont-Noyelle, le 25 septembre, j'ai constaté que ma maison avait été pillée par les Allemands. Mon argenterie avait disparu, ainsi que la plus grande partie de mon linge; mon mobilier de salon avait été laissé dans la cour, et mon appartement était dans le plus grand désordre.

Après lecture, le témoin a signé avec nous.

———————

BOUFFET (Augustine), veuve MINOTTE, 79 ans, propriétaire à Pont-Noyelle :

Le 30 août 1914, tandis que des Allemands pillaient ma cave, je les ai suivis pour essayer de sauver un peu de mon vin. Aussitôt un soldat s'est jeté sur moi, m'a renversée sur un tas de bouteilles et m'a relevé les jupons en essayant de me violer. Je me suis vigoureusement défendue et j'ai pu lui faire lâcher prise. Il est alors parti ainsi que ses camarades, et, quelques minutes plus tard, une de mes vieilles amies, Mᵐᵉ Picard, de Querrieu, est venue m'aider à me relever.

La maison a été pillée. Les Allemands m'ont volé deux montres, un pardessus neuf de mon fils, des chemises et la médaille militaire de mon mari, ainsi que mon alliance. Ils ne m'ont laissé ni une bouteille de vin, ni une bouteille d'eau-de-vie.

Après lecture, le témoin a signé avec nous.

———————

N° 104.

DÉPOSITION faite, le 26 août 1915, à Pont-Noyelle (Somme), devant la Commission d'enquête.

Adnet (Edmond), 42 ans, propriétaire à Pont-Noyelle :

Je jure de dire la vérité.

Étant atteint de paraplégie, je suis infirme et puis à peine marcher. Le 30 août 1914, des Allemands sont venus frapper à ma porte cochère, et au moment où j'allais l'ouvrir, ils l'ont brisée. Un officier, entrant alors à cheval, m'a renversé, puis, descendant de sa monture, est allé directement, sans s'occuper de moi, à la porte de ma cave qu'il a fait fracturer par ses hommes. Tout mon vin fin et mon champagne ont été bus ou emportés ; j'en avais sept ou huit cents bouteilles. Un certain nombre d'Allemands se sont attablés chez moi et se sont livrés à une véritable orgie. Comme je me refusais à boire avec eux mon champagne, un sous-officier me coiffa de son casque. J'enlevai ce casque et le jetai à l'autre bout de la pièce. L'Allemand, furieux, alla le ramasser et me l'enfonça de nouveau sur la tête avec violence ; je dus alors me résigner et conserver cette coiffure, au milieu des rires de la bande.

Ma maison a été saccagée ; tous les objets d'alimentation, l'argenterie et mes chevaux ont été enlevés. J'ai surpris un Allemand qui, ayant pénétré dans ma chambre, était en train de briser un coffret dans lequel se trouvaient mes bijoux de famille. A mon arrivée, le voleur a pris la fuite en emportant des bijoux d'une valeur totale de quinze à dix-huit cents francs.

Après le départ des Allemands, j'ai trouvé la patte d'épaulette que je vous présente. Comme vous le voyez, elle porte le numéro 36.

Après lecture, le témoin a signé avec nous.

N°ˢ 105, 106.

DÉPOSITIONS faites, le 26 août 1915, à Lahoussoye (Somme), devant la Commission d'enquête.

Bernault (Léopold), 47 ans, garde champêtre à Lahoussoye :

Je jure de dire la vérité.

Le 31 août 1914, des voisins de M. Renard (René), âgé de soixante-cinq ans, sont venus me prévenir qu'on n'avait pas vu celui-ci depuis la veille. Je me suis rendu chez lui, à dix heures du matin, avec plusieurs personnes, et nous l'avons trouvé mort dans le fond de sa cave : il avait reçu une balle en plein cœur. Le cadavre était froid et rigide. Les Allemands avaient passé toute la journée du 30 dans le pays ; il est évident que ce sont eux qui ont tué M. Renard.

Après lecture, le témoin a signé avec nous.

Boquet (Élisa), veuve Coulon, 80 ans, demeurant à Lahoussoye :

Je jure de dire la vérité.

Le 30 août, vers dix heures du soir, je me suis rendue chez mon filleul, René Renard, pour chercher du lait comme d'habitude. Je ne l'ai pas rencontré ; mais, en entrant dans sa cuisine, je me suis trouvée en présence de trois Allemands qui étaient attablés. Deux d'entre eux m'ont immédiatement saisie; puis, m'ayant entraînée dans l'étable, où ils m'ont renversée, ils ont essayé l'un et l'autre, successivement, de me violer, sans d'ailleurs y parvenir. Pendant qu'ils me violentaient, ils me plaçaient leur main sur la bouche pour étouffer mes cris.

Le lendemain, j'ai vu le cadavre de Renard étendu sur un lit, dans la maison, et j'ai constaté qu'il avait été frappé à la poitrine.

Après lecture, le témoin a signé avec nous.

N° 107.

DÉPOSITION reçue, le 5 juin 1915, à AMIENS (Somme), par M. BUSQUE, commissaire spécial de la police des chemins de fer.

BERNAULT (Ulysse), 51 ans, propriétaire, maire de Lahoussoye :

Les premières troupes allemandes firent leur apparition à Lahoussoye le dimanche 30 août 1914, vers quatre heures du matin. Elles avançaient en un flot innombrable et continu. Depuis la veille, les deux tiers environ des deux cent quarante-huit habitants de la commune avaient fui devant l'invasion. L'ennemi se répandit dans la plupart des habitations du village, qu'il soumit à un pillage désordonné. Les portes furent enfoncées, les armoires vidées de leur contenu. Le débit de M. Jumel (Julien), celui de M. Rivaux (Henri), maréchal ferrant, furent littéralement mis à sac. Il est à signaler que la partie du bourg établie le long de la route nationale, c'est-à-dire le plus à la portée des envahisseurs, fut surtout éprouvée. Les quartiers à l'écart eurent moins à souffrir. Toutes les denrées de consommation disparurent. Les basses-cours furent dévastées; de nombreuses têtes de bétail furent égorgées, la plupart laissées sur place après le prélèvement d'une infime quantité de viande. Le linge fut également l'objet des convoitises de la soldatesque, que l'on vit s'en revêtir sur place après une toilette sommaire faite au cours d'une halte.

Le lundi 31 août, dans la matinée, des voisins de M. Renard (René), âgé de soixante-huit ans, dont l'habitation est située rue de Bonnay, furent surpris de ne pas apercevoir celui-ci, à qui l'on connaissait des habitudes matinales. On s'inquiéta d'autant plus de sa disparition qu'il avait dû, la veille, loger de nombreux Allemands.

Accompagné de trois citoyens de bonne volonté, le garde champêtre communal, M. Bernault (Léopold), opéra des recherches dans la maison et finit par le retrouver dans la cave, étendu mort. Le malheureux avait été frappé d'une balle.

Le drame de sa fin tragique n'avait eu aucun témoin; mais on apprit par la suite que Mme veuve Coulon, née Élisa Boquet, âgée de quatre-vingts ans, rentière, s'étant rendue le dimanche soir chez Renard, comme à son habitude, pour y prendre sa provision quotidienne de lait, y avait subi d'odieuses violences de la part de soldats allemands. Je me suis alors demandé si Renard, homme énergique et déterminé, ne serait pas intervenu aux cris de la vieille dame et n'aurait pas trouvé la mort en la défendant. Cette hypothèse m'est d'ailleurs personnelle et je n'en ai pas établi la réalité, de sorte que, s'il n'est en aucune façon douteux que l'infortuné Renard ait péri de la main des Allemands, le prétexte et les circonstances de cet assassinat restent enveloppés d'une impénétrable obscurité.

Le cadavre fut inhumé le mardi, à la hâte, sous l'empire de la terreur qu'avait laissée le séjour de l'ennemi. Aucune autorité allemande n'a été saisie de ce fait.

Lecture faite, persiste et signe avec nous.

N°ˢ 108, 109, 110.

DÉPOSITIONS faites, le 26 août 1915, à QUERRIEU (Somme), devant la Commission d'enquête.

GRÉVIN (Zéa), veuve GRIGNON, 73 ans, demeurant à Querrieu :

Je jure de dire la vérité.

Quand les Allemands sont arrivés ici, le 30 août dans la matinée, il n'était guère resté au village que cinq ou six familles. Je me trouvais moi-même à Pierregot, avec mon mari, mon fils et ma belle-fille. Ce jour-là, mon mari, âgé de soixante-seize ans, nous a quittés dans l'après-midi pour s'occuper de son bétail que nous avions laissé à Querrieu. A six heures du soir, il a été rencontré sur la route par un habitant de cette commune; mais nous l'avons attendu en vain. Le 1ᵉʳ septembre, M. Darras a découvert le cadavre de Grignon à proximité de Querrieu. Mon mari avait reçu au ventre une large blessure d'où les intestins s'échappaient. Trois semaines plus tard, des médecins militaires français ont examiné le corps et constaté que la plaie avait été faite par un coup de sabre.

Après lecture, le témoin a signé avec nous.

———

LOISON (Hélène), femme GRIGNON, 42 ans, demeurant à Querrieu :

Je jure de dire la vérité.

Quand le cadavre de mon beau-père Grignon a été retrouvé, c'est mon mari qui l'a enterré. Il a été exhumé trois semaines plus tard, et des médecins militaires français ont constaté qu'il portait une large plaie au ventre.

Le régiment qui occupait Querrieu quand mon beau-père a été tué était le 27ᵉ d'infanterie de réserve. Cela est établi par un bon de réquisition que je vous présente, et qui avait été remis par les Allemands à M. Grignon. Vous pouvez constater que cette pièce, qu'on a retrouvée dans une poche de mon beau-père, est maculée de sang.

Après lecture, le témoin a signé avec nous.

———

FLAMAND (Léonard), 65 ans, garde champêtre à Querrieu :

Je jure de dire la vérité.

Le 1ᵉʳ septembre, je suis allé reconnaître un cadavre qui avait été découvert dans les marais de M. le comte d'Alcantara : c'était celui de M. Grignon. Il était étendu sur un sentier, au sommet d'un talus, et avait le ventre ouvert. Le défunt avait dû souffrir cruellement, car son visage était extrêmement altéré.

Notre village a été complètement pillé, à l'exception de trois ou quatre habitations. Deux maisons et un fournil ont été incendiés. Comme il n'y a pas eu de combat d'artillerie ici ni dans les environs, il est certain que les Allemands ont volontairement brûlé ces bâtiments.

Après lecture, le témoin a signé avec nous.

N° 111.

RAPPORT présenté, le 21 septembre 1914, par les médecins de l'ambulance division-naire de la 88ᵉ division territoriale.

Querrieu, le 21 septembre 1914.

Nous soussignés, docteur Bonevin (Adolphe), médecin-major de 1ʳᵉ classe, médecin-chef de l'ambulance de la 88ᵉ division territoriale ; docteur Lemoine (Joseph), médecin aide-major de 1ʳᵉ classe ; docteur Bezamon (Albert), médecin aide-major de 1ʳᵉ classe, en service à l'ambulance de la 88ᵐᵉ division territoriale,

En vertu d'une réquisition de M. le général commandant la 88ᵉ division territoriale, avons procédé aujourd'hui, 21 septembre 1914, à l'examen médico-légal du cadavre du nommé Grignon (Ernest), âgé de soixante-quinze ans, disparu à Querrieu le 30 août dernier, à partir de dix-huit heures.

Le cadavre est celui d'un homme âgé. L'état de décomposition avancée du cadavre ne permet pas de préciser davantage ; mais tous les témoins du pays, dont les noms suivent, en permettent l'identification.

Le corps est revêtu d'une chemise de flanelle, d'un veston de velours à côtes de couleur brune et d'un pantalon semblable ; il est chaussé de chaussettes de coton et de chaussons de lisière.

La chemise et le pantalon adhèrent au cadavre et sont tachés de sang coagulé au niveau de la région abdominale.

On constate sur le corps la présence d'une hernie inguinale double, maintenue à droite et descendant à gauche dans le scrotum. Un bandage herniaire double est encore en place.

Le pantalon est sectionné transversalement à droite, à quinze centimètres au-dessous de la ceinture.

Au-dessous de cette section du vêtement et y correspondant, on constate la présence d'une plaie abdominale transversale, longue de douze centimètres, et à travers laquelle l'intestin grêle et l'épiploon font hernie.

Le corps ne porte pas d'autres traces de violence.

CONCLUSIONS :

La plaie abdominale a été faite avant la mort.

Elle est mortelle et a, selon toute vraisemblance, été cause directe de la mort.

Elle n'a pas été occasionnée par une arme de guerre, coup de feu, sabre, baïonnette mais par une arme courte très tranchante, l'homme étant probablement maintenu, et les muscles abdominaux tendus.

Étaient présents à l'autopsie, outre les médecins qui ont procédé à l'examen du corps : M. le docteur Bonhomme, médecin aide-major de 2ᵉ classe ; M. Dubas, habitant de Querrieu, qui a découvert le corps ; M. Casier (Jules), cantonnier à Querrieu ; M. Floriot, garde champêtre à Querrieu.

(Suivent les signatures.)

Nᵒˢ 112, 113.

DÉPOSITIONS faites, le 25 août 1915, à AMIENS, devant la Commission d'enquête.

COCHOIS (Berthe), 36 ans, débitante à Longueval (Somme), réfugiée à Amiens :

Je jure de dire la vérité.

Le samedi 29 août, vers dix heures du matin, des Allemands pénétrèrent chez moi et pillèrent notre établissement. D'autres, qui vinrent ensuite, n'ayant plus rien trouvé à prendre, se montrèrent fort surexcités. L'un d'eux, me saisissant brutalement par les bras en arrière, m'entraîna dans une chambre du premier étage et referma la porte sur nous. Mon frère arriva heureusement à mon secours, enfonça la porte, qui était fermée au loquet, et, par son attitude courageuse, imposa à mon agresseur qui me lâcha immédiatement.

Quand je fus redescendue, le même soldat, m'ayant rejointe, me dit : « Nous savons que vous avez de l'argent : donnez-le-moi, ou je mets le feu à votre maison. » Je répondis que je ne possédais pas la moindre somme ; mais il insista si violemment que je priai mon frère d'aller chercher quinze cents francs environ, qui avaient été enterrés par ses soins, le matin même, dans notre jardin. Cet argent fut remis à l'Allemand, qui le mit dans ses poches et se retira aussitôt.

Après lecture, le témoin a signé avec nous.

TABARY (Denis), 72 ans, débitant de tabac et cafetier à Longueval (Somme) :

Je jure de dire la vérité.

Quand les Allemands sont arrivés à Longueval, du 26 au 29 août, ils ont pillé mon établissement, comme d'ailleurs tout le village, et l'un d'eux, en menaçant de mettre le feu à la maison, a obligé ma nièce, Mˡˡᵉ Cochois, qui habite avec moi, à lui remettre une somme de douze à quinze cents francs. Ma nièce a été violentée par un Allemand et n'a été sauvée que grâce à l'intervention de son frère ; à la suite de l'agression dont elle a été victime, elle a eu les bras tout noirs de contusions.

A la fin de septembre, tout ce qui restait chez moi a été volé ; les meubles ont été emportés.

Après lecture, le témoin a signé avec nous.

N° 114.

DÉPOSITION faite, le 25 août 1915, à AMIENS, devant la Commission d'enquête.

HOSCHEDÉ (Jean-Baptiste), 67 ans, cultivateur à Maucourt (Somme), réfugié à Amiens :

Je jure de dire la vérité.

Les Allemands sont venus à Maucourt, pour la première fois, le 29 août 1914 dans la matinée. Ce jour-là, vers trois heures de l'après-midi, je prenais le café chez mon fils Gaétan avec MM. Seigneurgens, âgé d'environ cinquante-huit ans, cultivateur, Dubois (Marius), âgé de soixante-six ans, et Rousselle (Louis), âgé de dix-huit ou dix-neuf ans, quand un soldat ennemi, apparaissant à la porte d'entrée, braqua sur nous son fusil et nous adressa des paroles que nous ne comprîmes pas. Aussitôt, Seigneurgens, voyant une porte de côté entr'ouverte, essaya de prendre la fuite ; mais l'Allemand, après lui avoir crié de s'arrêter, lui tira un coup de fusil qui atteignit mon camarade au bras ; puis, comme Seigneurgens continuait à se sauver, son agresseur fit feu sur lui une seconde fois. Blessé au côté, le malheureux parcourut encore un trajet de cent cinquante mètres et tomba mort.

Sur ces entrefaites, Rousselle, qui avait pu sauter un mur, reçut une balle dans le bras. Plusieurs soldats, s'étant mis à sa poursuite, le rejoignirent dans une grange et lui envoyèrent cinq balles dans la tête.

C'est moi qui ai mis en bière les deux victimes.

Le lendemain matin, 30 août, comme je retournais chez mon fils vers sept heures, j'entendis deux coups de feu. Je fis immédiatement un détour et regardai ce qui se passait. Un dragon français venait d'avoir son cheval tué et avait reçu lui-même une balle dans le bras. Deux Allemands se sont jetés sur lui, l'ont massacré à coups de crosse, et l'ayant ensuite fouillé, lui ont pris tout ce qu'il avait.

Le cadavre a été transporté, par moi et deux ou trois autres habitants, dans une grange, et nous avons trouvé sur lui une lettre par laquelle nous avons appris que le défunt se nommait Biche (Paul), et qu'au moment de sa mort il devait être porteur d'une somme de cent francs.

Le livret militaire de Biche, trouvé dans un jardin où les meurtriers l'avaient jeté, a été remis plus tard à un capitaine de chasseurs cyclistes français.

Les Allemands sont partis le 31 août, après avoir pillé le village et enlevé sur des voitures tout le vin des caves, ainsi que les bicyclettes dont ils avaient pu s'emparer.

Ils sont revenus le 25 septembre. J'étais alors dans la cave de M. Billebaud, avec d'autres personnes. J'en suis sorti le premier. Je sais que mes compagnons ont été pris et exposés par l'ennemi au feu des troupes françaises ; mais j'ai eu la chance de ne pas être soumis moi-même à ce traitement odieux.

Après lecture, le témoin a signé avec nous.

N⁰ˢ 115, 116, 117.

DÉPOSITIONS faites, le 24 août 1915, à AMIENS, devant la Commission d'enquête.

POUPARD (Marie-Louise-Eugénie), femme HOSCHEDÉ (Gaétan), 40 ans, débitante à Maucourt (Somme), actuellement réfugiée à Amiens :

Je jure de dire la vérité.

Le 25 septembre, à Maucourt, j'étais cachée avec plusieurs membres de ma famille et d'autres personnes dans une cave, quand les Allemands pénétrèrent pour la seconde fois dans la commune ; la première fois, j'étais absente.

Sur le conseil de chasseurs alpins qui se battaient alors, nous avons quitté notre refuge pour nous sauver du côté de Rouvroy ; mais, au moment où nous sortions, des Allemands qui étaient accourus se saisirent de mes deux beaux-frères, Gaston Brazier et Ernest Dubois, ainsi que de mon jeune neveu, Louis Hoschedé, et du boulanger Eugène Lombard.

Vers huit heures du soir, nous avons été rejoints par ceux-ci dans la même cave où nous étions retournés, et ils nous ont dit que les ennemis s'étaient servis d'eux comme de boucliers, en les obligeant à marcher devant la troupe pendant que les Français tiraient.

Le lendemain, le commandant allemand a demandé combien il y avait d'habitants dans le village ; on lui a répondu qu'il y en avait trois cent cinquante. Il a dit alors : « A dix francs par habitant, cela fait 3,500 francs. Si, dans une heure, vous n'avez pas donné la somme, on fouillera tout le monde et les gens porteurs de monnaie seront fusillés. » Il a ajouté : « Le feu sera mis aux quatre coins du village et on emmènera des otages. » Le boulanger a donné quinze cents francs en or; le surplus a été fourni par d'autres personnes. Aucun reçu n'a été délivré. Notre commune a été complètement pillée; j'ai retrouvé ma maison saccagée, le tapis du billard déchiqueté, et tout dans un état de désordre indescriptible.

Après lecture, le témoin a signé avec nous.

HOSCHEDÉ (Louis), 16 ans, garçon boucher à Maucourt, actuellement réfugié à Amiens :
Je jure de dire la vérité.

Le 25 septembre, en sortant de la cave de M. Billebaud, à Maucourt, j'ai été arrêté par un sergent allemand armé d'une baïonnette à dents de scie. Un officier m'a immédiatement interrogé, ainsi que le boulanger Lombard et mes deux oncles Brazier et Dubois. Après nous avoir demandé si nous étions soldats, sur notre réponse négative, il nous a fait emmener. Les Allemands nous ont aussitôt placés devant eux, en nous disant que les Français allaient nous tuer. Pendant la marche, ils tiraient des coups de fusil sur nos soldats, qui étaient dans la direction de Méharicourt. A un moment donné, l'artillerie française a ouvert le feu et des obus sont tombés autour de nous. Les Allemands ont alors rebroussé chemin, et nous nous sommes trouvés au dernier rang, exposés par conséquent au feu de nos troupes. Nous ne pouvions pas nous sauver, car nous avions de chaque côté de nous un soldat baïonnette au canon. Nous avons été ainsi entraînés jusqu'à Chilly; là l'officier nous a dit : « Vous pouvez vous en aller ».

Après lecture, le témoin a signé avec nous.

DUBOIS (Ernest), 45 ans, manœuvrier à Maucourt, réfugié à Amiens :
Je jure de dire la vérité.

J'ai été arrêté par les Allemands, le 25 septembre, en sortant de la cave de M. Billebaud, avec plusieurs autres personnes, et j'ai été placé en avant par les Allemands qui m'ont ainsi exposé au tir des Français. Quand les ennemis ont reculé, ils nous ont maintenus en arrière, moi et mes compagnons, de sorte que nous n'avons pas cessé de les protéger de notre corps.

Après lecture, le témoin a signé avec nous.

Nos 118, 119, 120, 121.

DÉPOSITIONS reçues, le 25 mai 1915, à AMIENS, par M. BUSQUE, commissaire spécial de la police des chemins de fer.

BRAZIER (Gaston), 36 ans, instituteur à Maucourt, actuellement réfugié à Amiens :
Serment prêté.

La commune de Maucourt, canton de Rosières, où j'exerçais depuis douze ans, compte trois cent cinquante habitants.

Le 29 août 1914, vers neuf heures du matin, un groupe de cyclistes prussiens envahissait le village, et peu après deux de ces cyclistes pénétraient dans le débit d'Hoschedé (Gaétan), où se trouvaient attablés deux consommateurs de l'endroit : Rousselle (Louis), âgé de dix-huit ans, et Seigneurgens (Alcide), âgé de cinquante-huit ans. Rousselle ne s'étant pas levé, l'un des soldats lui donna un coup de pied. Seigneurgens, effaré, gagna la porte et s'enfuit ; mais, atteint par deux coups de feu, il alla mourir cent mètres plus loin. Rousselle, à son tour, reçut une balle dans le bras et courut se cacher dans une grange.

A ce moment, un coup de sifflet retentit ; des uhlans accourent, cernent le village et, découvrant Rousselle, décident de mettre le feu à la grange et de l'y brûler. Avisant un autre habitant, M. Dubois (Marius), ils lui demandent des allumettes ; celui-ci n'en a pas ; les Allemands achèvent alors Rousselle à coups de revolver. Cinq balles ont été retrouvées dans la casquette de ce malheureux, et l'on a pu constater qu'il avait la moitié de la tête emportée.

Le lendemain, l'armée ennemie avait évacué la commune.

Je n'ai pas été personnellement témoin de ces faits, mais je les tiens de mon beau-père, M. Hoschedé (Jean-Baptiste), dont vous pourrez recueillir le témoignage.

Le 25 septembre 1914, vers deux heures de l'après-midi, le 17e régiment d'infanterie prussienne faisait irruption à Maucourt, que l'artillerie ennemie venait de bombarder. Les habitants, terrorisés, se cachaient dans leurs caves, et je me trouvais dans celle d'un boucher, M. Billebaud, avec quatre ou cinq familles.

Comme l'ennemi pénétrait dans les maisons, saccageant et brisant tout sur son passage, nous sortîmes de nos caves. A ce moment, un sergent prussien, sa baïonnette-scie au poing, se dirigea vers le groupe dont je faisais partie et appela un lieutenant, qui, braquant son revolver sur la poitrine de Gambart (Robert), le somma de se déshabiller, l'accusant d'être un cycliste combattant. Il menaça également de mort un garçon de quinze ans, Hoschedé (Louis), qu'il soupçonnait d'appartenir à l'armée anglaise.

Après de pénibles pourparlers, Dubois (Ernest), Gambart (Robert), Hoschedé (Louis) et moi étions placés en avant des troupes allemandes, pour leur faire un rempart de nos corps, pendant qu'elles poursuivaient le sac des habitations.

Les troupes françaises, qui occupaient le village depuis la veille, s'étaient repliées sur Méharicourt.

Arrivés devant la maison de M. Leroy (Joseph), nos bourreaux nous poussèrent tous les quatre contre un mur et se préparèrent à nous fusiller ; toutefois, au bout de quelques minutes, sur l'ordre d'un chef, ils formaient leurs fusils en faisceaux, mais nous intimaient l'ordre de ne pas bouger.

Peu après, l'artillerie française obligeait l'ennemi à battre en retraite, et, sous la menace constante des baïonnettes, nous prenions place derrière la colonne, exposés les premiers au feu de nos mitrailleuses et de nos canons. Quatre fois, nous fûmes culbutés par les obus. Enfin, vers sept heures du soir, arrivés à Chilly, distant de cinq cents mètres, l'officier prussien nous congédiait, disant : « Pouvez retourner chez vous ».

Le lendemain, 26 septembre, les Prussiens avaient repris Maucourt, et leur commandant frappa la commune d'une contribution de guerre de 3,500 francs. Il exigea la contribution dans ces termes : « Combien avez-vous d'habitants ? — Trois cent cinquante, lui fut-il répondu. — Il me faut, reprit-il, dix francs par habitant ; si dans une heure vous n'avez pas trouvé la somme en or et en argent, on fouillera tout le monde, les habitants porteurs de monnaie seront fusillés, le village sera brûlé et nous emmènerons des otages. »

Grâce au concours de tous, la somme fut réunie et remise. A midi, nos chasseurs alpins reprenaient Maucourt, resté depuis entre nos mains.

Indépendamment des faits d'atrocités dont je viens de vous donner connaissance, les Allemands se sont rendus coupables, à Maucourt, tant le 29 août que le 25 septembre, de nombreux vols dans les habitations, qu'elles fussent ou non occupées. J'ai vu pour ma part, le 25 septembre, un soldat sortir de la ferme de M. Leroy (Arsène), porteur d'une paire de bas de femme, d'une bouteille de bière, de quatre bouteilles de vin et de plusieurs pots de confitures; comme la bière ne lui paraissait pas bonne, il m'a obligé à la goûter pour m'assurer qu'on ne l'avait pas empoisonné.

Dans le débit d'Hoschedé (Gaëtan), le même jour, ils ont lacéré le drap du billard et saccagé la chambre à coucher.

J'ajoute que, le 29 août, l'un de ces vandales, pénétrant chez moi, avait broyé ma bicyclette et pris celle de mon fils, âgé de sept ans.

Lecture faite, persiste et signe avec nous.

Hoschedé (Jean-Baptiste), 67 ans, cultivateur à Maucourt, actuellement réfugié à Amiens :

Je n'ai rien à ajouter aux déclarations de M. Brazier, mon gendre, que je confirme en tout point.

Je me trouvais dans le débit d'Hoschedé (Gaëtan), mon fils, au moment de l'irruption des cyclistes allemands, et ce fut sous mes yeux que se déroulèrent les assassinats de Rousselle (Louis) et de Seigneurgens (Alcide), que je mis en bière, par la suite, de mes propres mains.

Le 25 septembre, je me trouvais aussi dans la cave de M. Billebaud, boucher, d'où j'eus le premier l'idée de sortir, afin d'aller ouvrir les portes de l'habitation, que j'entendais les Allemands briser avec fracas.

Si je n'ai pas partagé le calvaire des otages, ce fut évidemment en raison de mon grand âge. Pour ma part, je n'ai pas été molesté, quoique j'aie vu plus d'une fois braquer une arme sur ma poitrine. Le 29 août, notamment, ce fut sous la menace du revolver que je dus conduire un sous-officier allemand à travers le domicile de mon fils, qui fut saccagé comme il vous a été dit, jusqu'à l'installation téléphonique, placée au sous-sol, qui fut immédiatement détruite.

Le 30 août, la population de Maucourt était réduite à une quinzaine de personnes. Tout le reste avait fui. Ce jour-là, je quittai mon domicile vers cinq heures du matin, afin de me rendre à la maison de mon fils Gaëtan, que je me disposais à ouvrir. Je savais que les Allemands avaient abandonné le village et cantonnaient à Chilly. A deux cents mètres environ de l'établissement de mon fils, je fus arrêté brusquement par deux fantassins ennemis que je n'avais pas aperçus auparavant. Ils se dissimulaient de chaque côté de la route, l'un debout derrière un poteau télégraphique et l'autre derrière une haie. Sous la menace de leurs fusils, ils me firent signe de me retirer. Je m'éloignai alors à travers les jardins et me blottis de mon mieux à quelque distance, inquiet et désireux à la fois de voir ce qui allait se passer.

Au même moment, débouchait de la direction de Chilly, au galop de son cheval, un dragon français. Il tenait le milieu de la chaussée et ne manifestait aucune défiance. Les deux Allemands le laissèrent approcher à vingt-cinq mètres de leur embuscade et tirèrent ensemble. Cheval et cavalier roulèrent sur le sol. L'homme réussit à se dégager rapidement du cadavre de la bête, et, blessé, sans ses armes restées à sa selle, il prit la fuite droit devant lui, c'est-à-dire vers Maucourt, passant entre les deux Allemands qui ne tentèrent pas de l'arrêter, mais se jetèrent à sa poursuite. Notre malheureux compatriote vint s'abattre, épuisé, à la porte du café de mon fils Gaëtan. Il n'essaya pas de se relever et d'ailleurs n'en eut pas le temps. Je vis distinctement ses poursuivants le rejoindre et l'achever sauvagement à coups de crosse, alors qu'il était visiblement hors d'état de se défendre. Ils s'accroupirent ensuite sur le corps pantelant, en défirent les vêtements et vidèrent les poches. Leur crime accompli, ils revinrent sur leurs pas en courant, se sauvant vers Chilly.

Cette scène atroce a été suivie tout entière non seulement par moi, mais par deux ou trois autres habitants de Maucourt, notamment Dubois (Marius).

Pour ma part, je me hâtai de m'approcher de l'infortuné dragon. Aucun soin ne pouvait le rappeler à la vie. Son cadavre fut transporté dans une grange. Nous trouvâmes encore sur lui une lettre qui nous apprit son nom : Biche (Paul), et faisait connaître qu'il devait être porteur d'une somme de cent francs. Cet argent avait naturellement disparu avec le porte-monnaie qui le renfermait. Les assassins s'étaient également emparés du livret militaire de leur victime. Ils s'en débarrassèrent bientôt en le jetant dans un jardin bordant la route, où il fut retrouvé un peu plus tard. Par la suite, il fut remis au chef d'un détachement de chasseurs cyclistes français. Je me souviens que Paul Biche était un engagé volontaire et comptait deux ans de service. Il a été inhumé à Maucourt. Au cours de la fusillade qu'il avait essuyée par surprise et qui avait abattu sa monture, il avait reçu une balle dans le bras.

Lecture faite, persiste et signe avec nous.

Dubois (Ernest), 45 ans, domicilié à Maucourt, réfugié à Amiens :

Je n'ai rien à retrancher de la version donnée par M. Brazier (Gaston) des faits dont Maucourt a été le théâtre le 25 septembre.

Si les Allemands se sont bornés, à cette date, à me choisir comme otage avec mes compagnons d'infortune plus haut désignés, pour nous soumettre aux sévices que vous connaissez et se faire un bouclier de nos corps contre le feu de l'artillerie française, c'est parce que nous étions les seuls hommes (exception faite du vieux M. Hoschedé) que l'ennemi ait eus à sa portée.

Lecture faite, persiste et signe avec nous.

Hoschedé (Louis), 16 ans, actuellement réfugié à Amiens, petit-fils et neveu des précédents, confirme entièrement les affirmations de ceux-ci, en tout ce qui concerne la journée du 25 septembre.

Lecture faite, persiste et signe avec nous.

N° 122.

DÉPOSITION faite, le 24 août 1915, à Amiens, devant la Commission d'enquête.

Levé (Odon), 52 ans, curé de Dompierre (Somme), actuellement réfugié à Amiens :

Je jure de dire la vérité.

Les Allemands sont venus par deux fois à Dompierre. Actuellement, ils y sont encore. La première fois, ils ont brûlé volontairement trois maisons et ont essayé d'en brûler d'autres. M. Lépine m'a affirmé les avoir vus mettre le feu à son habitation avec du pétrole.

La seconde fois, ils ont encore incendié plusieurs autres immeubles, notamment la boulangerie.

Après lecture, le témoin a signé avec nous.

N° 123.

DÉPOSITION faite, le 25 août 1915, à Amiens, devant la Commission d'enquête.

Dame X..., 45 ans, demeurant à Amiens :

Je jure de dire la vérité.

Le 23 septembre 1914, je suis partie, avec mon mari, pour Dompierre-en-Santerre, où se trouvaient, chez ma mère, ma fille âgée de vingt ans et son amie, Mlle Z..., âgée de vingt-cinq ans. Dès le lendemain, mon mari a été fait prisonnier par les Allemands, et le 5 octobre, j'ai été emmenée à Péronne, avec une cinquantaine de personnes. Un jour du mois de janvier, j'ai été appelée à la Kommandantur avec ma fille et son amie, et de là, on nous a conduites dans une maison où trois médecins militaires nous ont soumises à une visite sanitaire, malgré nos protestations. Vers la même époque, un officier m'a renversée sur une table et a essayé de me violer.

Au mois d'octobre, quand les Allemands ont brûlé des maisons de Dompierre, ils sont venus chez ma mère, qui est débitante, demander de l'alcool, de l'essence et des chiffons, pour mettre le feu.

Après lecture, le témoin a signé avec nous.

N°s 124, 125.

DÉPOSITIONS reçues, le 23 novembre 1915, à Amiens, par M. Busque, commissaire spécial de la police des chemins de fer, agissant en exécution d'une commission rogatoire, en date du 18 novembre, de la Commission d'enquête instituée par décret du 23 septembre 1914.

Demoiselle X..., 21 ans, couturière, demeurant chez ses parents, à Amiens :

Serment prêté.

Évacuée de Dompierre-en-Santerre, avec ma famille, par les Allemands, je me trouvais, au mois de janvier 1915, à Flamicourt, annexe de Péronne, avec ma mère, mon père, qui, encore mobilisable en raison de son âge, dissimulait sa véritable identité et se faisait passer pour notre cousin, et mon amie Z... Nous habitions un immeuble où logeaient des soldats allemands. Le caporal qui les commandait, un Bavarois, parlant correctement le français, et dont nous n'avons jamais connu que le prénom de Georges, portait tour à tour ses assiduités sur ma mère, mon amie et moi. Une nuit, il tenta de triompher de moi par la force. Constamment rebuté, il nous jura qu'il se vengerait.

Je suppose donc que ce fut sur une dénonciation de sa part qu'un matin de ce même mois de janvier, deux gendarmes allemands se présentèrent chez nous. Il était environ huit heures. Ma mère était seule déjà debout. Ils prirent nos noms à toutes trois, puis ils nous donnèrent dix minutes pour nous vêtir et les suivre à la Kommandantur.

De la Kommandantur, où nous stationnâmes une heure dans l'incertitude du sort qui nous était réservé, ils nous conduisirent rue Saint-Jean, dans la maison de M. Boulanger, ancien maire de Péronne, où nous subîmes une nouvelle attente. Enfin, un médecin-major allemand, d'âge mûr, parut et nous signifia d'avoir à nous soumettre entièrement au traitement qui allait nous être imposé : « C'est l'ordre ! » dit-il. Et comme nous protestions : « Vous vous plaindrez après la guerre ! » conclut-il brusquement.

Il demanda la plus courageuse pour être visitée la première. Ma mère se désigna. Mon tour vint ensuite. Je fus introduite dans une salle où étaient disposés un lit, des instruments, des flacons. Il s'y trouvait, avec le premier médecin, deux collègues de celui-ci, beaucoup plus jeunes. Je dus dépouiller mon corsage et me dévêtir jusqu'à la ceinture. L'humiliant et douloureux speculum ne me fut même pas épargné. Ma mère avait obtenu d'être présente. Je dois dire que les opérateurs n'ajoutèrent à la cruauté de notre situation par aucune brutalité ou vexation inutile.

Lecture faite, persiste et signe avec nous.

Demoiselle Z..., 26 ans, couturière à Amiens :

Serment prêté.

Je subis la visite à mon tour, dans les mêmes conditions que mes amies qui m'avaient précédée. Comme elles, je ne m'explique la mesure outrageante qui nous a été infligée que par une vengeance du caporal qui nous avait vainement poursuivies.

Lecture faite, persiste et signe avec nous.

N° 126.

DÉPOSITION faite, le 24 août 1915, à MONTDIDIER, devant la Commission d'enquête.

ROQUANCOURT (Édouard), 61 ans, entrepreneur de maçonnerie à Liancourt-Fosse, actuellement à Montdidier :

Je jure de dire la vérité.

Le 24 ou le 25 septembre 1914, vers onze heures du matin, les Allemands sont entrés à Liancourt-Fosse, où ils ont échangé des coups de fusil avec des soldats français. Pendant ce temps, j'étais réfugié, avec plusieurs personnes, dans la cave de M. Loffroy. Environ une heure plus tard, deux soldats ennemis me firent sortir ainsi que le propriétaire, et nous conduisirent auprès de la maison des demoiselles Verrier, où on amena bientôt d'autres habitants. Nous étions à peu près une dizaine, tous debout contre le mur, exposés à la fusillade. M. Melchior Châtelain, un vieillard de soixante-quinze ans, qui est aujourd'hui décédé, ayant essayé de se débattre, reçut un violent coup de poing qui lui mit le visage en sang.

Au bout d'une demi-heure, nous fûmes conduits sur la route de Roye, en face du calvaire, alors que la route était battue par le feu des Français, qui se trouvaient à peu près à cent cinquante mètres de là. Les Allemands nous placèrent sur trois rangs, se servant de nous pour empêcher les troupes françaises de tirer, tandis qu'eux-mêmes, abrités dans les maisons de chaque côté et derrière, nous tenaient en joue avec leurs fusils. Je me suis rendu compte que nos soldats nous voyaient, car leur tir s'est ralenti.

Bientôt, un des trois officiers qui commandaient le détachement ennemi m'appela et me dit : « Tu vas aller dire à tes bons Français qu'ils s'arrêtent de tirer tout de suite, sinon tu seras fusillé. » Il m'ordonna aussi d'aller vérifier s'il n'y avait pas de soldats français cachés dans deux maisons qu'il me désigna du doigt, celles de MM. Prouillet et Verrier Saint-Ange. M. Loffroy reçut le même ordre et me suivit de près.

Nous sommes entrés dans les maisons qui nous avaient été indiquées ; puis, arrivés à une cinquantaine de mètres de nos troupes, nous nous sommes défilés par la ruelle de la Briqueterie et nous nous sommes réfugiés dans une cave. Le soir, le maire nous a fait prévenir que nous devions nous rendre, à onze heures du soir, chez M. Vielles (Eugène), avec d'autres habitants de la commune. Je m'y retrouvai avec une vingtaine de mes concitoyens, et j'appris alors ce qui s'était passé après ma fuite. Les Français s'étant repliés, les Allemands avaient fait avancer les civils, pour s'en servir comme de boucliers, à nouveau, dans l'avenue du château. Là, M. Deroyon père avait été frappé d'une balle au ventre, et trois autres personnes : MM. Cotté, Colmache et Prache, avaient été de même grièvement blessées. Cotté avait été atteint au genou droit, Colmache à une jambe et Prache au bras droit. M. Deroyon est mort deux jours après; j'étais auprès de lui quand il a expiré.

Le 6 octobre, j'ai été arrêté dans la cave de M. Cotté (Edmond) et transféré en Allemagne, au camp de Parchim, où j'ai été interné pendant quatre mois et demi.

Après lecture, le témoin a signé avec nous.

N° 127.

DÉPOSITION reçue, le 20 novembre 1915, à CRESSONSACQ (Oise), par M. POULET, juge de paix, agissant en exécution d'une commission rogatoire, en date du 9 novembre, de la Commission d'enquête instituée par décret du 23 septembre 1914.

DUFLOT (Julien-Marie-Octave), 51 ans, manouvrier, domicilié à Liancourt-Fosse et actuellement réfugié à Cressonsacq :

Serment prêté.

Dans les premiers mois de la guerre, j'habitais à Liancourt-Fosse, sur la route de Flandre, à l'extrémité du pays, vers Chaulnes. Le 24 septembre 1914, dans la matinée, le 117ᵉ régiment d'infanterie français occupait Liancourt; vers dix heures, la fusillade a éclaté dans le village, que nos troupes ont abandonné alors peu à peu; à une heure de l'après-midi, les Allemands sont arrivés : c'étaient des fantassins. Vingt d'entre eux, ivres de colère, entrent dans ma demeure : l'un d'eux, vraisemblablement un sous-officier, me prend brutalement par le bras et me jette dans la rue, pendant que ses camarades font main basse sur mon linge, mes poules et mes lapins. Les Allemands me poussent sur la route de Lille. Je traverse le village en descendant vers Roye : je vois les Allemands pénétrer dans les habitations, s'emparer des hommes et les chasser en groupe devant eux. Nous sommes une douzaine : Roquancourt, maître-maçon; Julien Nuncq, son ouvrier; Loffroy, boucher; Labergerie, son commis; Gilbert Cotté, bourrelier; Oscar Colmache, couvreur; Deroyon père, cultivateur; Edgard et Lyonel Deroyon, ses deux fils; Bonvalet et Ducrocq, tous deux ouvriers agricoles, et Canada, raccommodeur de faïence. Au milieu de Liancourt-Fosse, les Allemands nous font prendre la route d'Ercheu par les Sept-Fours; à peine sommes-nous arrivés sur la place de Liancourt que les Français, postés aux abords du pays, ouvrent un feu nourri. Près de moi tombent Deroyon père, Gilbert Cotté, Colmache et Canada; nos troupes se ravisent aussitôt et cessent de tirer dans notre direction. Les Allemands reculent légèrement; mais il nous enjoignent de ne pas faire un seul pas en arrière. Jusqu'à cinq heures du soir, j'ai aidé les fils Deroyon à soigner leur père, qui avait reçu une balle dans le ventre. Puis, j'ai réussi à m'échapper; mais, quelques instants plus tard, j'ai été repris et gardé à vue avec vingt-trois de mes concitoyens, dont mon beau-frère, Ulysse Olivier, jusqu'au lendemain matin à sept heures. Deroyon père a succombé deux jours après.

7..

Le 6 octobre 1914, dans la soirée, les Allemands m'ont arrêté; j'ai été dirigé, avec mes compagnons, sur Nesle, Saint-Quentin, et enfin sur le camp de Parchim (Mecklembourg).

Au camp, notre nourriture se composait d'orge, de son, d'avoine et de fèves avec quelques bribes de viande; nous étions envahis par la vermine et certains d'entre nous étaient atteints de dysenterie.

Lecture faite, persiste et signe avec nous.

N° 128.

DÉPOSITION faite, le 27 août 1915, à DOULLENS, devant la Commission d'enquête.

CARON (Marie), veuve DELMOTTE, 52 ans, demeurant à Flers (Somme), actuellement réfugiée à Doullens :

Je jure de dire la vérité.

Le 24 octobre, les Allemands ont demandé au maire de Flers de leur indiquer les chasseurs de la commune, et le maire leur a signalé mon beau-frère, Charles Delmotte, boulanger. Ils se sont alors rendus chez celui-ci pour lui enjoindre de leur remettre son fusil de chasse, ce qu'il a fait sans discussion. Le 26, ils sont allés de nouveau le trouver et lui ont ordonné de leur livrer ses munitions. Déférant à cet ordre, Delmotte leur a donné une boîte qui contenait, avec des cartouches, deux chargeurs, l'un français, l'autre allemand, que son fils avait ramassés dans les champs. Immédiatement arrêté, mon beau-frère fut emmené dans sa cave, où le gardèrent deux sentinelles.

Le lendemain, les Allemands le conduisirent dans son jardin, le tuèrent à coups de fusil et l'enterrèrent dans une fosse peu profonde, qu'ils avaient creusée à l'avance. Le 28, ils firent dire à sa femme, par le garde champêtre, qu'elle pouvait envoyer quelqu'un chercher le corps pour l'inhumer dans le cimetière.

J'ai vu apporter le cadavre par quatre hommes accompagnés d'un prêtre allemand, mais je n'ai pas pu en approcher. Je sais que M. Hannonin, journalier, étant dans sa maison, a été témoin du meurtre.

Pendant un mois, Delmotte avait fait le pain pour les Allemands, et comme la farine manquait, il allait en chercher à ses frais à Bapaume, où eux-mêmes la lui vendaient, ayant pris possession du moulin. Tous les bons de réquisition qu'il avait reçus ont été repris à sa veuve.

Mon beau-frère avait aussi fourni de ses deniers une somme de deux mille francs, pour le payement de la contribution de deux mille cinq cents francs dont la commune avait été frappée.

Dans le courant du mois de novembre, j'ai appris qu'un autre habitant de Flers, M. Berthe (Constant), âgé de cinquante-trois ans, avait été tué par les Allemands, en gare de Péronne, au moment où, fait prisonnier pour avoir protesté contre le vol de son cheval et de sa voiture, il avait essayé de s'échapper.

Après lecture, le témoin a signé avec nous.

N° 129.

DÉPOSITION faite, le 28 août 1915, à MOYENNEVILLE (Somme), devant la Commission d'enquête.

CARPENTIER (Alphonse), 42 ans, cultivateur à Flers (Somme), actuellement à Moyenneville :

Je jure de dire la vérité.

Le 7 avril dernier, les Allemands m'ont expulsé parce que je ne pouvais, étant malade, travailler pour eux, comme tous les habitants étaient obligés à le faire. Ils m'ont fait emmener jusqu'à Bapaume par deux gendarmes; mais, malgré mes supplications, ils ont gardé ma femme et mes deux fils, âgés l'un de dix-sept et l'autre de quatorze ans. Ma femme, ayant voulu m'accompagner au moins une partie du chemin, en a été empêchée. Il est tout de même un peu fort d'être traité de bouche inutile par ceux qui vous ont dépouillé de tout votre bien.

Pendant que j'étais encore à Flers, M. Charles Delmotte, boulanger-épicier, un très brave homme, a été assassiné dans des circonstances particulièrement douloureuses. Dans l'intérêt de la commune, il avait cependant tout fait pour répondre aux réquisitions de l'ennemi. Pendant un mois, il avait fabriqué du pain avec de la farine qu'il achetait à ses frais, et ce pain avait été confisqué. Il avait aussi participé pour la plus large part au versement de l'indemnité dont la commune avait été frappée.

Le 24 octobre, sur la demande qui lui en a été faite, il a remis son fusil de chasse, et le 26, des soldats sont venus lui demander ses cartouches, qu'il a immédiatement livrées. Comme au milieu des cartouches se trouvaient des éclats d'obus et deux chargeurs ramassés dans les champs par le fils de Delmotte, les Allemands ont saisi ce prétexte pour arrêter le boulanger, l'enfermer dans sa cave et le fusiller ensuite dans son jardin, où d'avance sa fosse avait été creusée. J'ai entendu les deux coups de feu qui l'ont tué, le 27 octobre, entre onze heures et midi. M. Hannonin (Adolphe) a, de sa fenêtre, assisté à l'exécution.

Il est évident pour moi que les Allemands n'ont nullement fusillé Delmotte à cause de la découverte entre ses mains de deux chargeurs et de quelques éclats d'obus, puisque lui-même avait remis spontanément ces objets en même temps que ses cartouches. Je suis persuadé qu'ils l'ont tué parce qu'il avait déclaré ne plus vouloir faire le pain pour eux, sans être payé de la farine qu'il était obligé d'acheter.

Après lecture, le témoin a signé avec nous.

N° 130.

DÉPOSITION reçue, le 10 septembre 1915, à SAINT-GENIEZ (Aveyron), par M. GRÉGOIRE, juge de paix, agissant en exécution d'une commission rogatoire, en date du 2 septembre, de la Commission d'enquête instituée par décret du 23 septembre 1914.

HANNONIN (Marie), 41 ans, cultivatrice, demeurant à Flers (Somme), actuellement réfugiée à Sainte-Eulalie (Aveyron) :

Serment prêté.

Les Allemands sont arrivés chez nous fin septembre. M. Delmotte, boulanger, faisait du pain comme d'habitude; lorsque le pain était fait, les Allemands le réquisitionnaient, le payaient avec des bons, et en laissaient très peu pour les besoins de la population. Les Allemands avaient ordonné l'apport de toutes les armes à feu à la mairie, et tous les hommes ont été emprisonnés. Au bout de quelques jours, M. Delmotte a été relâché pour cuire du pain. On disait dans le pays que M. Delmotte, à qui on avait pris chevaux et voitures, était obligé d'acheter de la farine avec son argent, et qu'ensuite il n'était payé qu'avec des bons, et qu'étant fatigué de cette situation, il n'aurait plus voulu faire du pain.

Le commandant allemand, d'après ce qu'on racontait, aurait dit qu'à ce boulanger on ferait son affaire.

Vers fin octobre, sans pouvoir préciser la date, M. Delmotte a été gardé à vue, pendant quelques jours, par des sentinelles armées de revolvers. Il est resté enfermé toute une nuit dans sa cave sous la même surveillance, et il a été fusillé le lendemain matin dans son jardin et enterré à cet endroit. Les soldats allemands ont prétendu qu'il avait été trouvé des munitions ou cartouches chez M. Delmotte. Ce dernier était chasseur, et il pouvait avoir des cartouches chez lui.

Le chef allemand demandait à des jeunes filles qui se trouvaient dans la maison où il habitait, à quels endroits on pourrait trouver de l'argent et du vin dans les caves.

Lecture faite, persiste et signe avec nous.

[Après sa déposition, Mᵐᵉ Hannonin déclare que, d'après ce qu'on dit, les Allemands auraient également fusillé un autre habitant de Flers, M. Constant Berthe, dont la femme serait réfugiée dans les environs de Rodez. Cet habitant aurait été chargé de conduire avec sa voiture au chef-lieu de canton un officier français blessé, et comme les Allemands voulaient garder le cheval et la voiture, ils auraient fusillé cet habitant pour se débarrasser de lui.]

N° 131.

DÉPOSITION faite, le 18 février 1915, à EYBENS (Isère), devant la Commission d'enquête.

CUVILLIER (Florentine), femme DELATTRE, 64 ans, cultivatrice à Beaumont (Somme), réfugiée à Eybens :

Je jure de dire la vérité.

Avant de nous faire prisonniers, les Allemands ont frappé notre commune d'une contribution de huit mille francs, sous menace d'emmener les hommes si on ne la payait pas. Comme il n'y a à Beaumont que trois cent quatre-vingts habitants, il n'était pas facile de réunir cette somme. Le maire est parvenu à recueillir dix-huit cents francs. Les Allemands ont alors fouillé les habitants, un certain nombre du moins. C'est ainsi qu'ils ont pris à Mᵐᵉ Roussel environ six cents francs.

Après lecture, le témoin a signé avec nous.

N° 132.

DÉPOSITION faite, le 27 août 1915, à BEAUQUESNE (Somme), devant la Commission d'enquête.

MARQUIS (Laurence), femme ROUSSEL, 38 ans, demeurant à Beaumont-Hamel (Somme), réfugiée à Beauquesne :

Je jure de dire la vérité.

Mon mari est mobilisé ; en son absence, j'ai dirigé notre exploitation agricole. Le 12 octobre, comme je n'avais plus de place dans mon écurie, j'ai dû faire attacher dans la cour un cheval rouge et un cheval blanc pendant qu'on faisait la litière. Les Allemands se sont imaginé que mes animaux avaient été mis là pour servir de signaux à un aéroplane, et ils m'ont arrêtée avec trois autres femmes qui, pour des motifs aussi vains, étaient accusées également d'espionnage. L'une d'elles, Mme Flament, s'était mouchée, et on avait prétendu qu'elle avait déployé son mouchoir pour faire des signaux.

Un chef, qu'on m'a dit être l'officier d'ordonnance du colonel commandant le régiment d'infanterie n° 110, nous a interrogées à la mairie et nous a sommées d'avouer notre culpabilité ; il nous a dit ensuite que Mme Flament, seule, était coupable et que, si nous consentions à l'accuser, nous aurions la vie sauve. Nous avons répondu que nous ne pouvions mentir pour faire condamner une innocente et que nous préférions la mort. L'officier nous a alors donné trois minutes pour réfléchir et nous a dit que, si nous persistions dans notre silence, nous serions fusillées. Convaincues que nous allions périr, nous avons remis notre argent à Mme Testu, qui se trouvait auprès de nous ; je lui ai confié pour ma part sept cent soixante-seize francs, afin qu'elle les fît parvenir à mon mari et à mes enfants ; mais l'officier s'est emparé de tout l'argent, qu'il a pris soin de compter, nous a rendu nos porte-monnaie vides et a fouillé Mme Flament. Il nous a fait conduire ensuite devant le mur de l'église, où il nous a dit encore que nous allions être fusillées si nous n'accusions pas notre compagne ; et comme nous nous refusions à commettre cette infamie, il a compté : « Un, deux, ... », tandis que quatre soldats braquaient sur nous leur fusil ; puis, comme il insistait de nouveau, nous nous sommes écriées : « Tuez-nous tout de suite ! » Il nous a fait alors reconduire à la mairie, après nous avoir prévenues que nous avions encore une demi-heure pour réfléchir. Nous avons prié le bon Dieu, attendant la mort que nous croyions certaine.

Au bout d'une demi-heure, l'officier est revenu nous trouver et a recommencé ses interrogatoires, en menaçant de faire enterrer vivante Mme Flament, et il nous a fait prêter serment. J'ai juré, sur la tête de mon mari et sur celle de mes enfants, que j'étais innocente. Enfin, on nous a reconduites toutes chez moi, avec une sentinelle qui a passé la nuit dans notre chambre, baïonnette au canon.

Le 28 octobre, j'ai été transférée à Cambrai avec les autres habitants de Beaumont-Hamel : nous étions au nombre de cent soixante-dix. Je me suis trouvée dans cette ville avec les époux Vivier, qui ont été, comme plusieurs autres, séparés cruellement de leur enfant qu'on a emmené en captivité malgré son jeune âge.

Avant notre départ de Beaumont-Hamel, la commune a été frappée d'une contribution. Les Allemands avaient menacé, pour le cas où elle n'aurait pas été payée, d'envoyer les hommes en Allemagne. J'ai donné moi-même une somme de cent francs. Je sais que le versement exigé a été en partie effectué ; plusieurs de nos concitoyens n'en ont pas moins été emmenés le lendemain.

Après lecture, le témoin a signé avec nous.

N° 133.

DÉPOSITION reçue, le 31 août 1915, à AMIENS, par M. BUSQUE, commissaire spécial de la police des chemins de fer, agissant en exécution d'une commission rogatoire, en date du 28 août, de la Commission d'enquête instituée par décret du 23 septembre 1914.

BERTOUT (Alida), femme FLAMENT (Joseph), 38 ans, débitante à Beaumont-Hamel, actuellement réfugiée à Ville-sur-Ancre :

Serment prêté.

Le premier Allemand que je vis pénétrer chez moi, le matin du 5 octobre, date de l'entrée de l'ennemi, était l'officier adjoint au colonel du 110° régiment d'infanterie. Il me demanda du champagne; je lui répondis que je n'en possédais plus. En sortant, il en vit aux mains de ses hommes, qui l'avaient pris chez Mme Roussel. Il crut que ce vin provenait de chez moi et revint me faire de violents reproches, disant qu'il n'oublierait pas mon refus. Le lendemain, mardi, à la suite des tentatives galantes faites sur ma personne par un officier, je crus devoir, pour ma sûreté, quitter mon domicile, et je me réfugiai chez Mme Roussel, où je trouvai Mlle Danicourt, Mlle Dépierre et Mme Testu. Le samedi, un sergent-major et un autre sous-officier allemand, qui logeaient chez Mme Roussel, prétendaient nous décider à participer à une de leurs beuveries. Ils nous sollicitaient de choquer un verre contre le leur. Je m'écriai : « Ah! par exemple! Il faudrait ne pas avoir de cœur pour trinquer avec un Allemand! » Je ne pensais pas que les deux sous-officiers entendissent le français. Pour me faire comprendre qu'ils avaient saisi mes paroles, ils se mirent aussitôt à causer dans notre langue.

Ce fut le lundi matin, 12 octobre, qu'un aéroplane survola le pays. Était-il français ou allemand? Je ne l'ai pas su; mais je me souviens d'avoir, ce même jour, par une coïncidence singulière, tenu à Mme Roussel, à l'intérieur de la maison, le propos suivant, en développant mon mouchoir : « N'est-ce pas malheureux d'avoir été dépouillée de tout mon linge et d'être obligée de me servir d'un aussi grand mouchoir! » Mon mouchoir était en effet très grand, et l'une des rares pièces de lingerie que j'avais pu sauver du pillage.

Le même jour encore, M. Fagot, maire de Beaumont-Hamel, nous fit avertir discrètement par une femme du voisinage « d'avoir à nous surveiller, attendu que des soldats avaient remarqué que nous avions les poches bien garnies ».

Vers trois heures de l'après-midi, six hommes vinrent nous prendre pour nous conduire à la mairie, où nous trouvâmes l'officier adjoint au colonel du 110° : « Mesdames, nous dit-il, vous êtes accusées d'avoir fait des signaux aux Français. Vous allez être fusillées. » Et il ajouta : « Quelle est celle qui a le plus grand mouchoir? » Nous dûmes montrer nos mouchoirs. « C'est vous, me dit-il, qui êtes la plus coupable. » Au même moment, entra un soldat, porteur d'un morceau de calicot blanc : « Madame..... aéroplane! — prononça ce soldat en me désignant. — Vous voyez, dit l'officier, vous êtes coupable : cet homme vous accuse. » Mme Roussel était accusée d'avoir fait des signaux à l'aide d'un cheval blanc; Mlle Danicourt, d'user de son grand chien noir pour correspondre avec les lignes françaises. Elles se défendirent comme moi, malgré la promesse de vie sauve qui devait être le bénéfice de leurs aveux. L'officier s'acharnait en particulier contre moi; il rappela l'incident de la bouteille de champagne. « Vous, vous êtes innocentes, dit-il aux autres; mais jurez que celle-là est la coupable. » Elles refusèrent. Ainsi que moi, elles firent serment sur la tête de leurs enfants, de leurs parents, sur leur honneur, qu'elles étaient innocentes et que je n'étais pas coupable.

A ce moment, se produisit un incident dont je ne puis préciser exactement la portée ni les circonstances. Le domestique de Mme Roussel, un nommé Chabot, âgé de cinquante-huit ans, se trouvait là, derrière nous. Comment y était-il venu? Avait-il été arrêté ? Je ne sais; mais il intervint pour dire que j'étais coupable. « Allez, lui dit alors l'officier : vous êtes libre. » Le mobile du misérable, s'il n'obéit pas à une basse lâcheté, est encore un mystère pour moi.

Nous fûmes alors traînées au mur de l'église, l'officier opérant en personne. Il avait sa montre à la main. Nous avions une minute pour avouer ou mourir. Nous ne cédâmes pas. Il compta : « Un... deux... », et le trois fatal ne sortit pas de ses lèvres. Nous fûmes ramenées à la mairie. « Vous avez une demi-heure pour réfléchir », nous signifia notre bourreau. Persuadée de son exécution imminente, Mme Roussel remit son porte-monnaie à Mme Testu, qui avait été laissée à la mairie et n'avait pas connu notre calvaire du mur ; je fis de même. L'officier surprit notre geste : il s'empara des deux porte-monnaie. Il fit le compte de leur contenu ; le mien renfermait treize cent quarante-cinq francs en or. « D'où avez-vous eu tout cela? cria-t-il. C'est l'argent dont les Français payent vos renseignements. Voilà une preuve contre vous. » Et se livrant à une exaspération furieuse, il déclara que je serais « enterrée vivante devant l'église ».

Devant notre mutisme résigné, il sortit. Il emportait notre argent. La demi-heure écoulée, il revint avec le colonel du 110e. Celui-ci remit à Mme Roussel une simple note portant son nom et le mien, avec, en regard de chacun, le chiffre de la somme qui nous avait été prise : ce n'était pas un reçu. Nous réclamâmes l'argent. « Mesdames, dit le colonel, votre argent est parti pour l'Allemagne. J'agis selon les ordres de mes chefs. Cela vous sera compté comme contribution de guerre. » Il ajouta que nous avions la vie sauve et que « le cœur d'un Allemand valait mieux que le cœur d'un Français ».

Ramenées, dans la nuit, chez Mme Roussel, nous y passâmes dix-huit jours dans une captivité étroite. Jour et nuit, une sentinelle se tenait dans nos chambres; deux autres gardaient le couloir de la maison. Pendant cinq jours, nous fûmes privées de toute nourriture, à l'exception d'un peu de café que nous passèrent en cachette des Alsaciens du 99e régiment d'infanterie, qui avait remplacé le 110e dans Beaumont-Hamel.

Lecture faite, persiste et signe avec nous.

N° 134.

DÉPOSITION faite, le 25 août 1915, à AMIENS, devant la Commission d'enquête.

VIVIER (Eugène), 60 ans, cultivateur à Beaumont-Hamel (Somme), réfugié à Amiens : Je jure de dire la vérité.

J'ai été arrêté à Beaumont, le 28 octobre, avec ma femme et mon fils alors âgé de douze ans, et on nous a conduits à Cambrai où j'ai été retenu pendant cinq mois. Le 17 mars, ayant pu me faire inscrire sur la liste des prisonniers civils à rapatrier, j'allais monter dans un train, quand un officier apporta l'ordre de retenir tous les jeunes gens âgés de plus de douze ans et fit sortir de nos rangs dix ou douze petits garçons, parmi lesquels se trouvait mon fils. Je demandai à rester; mais il me fut répondu que je devais partir, et comme ma femme essayait de rejoindre son fils, un gendarme la repoussa brusquement en la menaçant de la faire fusiller si elle bougeait encore.

Tous les parents séparés, comme nous, de leurs enfants eurent beau supplier; malgré leurs prières et malgré les larmes des jeunes garçons, la mesure fut maintenue. Depuis ce moment, nous sommes absolument sans nouvelles de notre fils.

Avant notre départ de Beaumont, la commune a été frappée par l'ennemi d'une contribution de huit mille francs, sous la menace de prendre des otages et de les envoyer en Allemagne. On n'a pu arriver à fournir qu'une faible partie de cette somme ; aussi les plus jeunes habitants de la commune ont-ils été emmenés en captivité.

J'ai donné, pour ma part, deux cents francs.

Après lecture, le témoin a signé avec nous.

MEUSE

N° 135.

DÉPOSITION faite, le 25 octobre 1914, à Bar-le-Duc, devant la Commission d'enquête instituée par décret du 23 septembre 1914.

Renaud (Amélie), femme Beurtez, 65 ans, sans profession, demeurant à Vassincourt, actuellement réfugiée à Bar-le-Duc :

Je jure de dire la vérité.

Dans les premiers jours de septembre, je m'étais cachée dans la cave de M. Victor, à Vassincourt. J'ai aperçu, par le soupirail, des Allemands qui fourrageaient avec leurs baïonnettes. Je suis remontée alors et j'ai constaté que le feu était dans la grange. Une forte odeur de pétrole m'a donné à penser que les Allemands avaient arrosé de l'avoine avec ce liquide. J'ai été emmenée par ceux-ci avec Mme Bernard, Mme Saintol et Mme Victor. Ils nous traitaient d'espionnes, mais n'ont pas exercé de violences sur nos personnes. Nous avons été délivrées au bout de deux jours par les soldats français.

Après lecture, le témoin a signé avec nous.

N°ˢ 136, 137, 138.

DÉPOSITIONS faites, le 2 avril 1915, à Vassincourt (Meuse), devant la Commission d'enquête.

Barbier (Télesphore), 67 ans, adjoint au maire de Vassincourt :

Je jure de dire la vérité.

Je n'étais pas à Vassincourt au moment de l'incendie. Il n'y était, du reste, demeuré que quelques personnes. Le village a été entièrement détruit. Pendant la bataille, il a été pris et repris plusieurs fois, et des immeubles ont été démolis par les obus. D'après ce qui m'a été dit, les Allemands, avant de se retirer, auraient volontairement brûlé ce qui avait échappé à la canonnade.

Après lecture, le témoin a signé avec nous.

Colson (Marie), 50 ans, demeurant à Vassincourt :

Je jure de dire la vérité.

J'étais à Vassincourt, avec ma mère et ma sœur, quand le village a été détruit. Plusieurs maisons ont été brûlées ou démolies par les obus; mais d'autres ont été, sans aucun doute, incendiées volontairement par les Allemands. Tel doit être le cas de la nôtre. Nous étions dans la cave, quand sept ou huit soldats sont entrés chez nous. Nous les avons entendus aller et venir, et presque aussitôt le feu a éclaté.

Après lecture, le témoin a signé avec nous et avec Mlle Jeanne Colson, âgée de 48 ans, sa sœur, qui, sous la foi du serment, a confirmé la déposition ci-dessus. Mme Colson mère n'habite plus Vassincourt.

Barbier (Basile), 63 ans, cultivateur à Vassincourt :

Je jure de dire la vérité.

Le 8 septembre, deux Allemands ont ouvert les portes de ma grange, et aussitôt je me suis aperçu, de ma cave dans laquelle je me trouvais, que le feu venait d'éclater chez moi.

Après lecture, le témoin a signé avec nous.

N° 139.

DÉPOSITION reçue, le 8 novembre 1914, à Montiers-sur-Saulx (Meuse), par M. Drouot, suppléant de la justice de paix faisant fonctions de juge et agissant en vertu d'une commission rogatoire, en date du 2 novembre, de la Commission d'enquête instituée par décret du 23 septembre 1914.

Vigroux (Basile), 75 ans, marchand de foin à Villers-aux-Vents :

Serment prêté.

Un jour, que je crois être le 7 septembre 1914, entre neuf et dix heures du matin, je sortais de chez moi, quand je vis Lucien Minette sur sa porte, à cinquante mètres environ de ma maison. Sept ou huit Prussiens l'entouraient et le brutalisaient, comme voulant l'entraîner. Minette résistait à ces violences et essayait de les repousser. Au même moment, un Prussien arrive, m'empoigne et m'emmène, le revolver sous la gorge, près de Minette, sans aucune provocation ni aucun geste de ma part. A ce moment, j'ai vu les Prussiens frapper Minette à coups de poing et à coups de crosse, et lui déchirer ses vêtements : il était nu comme un ver. Ensuite ils lui ont mis une chaîne de fer aux mains.

Puis, Hector Bel, 67 ans, Émile Mathieu, 78 ans, et moi, nous avons été liés avec la même chaîne ; eux, les mains derrière le dos, et moi, au milieu, les mains en avant. Les Prussiens nous emmènent tous à un kilomètre environ dans les champs ; là, je vois avec nous deux soldats français blessés, que je reconnais comme ayant logé chez moi. Nos ennemis nous font asseoir en cercle, en nous disant que nous allons être jugés et fusillés. Peu après, arrivent cinq ou six chefs à cheval, et on emmène Minette près d'eux, à environ cinquante mètres de notre groupe.

Je n'ai rien entendu, et j'ai vu deux officiers écrire sur des calepins. Cette formalité a duré trois à quatre minutes. Les Prussiens ont emmené Minette encore cinquante mètres plus loin ; il s'est mis à genoux, et ils l'ont fusillé.

Ils nous ont gardés encore vingt-quatre heures, et abandonnés à vingt-deux kilomètres de là.

Minette (Lucien) était âgé de quarante-cinq ans ; il était d'intelligence au-dessous de la moyenne : je le crois incapable d'avoir pu concevoir un projet contre les Prussiens ; s'il s'est défendu contre eux, « c'était la peur ».

Lecture faite, persiste et signe avec nous.

N° 140.

DÉPOSITION reçue, le 4 décembre 1915, à REVIGNY (Meuse), par M. HARAUCOURT, juge de paix, agissant en exécution d'une commission rogatoire, en date du 29 novembre, de la Commission d'enquête instituée par décret du 23 septembre 1914.

BEL (Hector), 66 ans, propriétaire à Villers-aux-Vents :

Serment prêté.

Le 9 septembre 1914, vers huit heures du matin, je me trouvais chez Mme veuve Phélies, à Villers-aux-Vents, lorsque des soldats d'infanterie allemande sont venus me chercher et m'ont emmené dans la rue, avec M. Vigroux (Basile), décédé depuis, et M. Émile Mathieu, qui, depuis le mois de septembre 1914, a quitté Villers-aux-Vents pour habiter Sampigny. Les Prussiens m'ont fouillé, m'ont pris quarante francs en argent et un couteau; puis, ils m'ont attaché les bras. Étant sorti dans la rue, j'ai vu d'autres soldats allemands qui frappaient à coups de pied et à coups de poing Lucien Minette, qu'ils venaient de traîner hors de chez lui. J'ai entendu dire que Minette possédait un revolver qui ne pouvait fonctionner, et que les Prussiens l'accusaient d'avoir tiré sur eux, ce qui, à mon avis, était impossible. Les Prussiens nous ont emmenés hors du village, au lieudit la Lime. Ils nous ont fait rester sur le haut de la côte, avec Vigroux et Mathieu ; puis, quatre officiers qui se trouvaient là, après s'être entretenus ensemble, ont fait conduire Minette dans un bas-fond et l'ont fait fusiller. Il a été tué de deux coups de fusil et enterré sur place. Après le départ des Prussiens, il a été exhumé et enterré dans le nouveau cimetière.

Minette ne s'est pas débattu ; il a été accablé de coups, a eu tous ses vêtements déchirés, et a été fusillé sans avoir fait aux Allemands aucune injure ni porté aucun coup. J'ai été emmené par les Prussiens à Laheycourt, puis à Belval, où ils m'ont relâché au bout de trois jours.

Lecture faite, persiste et signe avec nous.

MEURTHE-ET-MOSELLE

N° 141.

DÉPOSITION faite, le 22 septembre 1915, à Nancy, devant la Commission d'enquête instituée par décret du 23 septembre 1914.

Simon (Gustave), 48 ans, maire de Nancy :

Je jure de dire la vérité.

Depuis le 11 novembre 1914, date à laquelle j'ai déjà déposé devant vous (1), la ville de Nancy, où il n'existe ni troupes, ni établissements militaires, a été bombardée quinze fois par des aéroplanes allemands et deux fois par des dirigeables. Vingt-et-une personnes ont été tuées et vingt-cinq ont été blessées. Je vais d'ailleurs vous remettre un état qui a été dressé par les soins du commissaire central, et qui fait connaître d'une façon précise les conditions et les résultats de ces bombardements.

Après lecture, le témoin a signé avec nous.

N°ˢ 142, 143.

DOCUMENTS remis à la Commission, le 22 septembre 1915, par M. Gustave Simon, maire de Nancy.

I.

NOTE RÉCAPITULATIVE

et par dates des divers genres de bombardements allemands sur la ville de Nancy.

GENRES de BOMBARDEMENTS		DÉSIGNATION des ENDROITS BOMBARDÉS.	VICTIMES.			OBSER- VATIONS.
par AVIONS.	par CANONS.		NOMS.	MORTS.	BLESSÉS.	
1		4 septembre 1914, à midi 45.				
		Place de la Cathédrale.	Bodener (Michel), 45 ans, marchand ambulant, rue Saint-Nicolas, n° 64.	1	//	Décédé en arrivant à l'hôpital.
		Idem...............	Roux (Angèle), 13 ans, rue du Tapis-Vert, n° 16.	1	//	Décédée à l'hôpital à 14 heures.
		Idem...............	Tabouret (Victor), 31 ans, terrassier, rue Saint-Charles, n° 157.	//	1	A été soigné à l'hôpital; état sans inquiétudes.

(1) V. Rapports et Procès-verbaux d'enquête de la Commission, I : p. 108.

GENRES de BOMBARDEMENTS		DÉSIGNATION des	VICTIMES.			OBSER-
par AVIONS.	par CANONS.	ENDROITS BOMBARDÉS.	NOMS.	MORTS.	BLESSÉS.	VATIONS.
		Place de la Cathédrale..	Muller (dame) 25 ans, rue Sadi-Carnot, à Saint-Max.	"	1	Blessée légèrement.
		Idem............	Oberhausser (Marie), 40 ans, rue Dauphine, n° 33.	"	1	Idem.
		Idem.............	Oberhausser fils, 8 ans, même adresse.	"	1	Blessé légèrement.
		Idem.............	Garraud, soldat infirmier au 286° d'infanterie.	"	1	Idem.
		Idem.............	Fourner, soldat infirmier, même régiment.	"	1	Idem.

Nuit du 9 au 10 septembre 1914.

par AVIONS.	par CANONS.	ENDROITS BOMBARDÉS.	NOMS.	MORTS.	BLESSÉS.	OBSERVATIONS.
1		Rue Sainte-Anne......	Ley (veuve), 39 ans, rue Sainte-Anne, n° 20.	1	"	Tuée sur le coup.
		Idem...............	Ley (Marthe), 12 ans, fille de la précédente.	1	"	Idem.
		Rue Charles-III......	Wagner (dame), 48 ans, rue Charles-III, n° 91.	1	"	Idem.
		Idem...............	Wagner (Henriette), 24 ans, fille de la précédente.	1	"	Idem.
		Rue Saint-Dizier......	Hanrion (dame), 37 ans, négociante, rue Saint-Dizier, n° 88.	1	"	Idem.
		Idem...............	Wenger (dame), 31 ans, domestique de la précédente.	1	"	Idem.
		Rue Clodion.........	Berger (Élise), 39 ans, journalière, rue Clodion, n° 57.	1	"	Décédée le 10 septembre des suites de ses blessures.
		Idem...............	Morel (Adrienne), 29 ans, même adresse.	1	"	Idem.
		Idem	Ley (Aline), 15 ans, rue Sainte-Anne, n° 20.	"	1	Très grièvement blessée sur tout le corps.
		Quartier de la rue Sainte-Anne.	Hermann (André), 1 an, chez la dame Ley, rue Sainte-Anne, n° 20.	"	1	Blessé à la joue.
		Idem...............	Thirion (Nicolas), 78 ans, rue Didion, n° 5.	"	1	Blessé à la main gauche.
		Idem...............	Berger (Charlotte), 14 ans, rue Clodion, n° 57.	"	1	Blessures multiples et graves, non encore guéries.
		Quartier des rues de la Hache et Clodion.	Marx (dame), rue de la Hache, n° 66.	"	1	Blessure légère.
		Idem...............	Menoux, même rue, n° 83.	"	1	Idem.

GENRES de BOMBARDEMENTS		DÉSIGNATION des	VICTIMES.			OBSER-
par AVIONS.	par CANONS.	ENDROITS BOMBARDÉS.	NOMS.	MORTS.	BLESSÉS.	VATIONS.
		Quartier des rues de la Hache et Clodion.	Vogt (Gustave), 51 ans, même rue, n° 69.	"	1	Blessures graves, mais non mortelles.
		Rue Saint-Nicolas	Aron (dame), 62 ans, rentière, rue Saint-Nicolas, n° 44.	"	1	Blessure légère, à la poitrine.
		Idem.............	Seury (Antoinette), domestique au service de madame Aron.	"	1	Blessure légère au poignet gauche.
1			**13 octobre 1914, à 9 heures.**			
		Voie du chemin de fer entre les ponts de Mon-Désert et du Montet.	Mougeotte (Georges), 16 ans, employé auxiliaire des chemins de fer.	"	1	Blessé à la tête et à la jambe. État sans inquiétudes.
		Idem.............	Perouffe (Julien), 48 ans, homme d'équipe à la Compagnie de l'Est, rue Ferry, III, n° 27.	"	1	Éclat à la hanche droite. Blessure légère.
		Idem.............	Masson (Julien), 46 ans, sous-chef d'équipe à la Compagnie de l'Est, rue du Pont-des-Loges, n° 9.	"	1	Éclat à la jambe. Blessure légère.
		Idem.............	Euvrard, 16 ans, employé auxiliaire des chemins de fer, boulévard d'Alsace-Lorraine prolongé.	"	1	Éclat au mollet droit.
2	1		TOTAL	10	19	

Le Commissaire central,

Signé : RATTE.

II.

NOTE RÉCAPITULATIVE

et par dates des divers genres de bombardements allemands sur la ville de Nancy.

GENRES de BOMBARDEMENTS		DÉSIGNATION des	VICTIMES.				OBSER-VATIONS.
par AVIONS.	par DIRI-GEABLES.	ENDROITS BOMBARDÉS.	NOMS.		MORTS.	BLESSÉS.	

1		**22 décembre 1914, à midi 55.**					
		(Bombardement par un aéroplane.)					
		Rue Grandville	"		"	"	Aucune victime.
1		**25 décembre, à 9 heures 1/2.**					
		(Bombardement par un aéroplane.)					
		Place de la Cathédrale .	"		"	"	Aucune victime.
	1	**26 décembre, à 5 heures 15.**					
		(Bombardement par un Zeppelin.)					
		Cours Léopold.	Lantoine (Louis) 29 ans, garçon de café, Cours Léopold, n° 4.		1	"	Tué dans son lit.
		Idem.	Lantoine, née Nathalie Briconnet, femme du précédent.		"	1	Blessée légèrement à la main droite.
		Quai Claude-le-Lorrain.	Gœb (Anna), 39 ans, domestique chez madame Jacquemin, quai Claude-le-Lorrain, n° 38.		1	"	Décédée à son arrivée à l'hôpital civil.
		Place Carrière.	Lacroix (dame), 50 ans, place Carrière (femme d'un colonel en retraite).		"	1	Cheville du pied droit désarticulée.
1		**27 décembre, à midi 25 et à 14 heures 30.**					
		(Bombardement par un aéroplane.)					
		Divers quartiers de la ville.	"		"	"	Aucune victime.

8.

GENRES de BOMBARDEMENTS		DÉSIGNATION des	VICTIMES.			OBSER-
par AVIONS.	par DIRI- GEABLES.	ENDROITS BOMBARDÉS.	NOMS.	MORTS.	BLESSÉS.	VATIONS.
1		13 janvier 1915, à 8 heures 1/2.				
		(Bombardement par trois aéroplanes.)				
		Divers quartiers de la ville.	"	"	"	Aucune victime.
1		18 janvier 1915, à 10 heures 1/2.				
		(Bombardement par un aéroplane.)				
		Divers quartiers de la ville.	"	"	"	Aucune victime.
1		30 janvier 1915, à midi 40.				
		(Bombardement par un aéroplane.)				
		École de la rue Guilbert-de-Pixérécourt.	Deloche (Jean), 10 ans, écolier, rue Mac-Mahon.	"	1	Blessé légèrement.
1		28 mars 1915, à 13 heures 45.				
		(Bombardement par un aéroplane.)				
		2 bombes sur divers quartiers de la ville.	"	"	"	Aucune victime.
	1	12 avril 1915, à 13 heures 15.				
		(Bombardement par un Parseval.)				
		12 bombes..........	"	"	"	Aucune victime.
1		21 avril 1915, à 17 heures 15.				
		(Bombardement par un aéroplane.)				
		Rue de Malzéville.....	"	"	"	Aucune victime.
1		27 avril 1915, à 10 heures.				
		(Bombardement par un aéroplane.)				
		Rue de la Constitution.	Beaumet, place Saint-Épvre.	1	"	Tué sur le coup.
		Idem...............	André (Émile), conducteur à la voirie.	1	"	Décédé le même soir : suites de ses blessures.
		Idem...............	Vautrin, employé à la recette municipale.	"	1	Blessé grièvement à la jambe gauche.
		Idem...............	Heinel, employé à la préfecture, rue Jeanne-d'Arc, n° 139.	"	1	Blessé légèrement.

GENRES de BOMBARDEMENTS		DÉSIGNATION des ENDROITS BOMBARDÉS.	VICTIMES.			OBSER- VATIONS.
par AVIONS.	par DIRI- GEABLES.		NOMS.	MORTS.	BLESSÉS.	
		Rue de la Constitution .	Une femme inconnue, de passage.	//	1	Blessure insignifiante.
		Idem...............	Salhorgne, comptable, rue des Quatre-églises, n° 21.	//	1	
		Place de la Carrière ...	Georges (Léon), 53 ans, rue Sellier, n° 55.	1	//	
		Idem...............	Rayeur (Maurice), 14 ans, rue Jacquard, n° 55.	1	//	
		Faubourg Saint-Georges, n° 77.	Demangeon (Albert), 50 ans, rue Stanislas, n° 16.	//	1	Blessé légèrement aux jambes.
		Idem...............	Mancellini (Émile), 15 ans, rue de la Digue, n° 4 bis.	//	1	Blessure sans gravité.

1 — 15 juin 1915, à 19 heures 20.

(Bombardement par quatre aéroplanes.)

GENRES de BOMBARDEMENTS		DÉSIGNATION des ENDROITS BOMBARDÉS.	VICTIMES.			OBSER- VATIONS.
par AVIONS.	par DIRI- GEABLES.		NOMS.	MORTS.	BLESSÉS.	
		Faubourg Saint-Jean, devant les Magasins-Réunis.	Caquant (Renée), 18 ans, rue du faubourg Saint-Jean, n° 1.	1	//	Tuée sur le coup.
		Idem...............	Bitsch (Joseph), 40 ans, peintre, rue Claudot, n° 30.	1	//	Tué sur le coup.
		Idem...............	Guillemin (Jean), sergent au 98° territorial.	1	//	Idem.
		Idem...............	Vuillemin, vendeur de l'Éclair de l'Est.	1	//	Décédé des suites de ses blessures.
		Idem...............	Vouaux, soldat au 41° territorial.	1	//	Idem.
		Idem...............	Caquant (dame), faubourg Saint-Jean, n° 1.	//	1	Grièvement blessée.
		Idem...............	Lescure, caporal au 98° territorial.	//	1	
		Idem...............	Touriau (Joseph), soldat au même régiment.	//	1	
		Idem...............	Moitrier (Joseph), soldat au 41° territorial.	//	1	
		Idem...............	Chaton, soldat au même régiment.	//	1	
		Idem...............	Blanchard (Marcel), chasseur, café Thiers.	//	1	
		Idem...............	Chrétien, 25 ans, rue du Bastion, n° 38.	//	1	

GENRES de BOMBARDEMENTS		DÉSIGNATION des	VICTIMES.			OBSER-
par AVIONS.	par DIRI- GEABLES.	ENDROITS BOMBARDÉS.	NOMS.	MORTS.	BLESSÉS.	VATIONS.
		Faubourg Saint-Jean, devant les Magasins-Réunis.	Audiffredy (André), employé à l'usine à gaz.	"	1	
		Angle de la Grande-Rue et de la rue Bracomot.	Mulot (dame), antiquaire, Grande-Rue, n° 104.	1	"	Décédée en arrivant à l'hôpital.
		Idem.	Lemoy (André), 18 ans, pâtissier, place du Marché.	1	"	Tué sur le coup.
		Idem.	Roussel (dame), place Thiers.	"	1	
		Idem.	Marchal (demoiselle), Grande-Rue, n° 106.	"	1	
		Idem.	Tresson (Robert), 17 ans, pâtissier, Grande Rue, n° 82.	"	1	
		8 autres bombes sur divers quartiers de la ville.	"	"	"	Aucune victime.

1   30 juillet 1915, à 6 heures 45.

(Bombardement par un aéroplane.)

		5 bombes sur divers quartiers de la ville.	"	"	"	Aucune victime.

1   31 juillet 1915, à 6 heures.

(Bombardement par plusieurs avions allemands.)

		21 bombes, dont une rue de Strasbourg, n° 109.	Mathieu (Marcel), 17 ans, employé de commerce.	1	"	Mort des suites de ses blessures.

1   8 septembre 1915, à 6 heures 45.

(Bombardement par plusieurs avions allemands.)

		Rue Clodion.	Henry (dame), 54 ans, négociante, rue Clodion, n° 4.	1	"	Décédée des suites de ses blessures.
		Idem.	Quinquoneau (Eugène), 34 ans, employé de la dame Henry.	1	"	Tué sur le coup.
		Idem.	Bricard (Léon), 16 ans, employé de la dame Henry.	1	"	Idem.
		Idem.	Dam (Marthe), 16 ans, modiste, rue Clodion, n° 5.	"	1	

GENRES de BOMBARDEMENTS		DÉSIGNATION des	VICTIMES.			OBSER-
par AVIONS.	par DIRI- GEABLES.	ENDROITS BOMBARDÉS.	NOMS.	MORTS.	BLESSÉS.	VATIONS.
		Rue Saint-Julien......	Gauchenot (dame) 51 ans, rue Saint-Julien, n° 21.	1	//	Décédée des suites de ses blessures.
		Devant l'église Saint-Pierre, rue de Strasbourg.	Duriez fils.............	1	//	Ont été tués sur le coup.
			Thury................	1	//	
			Lemaître, tous trois typographes à l'imprimerie Bergeret.	1	//	
		Rue Pichon.........	Badel (dame), rue Pichon, n° 7.	//	1	
		Rue du Pont-Mouja....	Pourcines, avocat, rue du Pont-Mouja, n° 30.	//	1	
		Rue Saint-Georges.....	Prugnot, sellier, rue Saint-Georges, n° 89.	//	1	
		Idem..............	Duriez père, a également été blessé par la bombe tombée devant l'église Saint-Pierre au moment où il se rendait au travail à l'imprimerie Bergeret.	//	1	
		38 autres bombes sur divers quartiers de la ville.	//	//	//	Aucune victime.
13	2		TOTAUX..........	21	25	

Le Commissaire central,

Signé : RATTE.

Nᵒˢ 144, 145, 146, 147.

DÉPOSITIONS faites, le 21 septembre 1915, à LUNÉVILLE, devant la Commission d'enquête.

KELLER (Émile-Georges), 57 ans, maire de Lunéville :

Je jure de dire la vérité.

Depuis que j'ai fait devant vous une déposition [1], de très nombreux avions allemands ont survolé notre ville ou tenté de la survoler. Le plus souvent, ils ont été mis en fuite par nos canons ou par nos escadrilles. Cinq ou six fois, ils ont réussi à jeter des bombes, sans cependant obtenir d'autre résultat que des dégâts matériels. Une autre fois, ils ont tué un

[1] V. Rapports et Procès-verbaux d'enquête de la Commission, I : p. 120.

homme et en ont blessé deux autres. Depuis quelque temps surtout, nous avons remarqué que les tentatives se répétaient le mercredi, jour de marché, et à sept heures du matin, moment où le marché est en pleine activité. Le mercredi 1er septembre, à sept heures, après avoir entendu un fracas épouvantable et avoir été prévenu que plusieurs personnes venaient d'être tuées, je me suis rendu rue de la Charité, où avait éclaté une bombe, et où se tenait la partie du marché spécialement occupée par les marchands de légumes venus des villages environnants. La rue présentait l'aspect d'un carnage affreux. Des cadavres de femmes, écrasés et déchiquetés, étaient accumulés le long du mur de l'école. Les visages étaient noirs, des thorax étaient vidés, des membres épars gisaient sur le sol, des débris de cervelle avaient été projetés sur la chaussée et jusque dans les magasins, où une partie de la foule, effrayée par l'explosion précédente de deux bombes, s'était réfugiée. Partout on voyait du sang répandu. On a ramassé immédiatement trente-huit cadavres et trente-six blessés. D'autres personnes atteintes avaient pu se réfugier chez elles ou dans les pharmacies. Plusieurs blessés ont succombé depuis. Actuellement, à ma connaissance, l'attentat a causé quarante-six morts; le nombre des blessés qui ont survécu est d'environ cinquante, tant à Lunéville que dans huit villages des environs.

La plupart des victimes étaient des femmes. Beaucoup d'entre elles étaient venues des communes déjà ravagées par les Allemands apporter ici les produits de leurs jardins.

Ce jour-là, seize bombes ont été lancées par trois, quatre ou cinq avions qui volaient à une hauteur de plus de deux mille mètres, et dont les itinéraires se sont coupés vers le centre de la ville. Hier et ce matin encore, des aéroplanes allemands ont essayé de venir au-dessus de nous.

J'ajoute que, le 1er septembre, plusieurs projectiles incendiaires ont été lancés, car la maison Leyser, avenue des Vosges, a été brûlée par suite de l'éclatement d'une des bombes.

Après lecture, le témoin a signé avec nous.

———————

IMBERT (Louis), 48 ans, commissaire de police à Lunéville :

Je jure de dire la vérité.

Depuis quelque temps, je remarquais que des avions allemands essayaient de survoler Lunéville, les jours de marché, entre six et huit heures du matin. Le 1er septembre, à sept heures dix, je me trouvais aux turbines, usine élévatoire des eaux qui est située au sud de la ville, quand mon attention a été appelée par des détonations. J'ai vu alors des colonnes de fumée s'élevant au-dessus de l'agglomération. A ce moment, j'ai entendu un sifflement caractéristique, et presque aussitôt, une bombe a éclaté à trente mètres de moi. Je n'ai pas été atteint, car j'avais pu me protéger en me couchant derrière un mur. M'étant relevé, je me suis dirigé en courant vers la ville, tandis que deux autres projectiles tombaient près de l'endroit que je venais de quitter. En arrivant rue de la Charité, je me suis trouvé en présence d'un spectacle horrible. La chaussée, les corridors et les magasins étaient remplis de cadavres et de débris humains. Une bombe, tombée presque au milieu de la rue, avait fait parmi la foule de très nombreuses victimes.

J'ai appris ensuite que plusieurs des engins dont j'avais entendu les détonations avaient éclaté, l'un rue de Metz, un autre rue Sainte-Marie, à trente mètres du marché, et un troisième au cimetière, où il avait tué une personne et en avait blessé trois autres. Un autre projectile encore a été lancé presque en même temps avenue des Vosges, sur la maison Leyser, qui a été incendiée.

Après lecture, le témoin a signé avec nous.

———————

Thiébaut (Julien-Émile), 53 ans, sculpteur à Lunéville :

Je jure de dire la vérité.

Le 1ᵉʳ septembre courant, un peu après sept heures du matin, me trouvant devant ma porte, j'ai vu venir, de la direction du nord-ouest, un avion allemand, et j'ai entendu l'explosion de quatre bombes autour de moi. La première est tombée dans la petite allée du cimetière; la seconde a éclaté près de la grille et a tué le jardinier, M. Jean, en même temps qu'elle blessait au bras Mᵐᵉ Larivière, fleuriste; la troisième, qui m'a paru énorme, a fait un trou à seize mètres de ma porte et a blessé deux personnes, Mᵐᵉ Baguet et M. Bigorre, concierge du cimetière; la quatrième enfin est tombée sur un tas de briques, dans le jardin de M. Cuny-Mangin, marbrier.

Après lecture, le témoin a signé avec nous et avec M. Bigorre (Joseph), âgé de 46 ans, concierge du cimetière de Lunéville, lequel, après avoir prêté serment, a confirmé la déposition ci-dessus, avec cette seule différence qu'il n'a pas vu l'avion qui a lancé les bombes.

————————

Pierson (Maria), femme Bildstein, 40 ans, demeurant à Lunéville :

Je jure de dire la vérité.

Notre magasin de coiffure est situé à trente mètres environ de l'endroit où est tombée la bombe, rue de la Charité, le 1ᵉʳ septembre courant. La fusée a été projetée tout près de notre porte. Beaucoup de personnes s'étaient réfugiées chez nous; l'une d'elles, Mᵐᵉ Souvenier, y a été tuée. Le spectacle de la rue était épouvantable.

Après lecture, le témoin a signé avec nous.

————————

N° 148.

DÉPOSITION faite, le 14 janvier 1915, à Paris, devant la Commission d'enquête.

Berson (Gustave), 64 ans, professeur au lycée Condorcet à Paris, chevalier de la Légion d'honneur :

Je jure de dire la vérité.

Je me suis rendu le 8 août à Badonviller, où je possède une maison, et où j'ai l'habitude de passer mes vacances. Le 9, le 10 et le 11, il y a eu quelques combats à proximité de la ville.

Le 12, vers quatre heures cinquante du matin, une canonnade violente se fit entendre. Elle fut suivie d'une fusillade nourrie, qui dura une heure environ. Nos troupes s'étant retirées, une dizaine de Bavarois arrivèrent ensuite. A ce moment, ma domestique, ayant soulevé le rideau d'une fenêtre du second étage, reçut au poignet une balle qui ne lui fit qu'une blessure légère; puis, un plus grand nombre de soldats étant survenus, j'entendis crier : *Halt!* et aussitôt ma maison fut criblée de balles. Au bout de dix minutes, les Bavarois tirèrent de nouveau sur mon habitation. Je sortis alors; mais à peine étais-je sur le seuil de ma porte que j'étais mis en joue par un des soldats qui occupaient l'hôtel de ville, situé en face de chez moi. Je rentrai précipitamment, sans avoir essuyé le coup de feu dont j'étais menacé.

Vers midi, ayant entendu le tambour, j'ouvris la porte de derrière; puis, sur l'ordre d'un Bavarois, je me rendis à la mairie. J'y trouvai un grand nombre d'habitants : on arrêtait, en effet, toute la population mâle; et en même temps, l'ennemi brûlait avec des bombes à main une partie de la ville. Nous étions gardés par une troupe que commandait un capitaine, et dans laquelle j'ai vu deux hommes portant au bout du fusil des baïonnettes à dents de scie.

A un certain moment, je fis passer ma carte au capitaine, espérant que ma situation de professeur serait peut-être prise par lui en considération. Je ne m'étais pas trompé; car après m'avoir fait signe d'approcher et m'avoir écouté, tandis que je lui indiquais les circonstances à raison desquelles je me trouvais à Badonviller, il me rendit ma carte, sur laquelle il avait inscrit la mention suivante: « Peut rentrer chez lui. Baumann, Haupt. 1/16. » Je lui avais expressément demandé une pièce pouvant me servir de sauf-conduit, car le percepteur venait de me prévenir que j'étais menacé d'être fusillé, le soldat qui m'avait mis en joue ayant prétendu qu'on avait tiré de chez moi. Le même officier a consenti également à rendre la liberté au curé. Il a d'ailleurs fait preuve d'humanité. Comme les Allemands bombardaient l'église avec des bombes incendiaires, alors qu'il n'y avait plus de combat même aux environs, j'ai obtenu qu'il commandât à un certain nombre de ses hommes de faire la chaîne, pour éteindre l'incendie qui avait éclaté dans un groupe de maisons voisines, et qui menaçait de s'étendre à toute la rue. A plusieurs reprises, du reste, il s'entretint avec moi d'une façon presque bienveillante. « Êtes-vous bien sûr, lui dis-je, que des civils aient tiré sur vous ? — Le maire, me répondit-il, m'a déjà affirmé avec tant d'énergie ce que vous m'avez dit vous-même, que je finirai par le croire. » Quoi qu'il en soit, la femme du maire, Mme Benoit, a été fusillée au moment où elle ouvrait une de ses fenêtres; Hippolyte Marchal, âgé de soixante-dix-sept ans, presque mon voisin, étant sur sa porte, a été atteint d'une balle au-dessus du cœur; Spatz, ferblantier, âgé de quatre-vingt-sept ans, a reçu la mort au moment où il sortait de sa cave. Enfin, un facteur a été massacré chez lui avec ses beaux-parents, sans doute parce qu'il portait un képi. Cinq autres personnes ont été également tuées. Quatre-vingt-huit maisons ont été incendiées le 12 août. Le 13, sept otages ont été emmenés jusqu'à Strasbourg : ils ne sont revenus qu'au bout de vingt-cinq jours. Le capitaine Baumann commandait une troupe qui occupait le centre de Badonviller. Cette partie de la ville a été la moins maltraitée. J'ai quitté le pays le 16 août.

Après lecture, le témoin a signé avec nous.

N° 149.

DÉPOSITION faite, le 11 mai 1915, à PARIS, devant la Commission d'enquête.

BESNARD (Clovis-Pierre-Germain), 57 ans, commandant en retraite, 65, avenue de Breteuil :

Je jure de dire la vérité.

Je me trouvais dans notre propriété de Badonviller lors de l'arrivée du 2e régiment d'infanterie bavarois, et j'ai été témoin des actes contraires au droit des gens dont les hommes de ce régiment, ainsi que des uhlans, se sont rendus coupables.

Je n'ai rien à ajouter aux énonciations du rapport que j'ai adressé à M. le Ministre de la Guerre, au sujet de ces faits, le 19 août dernier. Je vais vous en donner lecture et vous en remettre une copie, dont je certifie l'exactitude sous la foi du serment.

Tous les actes de violence que j'ai rapportés et dont j'ai été le témoin se sont passés en présence du capitaine bavarois Baumann.

Après lecture, le témoin a signé avec nous.

N° 150.

RAPPORT du commandant en retraite BESNARD à M. le Ministre de la Guerre.

Paris, le 19 août 1914.

1. *Incendie d'une ferme.* — Le mardi 11 août, vers dix-neuf heures, les fumées des incendies allumés par les Allemands dans les directions Cirey, Parux, Bréménil semblèrent plus proches. C'était la ferme de « Bon-gré-Jean » qui brûlait ; voici dans quelles circonstances. Deux chasseurs à pied français, frappés d'insolation, avaient laissé leurs fusils aux environs de cette ferme. Un paysan de Badonviller alla, de son propre mouvement, à la recherche de ces armes, malgré la défense réitérée du maire. Il en trouva une. Il fut aperçu par une patrouille allemande qui tira sur lui et le toucha à l'épaule. Le blessé se traîna dans le fossé jusqu'à la ferme de « Bon-gré-Jean », où la femme l'accueillit. Les Allemands pénétrèrent alors dans la maison, s'emparèrent du blessé et de la femme, et mirent le feu à la ferme. Les enfants furent recueillis par une tante qui les ramena à Badonviller. Leur mère fut relâchée le lendemain.

2. *Femme du maire fusillée.* — *Sa maison incendiée.* — Le mercredi 12 août, après un combat qui dura de cinq heures à dix heures du matin, les Allemands entrèrent dans Badonviller en tirant dans toutes les fenêtres, sous le fallacieux prétexte qu'un civil avait tiré sur eux. La femme du maire, Mme Benoit, qui ouvrait ses fenêtres suivant l'ordre des Allemands, fut fusillée et la maison immédiatement incendiée sous les yeux de son mari, maintenu entre quatre hommes baïonnette au canon. Le maire y avait accumulé pour soixante mille francs de denrées alimentaires destinées aux ménages nécessiteux pendant la durée de la guerre. Tout fut la proie des flammes.

3. *Tir de mitrailleuse sur une ambulance.* — La maison du directeur de la faïencerie, M. Début, servant d'ambulance et protégée par la Croix-Rouge, fut, à bout portant, couverte de projectiles par une mitrailleuse allemande. Le directeur ouvrit la porte à deux battants et obtint la cessation du feu ; mais l'incendie gagna la maison, et l'on n'eut que le temps d'évacuer les blessés.

4. *Incendie du refuge de blessés.* — Deux chasseurs à pied blessés ayant été surpris dans l'écurie de l'hôtel de la Gare, les Allemands vinrent demander des allumettes à l'hôtesse et mirent le feu à son écurie en sa présence.

Ils ont pris à l'hôtel quatre mille bouteilles et trente hectolitres de vin, indépendamment du pillage des chambres.

5. *Pillage organisé.* — Vers quatorze heures, les Allemands firent ordonner à la population de se rendre devant l'hôtel de ville et de laisser portes et fenêtres ouvertes, en menaçant de fusiller quiconque serait trouvé dans les maisons. Cet ordre exécuté, ils pénétrèrent partout, brisant, pillant de la cave au grenier, jetant sur le sol les denrées qu'ils ne pouvaient emporter, et déposant des ordures dans les cuisines et les salles à manger. Ces déprédations ont surtout été commises aux extrémités du bourg et chez les commerçants.

6. *Incendies multiples.* — Pendant ce temps, des obus avaient mis le feu à l'église, sous le faux prétexte que l'on avait tiré du haut du clocher. Pourtant, on prouva que l'escalier menant au clocher était fermé à clef et vide : le juge de paix et le percepteur le firent constater à une patrouille qui les y accompagna. D'autres incendies furent allumés en de nombreux endroits. Entre autres, devant la grange de M. Seyer, boucher, de la paille

d'avoine avait été étendue et allumée. Elle communiqua le feu et réduisit en cendres onze maisons contiguës. L'incendie se propagea autour de l'hôtel de ville et à l'hôtel de ville lui-même. Le capitaine allemand (Baumann) commença à s'émouvoir; et, sur la demande du maire, il donna cinquante Bavarois pour aider à s'opposer au fléau. Les femmes rassemblées furent mises à la chaîne, et ensuite, on les autorisa à rentrer dans les maisons voisines.

7. *Parcage des hommes.* — Quant aux hommes, les jeunes et les vieux furent parqués dans les halles, sur de la paille. Les notables furent gardés toute la nuit, assis sur des bancs devant la mairie, avec indication que si un seul bougeait, tous seraient fusillés.

On autorisa les femmes à apporter quelque subsistance à leurs maris ou à leurs fils.

8. *Prise d'otages.* — Le jeudi 13 août, vers dix heures, la compagnie allemande reçut l'ordre de se replier vers le nord. Le lieutenant commandant la compagnie (relevée la veille au soir) prévint qu'il allait emmener les prisonniers, le maire et quelques notables, pour les mettre devant le premier rang à l'ouverture du feu. En réalité, il emmena, encadrés à la gauche de sa colonne: un adjudant, un caporal et plusieurs chasseurs à pied prisonniers de la veille; le juge de paix; le receveur des postes; le contremaître de l'usine; les deux gardes champêtres et quelques autres personnes prises au hasard. Quarante-huit heures après, un seul était revenu, ignorant le sort des autres.

9. *Quatre-vingt-cinq immeubles environ incendiés.* — Après le départ de la colonne, l'on put constater la ruine complète de l'église et de quatre-vingt-quatre maisons environ sur quatre cents que compte la commune.

10. *Civils inoffensifs tués.* — Chargé par le maire de reconnaître l'identité des cadavres gisant sur une certaine partie du territoire, j'ai constaté que les Allemands tuaient indistinctement militaires et civils, enfants, femmes, hommes, vieillards: (tels sont M. Marchal, soixante-dix ans, et M. Spatz, quatre-vingt-cinq ans.) J'ai identifié au même endroit, devant le châlet Fayard, les corps du facteur des postes Gruber, de son beau-père et de sa belle-mère, de M. Boulay et de son fils, âgé de quinze ans.

De tous ces faits, j'ai été le témoin oculaire.

11. *Source empoisonnée.* — Au moment de quitter le pays, après le départ des Allemands, ma femme ne pouvant plus supporter la vue de ces scènes de dévastation, j'ai appris que les Allemands avaient jeté un cadavre dans la principale source qui alimente le pays; mais je n'ai pas été témoin de ce dernier acte de barbarie.

12. *M. Lejeal, percepteur.* — Il est équitable de signaler la belle conduite du percepteur de Badonviller, qui, très au courant de la langue allemande, a constamment servi d'interprète au maire et d'intercesseur auprès des barbares, allant, au péril de sa vie, sous le feu de l'artillerie, demander qu'on laissât aux femmes et aux enfants le temps de fuir. C'est grâce à M. Lejeal que la ruine de Badonviller n'a pas été complète.

Certifié conforme à la vérité.

Signé : BESNARD.

N° 151.

DÉPOSITION faite, le 21 septembre 1915, à LUNÉVILLE, devant la Commission d'enquête.

ODINOT (Lucie), 12 ans, demeurant à Badonviller :

Le 12 août 1914, mon frère, Georges Odinot, âgé de seize ans, sortait de notre cave avec un litre de vin et une miche de pain pour notre repas, et entrait dans la cuisine, quand deux Allemands sont arrivés avec leurs fusils et l'ont mis en joue. Il a crié : « Pardon, Messieurs ! » mais l'un d'eux a tiré sur lui et l'a atteint à la gorge. Mon frère est mort sur le coup. Les Allemands l'ont alors traîné dehors par les jambes.

Après lecture, le témoin, qui pleure abondamment, a signé avec nous.

N°s 152, 153.

DÉPOSITIONS faites, le 23 septembre 1915, à BACCARAT (Meurthe-et-Moselle), devant la Commission d'enquête.

BENOIT (Joseph-Edmond), 47 ans, maire de Badonviller (Meurthe-et-Moselle), chevalier de la Légion d'honneur, actuellement à Baccarat :

Je jure de dire la vérité.

Le 12 août 1914, le 16ᵉ bavarois d'infanterie (bataillon ou régiment) a occupé Badonviller, tandis que d'autres corps, notamment les 2ᵉ, 5ᵉ et 12ᵉ régiments, n'ont fait qu'y passer. Après d'assez violents combats aux environs, nos troupes s'étaient retirées, et il n'était resté dans la ville qu'une quinzaine de chasseurs à pied français. Prétendant à tort que la population civile s'était livrée à une agression, le capitaine Baumann, du 16ᵉ, s'est montré fort menaçant, et j'ai parlementé avec lui pour l'apaiser. Je lui ai affirmé qu'aucun de mes concitoyens n'avait tiré. Il m'a alors enjoint de l'accompagner dans les rues et de faire ouvrir portes et fenêtres. Sur ma demande, ma femme, qui se trouvait chez mes beaux-parents, s'est rendue à notre domicile pour obéir à l'ordre donné ; puis, je me suis transporté auprès du général allemand pour lui attester, comme au capitaine, la parfaite innocence de mes administrés, et pour le prier de faire mettre fin aux fusillades qu'on entendait, ainsi qu'aux incendies qui commençaient.

Ce général m'a donné vingt minutes pour livrer les soldats qui s'étaient réfugiés dans les maisons et pour rassembler les habitants devant la mairie. Comme je redescendais avec M. Lejeal pour faire exécuter ces ordres, un officier allemand, me montrant ma propre maison, prétendit qu'on avait tiré de là. Je protestai énergiquement et j'entrai chez moi avec quatre soldats pour faire visiter l'habitation. Dans une des chambres du premier étage, dont une fenêtre était ouverte, j'ai trouvé le cadavre de ma femme qui portait une blessure par balle en pleine poitrine. J'ai voulu me précipiter sur le corps ; mais les Allemands m'ont entraîné et j'ai dû procéder avec eux à des perquisitions chez des voisins.

J'étais rentré à la mairie, quand j'ai appris que ma maison brûlait ; d'ailleurs le feu avait été mis déjà à une partie de la ville. Je suis resté deux jours prisonnier, et je n'ai connu les meurtres commis à Badonviller que par les rapports qui m'ont été faits.

J'ajoute que quand les Bavarois ont incendié les maisons, ils ont empêché qu'on fît sortir le bétail.

Après lecture, le témoin a signé avec nous.

LEJEAL (Eugène), 55 ans, percepteur des contributions directes à Badonviller :

Je jure de dire la vérité.

Je me trouvais avec M. Benoit, maire de Badonviller, quand il est allé parler au général allemand, et comme lui, j'ai tout fait pour obtenir que la ville fût épargnée. Vous savez déjà qu'une partie de Badonviller a été détruite par le feu et que plusieurs habitants ont été massacrés. J'ai vu personnellement les cadavres de M. et de Mme Georges et de M. Gruber; c'est moi qui les ai fait inhumer.

Une seconde occupation a eu lieu le 23 août. Les Allemands ont alors enlevé tout ce qui, la première fois, avait échappé au pillage. Je suis allé trouver un officier supérieur pour lui faire remarquer que nous nous trouvions dans l'impossibilité de subvenir aux besoins de quatre-vingts blessés français recueillis par nous; mais je n'ai rien pu obtenir, et j'ai été éconduit.

Après lecture, le témoin a signé avec nous.

N° 154.

DÉPOSITION faite, le 23 septembre 1915, à Badonviller (Meurthe-et-Moselle), devant la Commission d'enquête.

Fournier (Émile), 26 ans, administrateur délégué dans les fonctions de maire à Badonviller :

Je jure de dire la vérité.

Les Bavarois des 2°, 5°, 12° et 16° régiments d'infanterie sont arrivés à Badonviller le 12 août 1914, à cinq heures et demie du matin. Leur premier acte a été d'assassiner M. Marchal, propriétaire, âgé de soixante-dix-huit ans, qui était tranquillement sur le seuil de sa porte. J'ai entendu le coup de feu qui lui a donné la mort.

Bientôt un combat, qui s'était engagé dans la campagne, s'est poursuivi dans l'intérieur de la ville entre les Allemands et des chasseurs à pied français du 20° bataillon; mais ceux-ci ont dû battre en retraite vers neuf heures. A ce moment sont entrées des colonnes enne-mies, composées d'infanterie, d'artillerie et de cavalerie, sur les arrières desquelles nos chas-seurs ont tiré. Furieux de cette fusillade, les Allemands en ont rendu responsable la popu-lation civile, et l'ordre est arrivé de mettre tout à feu et à sang. Il a été d'abord enjoint aux habitants d'ouvrir portes et fenêtres, et à tous les hommes de se réunir à l'hôtel de ville. Mme Benoit, femme du maire, qui se trouvait chez son père, s'est alors rendue à son domi-cile, et comme elle ouvrait sa fenêtre, elle a été tuée par des coups de feu. Son mari était à ce moment auprès du général ennemi, auquel il affirmait qu'aucun civil n'avait commis le moindre acte d'agression et promettait qu'il ne s'en produirait aucun. Quand il revint, accompagné de M. Lejeal, percepteur, actuellement à Lunéville, un officier allemand lui dit, en lui montrant son habitation : « De cette maison, on vient de tirer sur nos troupes. » Le maire protesta énergiquement, déclarant que l'immeuble était à lui, qu'il était entière-ment vide, et s'offrant à le faire visiter. En ouvrant la porte, il se trouva devant le cadavre de Mme Benoit. Affolé par la douleur, il se jeta sur le corps de sa femme; mais il en fut bru-talement arraché, et la perquisition se poursuivit, ne produisant naturellement aucun résul-tat. Enfin, quand M. Benoit eut été reconduit à la mairie, les Allemands mirent le feu à la maison pour faire disparaître les traces de leur crime. Le corps de la malheureuse femme fut carbonisé.

Dans le même quartier, les ennemis incendièrent également une cité ouvrière et un cer-tain nombre d'autres bâtiments. A ce moment-là, le jeune Odinot, âgé de seize ans, tué dans la cuisine de ses parents, a été traîné dehors par des soldats et jeté dans un hangar en flammes.

Pendant ce temps, d'autres crimes étaient commis à l'extrémité opposée de la ville, où le feu était également allumé. M. et Mme Georges, leur fille, leur gendre (M. Gruber, facteur), et deux jeunes enfants de ces derniers, surpris par les flammes dans leur cave où ils s'étaient réfugiés, ayant essayé de se sauver, ont été poursuivis à coups de fusil. M. et Mme Georges ont été abattus devant leur maison. M. Gruber, mortellement atteint, avec un de ses enfants entre les bras, s'est traîné jusque dans un pré voisin où il a succombé cinq heures après, sans qu'il fût permis à sa femme, qui, d'une maison située en face, assistait à l'agonie de ce malheureux, d'aller lui porter secours.

Un certain nombre de personnes, découvertes dans les maisons, en ont été brutalement expulsées, puis réunies dans la grande rue, où elles ont été soumises aux pires traitements. Parmi elles se trouvait un vieillard d'environ soixante-quinze ans, M. Batoz, qui, malade et impotent, a été tiré hors de son lit et traîné nu sur la route. Il est mort une quinzaine de jours plus tard à l'hospice. Tous ces prisonniers ont été cruellement frappés. A un certain moment, on a obligé une dizaine de jeunes gens à s'étendre sur le sol, les bras en croix, et les Bavarois, en passant auprès d'eux, leur marchaient sur les mains ou leur portaient des coups de crosse et des coups de pied. C'est dans ces circonstances que le fils Massel, âgé de dix-huit ans, blessé par une balle, est tombé dans un ruisseau qui coulait derrière lui et s'est noyé, sans qu'on autorisât sa mère et ses sœurs, témoins de la scène, à s'approcher.

Non loin de là, M. Boulay, âgé de cinquante-cinq ans, et son fils, âgé de quinze ans, ont été tués à leur domicile. Mme Boulay et sa fille, qui habitent maintenant à Nancy, ont assisté au meurtre, sur lequel je manque personnellement de précisions.

Enfin, M. Spatz, âgé de quatre-vingt-un ans, a été trouvé mort chez lui : il avait été atteint d'une balle.

Tandis que tous ces meurtres étaient commis, une partie de la ville flambait et l'ennemi se livrait à un pillage général. Quatre-vingt-cinq maisons ont été incendiées à la main. L'église a été canonnée, à deux heures de l'après-midi, par une batterie d'artillerie placée sur une crête dominant Badonviller. Ce bombardement a eu lieu en présence des otages de Fenneviller, qu'on avait amenés auprès des pièces et qu'on obligeait à crier : *hourra!* avec les soldats, à chaque coup de canon.

Après lecture, le témoin a signé avec nous.

N°s 155, 156, 157.

DÉPOSITIONS faites, le 23 septembre 1915, à BADONVILLER (Meurthe-et-Moselle), devant la Commission d'enquête.

BAUQUEL (Paul), 53 ans, docteur en médecine, à Badonviller :

Je jure de dire la vérité.

Le 12 août, j'étais en train de soigner des blessés allemands et français, quand j'ai vu passer les pièces d'artillerie allemande qui, je l'ai su ensuite, se rendaient à la crête des Trois-Sauveux pour canonner notre église.

Les otages de Fenneviller, notamment le maire, m'ont raconté qu'on les avait conduits auprès des batteries et qu'ils avaient assisté à la destruction du monument. A chaque coup de canon, m'ont-ils dit, les Allemands les obligeaient à se découvrir et à crier : *hourra!* avec eux.

Après lecture, le témoin a signé avec nous.

FERRY (Louis), 51 ans, conseiller municipal à Badonviller :

Je jure de dire la vérité.

Le 12 août, les Allemands, prétendant que des civils avaient tiré sur eux et qu'il y avait des francs-tireurs dans le clocher de l'église, menaçaient de massacrer la population et de brûler Badonviller. Pour leur démontrer qu'il n'y avait ici aucun franc-tireur, j'ai conduit moi-même un certain nombre d'Allemands à l'hôtel de ville, qui est situé en face de l'église et qui domine une partie de la ville. De là, ils ont tiré plusieurs coups de fusil par les fenêtres. Un peu plus tard, ayant dû encore escorter des soldats à travers les rues, je les ai vus tirer sur les maisons avec des cartouches qui, en fusant, mettaient le feu partout.

Après lecture, le témoin a signé avec nous.

THOMAS (Émile), 55 ans, chef comptable à l'usine Fenal, à Badonviller :

Je jure de dire la vérité.

Le 12 août, j'ai vu les Allemands tirer des coups de fusil dans les vitres des maisons de Badonviller, et, en ma présence, ils ont mis le feu, avec de la paille enflammée, à la maison de Mme veuve Roland.

Après lecture, le témoin a signé avec nous.

N°s 158, 159, 160, 161.

DÉPOSITIONS reçues, le 20 octobre 1914, à DIGOIN (Saône-et-Loire), par M. GACON, juge de paix.

JACQUEL (Juliette), veuve Joseph DÉPOUTOT, 60 ans, ménagère, domiciliée à Badonviller, réfugiée à Digoin depuis le 30 août 1914 :

Serment prêté.

Dès le matin du 12 août dernier, Badonviller fut occupé par les troupes allemandes; sans aucune provocation de la part des habitants, et quoi qu'il n'y eût aucun soldat français dans la ville, les Allemands se mirent à tirer des coups de fusil sur les maisons, par les fenêtres, les portes et les soupiraux. J'ai vu tuer de la sorte M. Gruber, facteur des postes, M. et Mme Georges, manœuvres à la faïencerie, mes voisins. Je me réfugiai, avec ma fille Alice et ma petite-fille, chez mon frère, Jean-Baptiste Jacquel, qui demeure dans un autre quartier; mais il était déjà arrêté. Vers une heure de l'après-midi, les Allemands vinrent donner l'ordre d'ouvrir les portes et les fenêtres; puis, remarquant sur la maison de mon frère des pigeons domestiques, ils feignirent de les prendre pour des pigeons voyageurs, malgré nos dénégations, et les officiers donnèrent l'ordre de mettre le feu à la maison, ce qui fut fait immédiatement au moyen de bombes. Je parvins à m'échapper; mais ma fille Alice et ma petite-fille durent rester dans la maison en flammes, sous la menace des fusils; pendant ce temps-là, la fusillade crépitait dans les rues de la ville. Cependant ma fille et ma petite-fille purent s'échapper par une porte de derrière; elles gagnèrent la campagne, au milieu de la fusillade, et se réfugièrent dans un bois. Quant à moi, je fus arrêtée avec d'autres femmes et des enfants, et nous fûmes conduits en dehors de la ville, où nous restâmes jusqu'à dix heures du soir; puis, l'on nous fit rentrer en ville et l'on nous garda jusqu'à cinq heures du matin, toujours sous menace de mort au moindre geste ou au moindre regard hostile.

J'ai vu les soldats allemands piller les magasins et les maisons, s'emparer des meubles et de la literie, qu'ils chargeaient sur des voitures, prendre tous les animaux de basse-cour et mettre le feu aux maisons. J'ai retrouvé ma maison pillée et les meubles brisés; quant à la maison de mon frère, située rue du Faubourg-d'Alsace, il n'en reste plus rien.

Lecture faite, persiste et signe avec nous.

Déroutot (Alice), 19 ans, velouteuse, domiciliée à Badonviller, réfugiée à Digoin, fille du précédent témoin :

Serment prêté.

Lorsque les Allemands arrivèrent à Badonviller, je me réfugiai, avec ma mère et ma fille âgée de dix mois, chez mon oncle, Jean-Baptiste Jacquel, rue du Faubourg-d'Alsace. Vers une heure de l'après-midi, les Allemands, apercevant des pigeons domestiques sur la maison de mon oncle, feignirent de croire, malgré nos affirmations contraires, que c'étaient des pigeons voyageurs; ils incendièrent la maison au moyen de bombes. Ma tante, ma fille et moi fûmes obligées de rester dans la maison, sous peine d'être fusillées, et nous aurions été certainement brûlées vives, si nous n'avions pu nous échapper par une porte de derrière et gagner la campagne, puis un bois. A l'entrée du bois, nous fûmes arrêtées et fouillées par des soldats; l'on me vola ma montre en argent, ainsi que quelques provisions que j'avais réussi à emporter (sucre, chocolat et pain). Nous restâmes environ quatre heures dans ce bois et nous réussîmes à nous sauver; mais nous fûmes reprises plus tard et enfermées au château des Merises, appartenant à M. Trudelle, où nous restâmes, sans manger, jusqu'au lendemain sept heures. Enfin, nous fûmes relâchées, et les Allemands évacuèrent Badonviller peu après; mais ils revinrent huit jours plus tard, et à ce moment-là, tout le monde s'enfuit, car on craignait de nouvelles atrocités.

Pendant leur première occupation, les Allemands brûlèrent quatre-vingt-sept maisons; j'en ai vu brûler huit pour ma part, et toutes furent incendiées au moyen de bombes. Tous ces incendies eurent lieu sans nécessité, puisqu'il n'y avait pas de soldats français à Badonviller et qu'il n'y eut aucune provocation de la part des habitants.

Lecture faite, persiste et signe avec nous.

Frison (Charles), 46 ans, faïencier, domicilié à Badonviller, réfugié à Digoin :

Serment prêté.

Le 12 août dernier, lorsque les Allemands vinrent dans mon quartier, ils firent sortir tout le monde des maisons, et ils tiraient sur ceux qui ne sortaient pas assez vite : c'est ainsi qu'ils ont tué un de mes voisins, Georges Odinot, âgé de seize ans, et qu'ils ont brûlé son cadavre en le jetant dans une maison qu'ils incendièrent. Dans mon quartier, ils ont brûlé une dizaine de maisons, et les incendies étaient allumés à l'aide de projectiles de la forme d'un œuf, lancés par un canon.

J'ai été arrêté avec presque tous les habitants de mon quartier et conduit, baïonnette au canon, dans la cour du château de la Faïencerie, où nous fûmes parqués dans un coin. Un officier nous dit : « Puisque votre Gouvernement vous donne des armes pour tuer nos braves soldats, nous vous tuerons jusqu'au dernier si nous sommes obligés de reculer. » Cette assertion de l'officier allemand était mensongère; car le Gouvernement ne nous avait point donné d'armes. Comme je comprends l'allemand, j'ai entendu, pendant la nuit, un gradé (sergent, je crois,) dire à un autre gradé : « Nous avons fait main basse sur trente mille francs. » J'ai été gardé à cet endroit pendant vingt-quatre heures; ma femme a été relâchée à dix heures du soir; quant à mon fils Adolphe, il a été emmené avec d'autres jeunes gens, très loin, où ils durent creuser des tranchées. Il est resté pendant deux jours sans manger.

Lorsque je suis revenu dans ma maison, je n'ai trouvé que des ruines : elle était brûlée avec tout mon mobilier.

Après le départ des Allemands, j'errai par la ville. Je vis quatre-vingt-sept maisons, y compris l'église, détruites par l'incendie; toutes les maisons non brûlées étaient pillées de fond en comble.

Lecture faite, persiste et signe avec nous.

———————

Frison (Adolphe), 19 ans, domicilié à Badonviller, fils du précédent témoin :
Serment prêté.

Le jour où les Allemands entraient à Badonviller, j'étais, vers les neuf heures du matin, dans un café avec trois camarades. Soudain, un officier et des soldats donnèrent de grands coups de pied dans la porte, entrèrent et nous intimèrent l'ordre de sortir. Trouvant sans doute que je n'obéissais pas assez vite, l'officier me prit par le bras, me bouscula vivement et me donna un coup de pied dans le derrière; puis, l'on nous mena sous les halles de la ville, où l'on nous garda jusqu'au lendemain matin sans nous donner à manger. Nous fûmes alors remis en liberté, mes camarades et moi, et nous voulûmes rentrer dans notre quartier pour tâcher de nous restaurer. Tout étant brûlé, nous nous acheminions vers la faïencerie, lorsque nous fûmes arrêtés par quatre uhlans qui nous forcèrent à monter dans une voiture et nous emmenèrent assez loin, pour ramasser des blessés allemands que nous transportâmes dans une ambulance. Nous nous croyions au bout de nos peines; mais les uhlans nous firent remonter en voiture et nous conduisirent beaucoup plus loin, jusqu'aux lignes de combat, où l'on nous fit travailler aux tranchées pendant toute la journée, sans boire ni manger. Enfin, nous fûmes relâchés vers six heures du soir. Pendant notre détention dans les tranchées, nous avons été très malmenés par les sou-officiers et les soldats; nous avons été alignés et mis en joue comme pour être fusillés, et ce à plusieurs reprises : sans l'intervention d'un officier qui s'est montré un peu plus humain, nous aurions été certainement tués. J'ai constaté que les officiers étaient moins féroces que leurs soldats.

Lecture faite, persiste et signe avec nous.

———————

Nos 162, 163, 164.

DÉPOSITIONS faites, le 27 octobre 1914, à Crévic (Meurthe-et-Moselle), devant la Commission d'enquête.

Gobert (Victorine), veuve Hagnel, 69 ans, sans profession, à Crévic :
Je jure de dire la vérité.

Le 22 août, une troupe d'Allemands s'est présentée chez nous. Mon mari leur a fait bon accueil. J'ai néanmoins remarqué qu'ils avaient l'air féroce : aussi me suis-je rendue chez un voisin pour le prévenir. Ces gens-là, en effet, poussaient des cris de menace. En sortant de la maison de cet homme, j'ai vu que notre habitation brûlait, et j'ai eu de suite le pressentiment que mon pauvre mari avait été jeté dans les flammes. Ce n'était malheureusement que trop vrai. Hagnel a été retrouvé mort dans les décombres. Je n'ai pas voulu voir son cadavre', c'était trop pénible; mais M. Roger, adjoint au maire, a fait des constatations dont il vous rendra compte.

Après lecture, le témoin a signé avec nous.

Roger (Charles), 49 ans, adjoint au maire de Crévic :

Je jure de dire la vérité.

J'ai vu le cadavre de M. Hagnel presque carbonisé. Il portait à la gorge une blessure profonde et large, qui avait dû être faite avec une baïonnette.

Quant aux incendies, j'affirme que les Allemands les ont allumés volontairement.

Après lecture, le témoin a signé avec nous.

Michel (Louis), 50 ans, scieur de long à Crévic :

Je jure de dire la vérité.

Le jour où le feu a été mis à notre village, c'est-à-dire le 22 août, un soldat allemand avait déposé un plan sur mon établi. Il m'a saisi par le bras, et m'a fait constater que ce plan était celui de la commune. Les maisons qui devaient être brûlées y étaient indiquées au crayon bleu. Il m'a notamment fait remarquer l'emplacement du château du général Lyautey, en disant : « Général, général, brûlé ! » (1)

Après lecture, le témoin a signé avec nous.

N° 165.

DÉPOSITION faite, le 30 juin 1915, à Paris, devant la Commission d'enquête.

Lecomte (Odile), femme Léonard, 51 ans, commerçante à Audun-le-Roman (Meurthe-et-Moselle), actuellement à Levallois-Perret :

Je jure de dire la vérité.

Du 4 août, date de leur arrivée à Audun-le-Roman, jusqu'au 21 du même mois, les Allemands n'ont fait de mal à personne et se sont contentés de proférer fréquemment des menaces. Le 21, ils ont simulé une attaque, vers cinq heures du soir, et ont commencé à incendier la commune. L'incendie devait durer quatre jours. Le 21 également, plusieurs assassinats ont été commis. Mlle Roux a été grièvement blessée au bras, d'un coup de feu, pendant qu'elle donnait à boire à un soldat allemand; Mme Giglio, Mlle Treffel, Mme Zappoli et la domestique de M. Scaglia, prénommée Rosalie, ont été blessées aussi. M. Martin (Théophile), cultivateur, a été saisi chez lui, poussé dehors et fusillé sur son fumier, en présence de sa femme et de sa fille. Celle-ci a eu son tablier couvert du sang de ce malheureux. M. Chary, chef cantonnier, qui sortait de chez lui pour se sauver, a été tué à coups de fusil dans la rue. M. Somen, rentier, a été massacré au moment où, venant de reconduire un officier supérieur allemand qui l'avait remercié de son hospitalité, il fermait la porte de sa maison. Comme il appelait au secours, deux voisins, Édouard Bernard et Émile Michel, sont accourus. Ils ont été empoignés, dévalisés et maltraités, puis traînés à Ludelange (Lorraine annexée), où ils ont été fusillés.

---

(1) V. Rapports et Procès-verbaux d'enquête de la Commission, I : pages 29, 149, 150.

Je suis partie le 22 et rentrée à Audun le 23. Une grande partie du bourg était brûlée. Ce jour-là, un douanier ennemi a tué M. Émile Collignon. J'ai vu, ainsi que ma nièce ici présente, le cadavre de ce dernier sur un fumier, entre un veau et un porc en partie grillés. Un soldat allemand, originaire d'Hayange (Lorraine), m'a déclaré que les troupes avaient reçu licence de tout faire et de fusiller les hommes.

Nous avons quitté définitivement Audun le 24 août. Notre maison n'était pas encore brûlée. Elle l'a été depuis. Aujourd'hui tout est incendié, sauf une dizaine d'immeubles. Le pillage a été complet.

Après lecture, le témoin a signé avec nous et avec sa nièce : Decouvelair (Mathilde), femme Bernard, 36 ans, négociante à Audun-le-Roman, actuellement à Levallois-Perret, laquelle a déclaré confirmer de tout point la déposition ci-dessus, serment préalablement prêté.

N° 166.

DÉPOSITION faite, le 21 septembre 1915, à Lunéville, devant la Commission d'enquête.

Herrgott (Camille), 50 ans, percepteur des contributions directes à Audun-le-Roman (Meurthe-et-Moselle), actuellement en résidence à Lunéville :

Je jure de dire la vérité.

Je suis resté à Audun-le-Roman pendant l'occupation allemande, du 4 août 1914, jour de l'arrivée de l'ennemi, jusqu'au 22 du même mois. Le 21 au soir, j'ai vu brûler une soixantaine de maisons. Elles avaient été incendiées par les Allemands, qui, cependant, ne formulaient contre la population aucun grief et n'avaient à se plaindre de personne. Un de leurs généraux, logé chez moi, m'avait d'ailleurs dit quelques jours avant, que le maire s'était fort correctement conduit et qu'on avait fait tout ce qui était possible pour les réquisitions.

Le lendemain matin, j'ai vu les cadavres de M. Martin (Théophile), âgé d'environ soixante-dix ans, et de M. Chary (Auguste), âgé de cinquante-cinq ans, chef cantonnier. J'ai su que M. Martin avait été lâchement assassiné devant sa maison, en présence de ses filles et malgré leurs supplications.

Enfin, j'ai constaté la blessure qu'avait au bras Mlle Roux. Celle-ci m'a raconté qu'elle avait reçu une balle d'un soldat allemand pendant qu'elle donnait à boire à un autre.

Après lecture, le témoin a signé avec nous.

N°s 167, 168, 169.

DÉPOSITIONS faites, le 22 septembre 1915, à Nancy, devant la Commission d'enquête.

Aubrion (Marie-Marguerite), femme Willemin, 55 ans, domiciliée à Audun-le-Roman, actuellement réfugiée à Nancy :

Je jure de dire la vérité.

Depuis le 4 août 1914, date de l'arrivée des Allemands, je suis restée à Audun-le-Roman jusqu'au 22 du même mois. J'ai vu les soldats ennemis mettre le feu à de nombreuses maisons. Ils s'approchaient des murs, et la flamme jaillissait aussitôt. Ces faits se sont passés le 21 et le 22. Étant revenue le 23, pour un jour, j'ai été témoin d'autres incendies. J'ajoute qu'à Malavillers, où j'ai séjourné pendant un jour et une nuit, le samedi 22, beaucoup d'habitations ont été également brûlées. Mme Gentil, habitante de cette commune, m'a dit que les Allemands venaient d'assassiner son mari et de voler l'argent de ce malheureux.

J'ai vu, à Audun, le cadavre de M. Chary sur la route, et celui de M. Collignon sur un tas de fumier. Le soldat qui a tué Collignon a dit en français, en ma présence : « Je viens encore d'en descendre un. » Enfin, Mlle Roux m'a montré la blessure qui lui avait été faite au bras par un coup de feu, au moment où elle était à sa fenêtre (1).

Après lecture, le témoin a signé avec nous.

GUITTIN (Mélanie), veuve MICHEL, 47 ans, domiciliée à Audun-le-Roman, de passage à Nancy :

Je jure de dire la vérité.

Le 4 août 1914, les Allemands ont envahi ma maison où s'est logé, notamment, un général avec son état-major. Ce général a reconnu que ni lui ni ses hommes n'avaient à se plaindre de nous, car, le 6, il m'a dit : « Madame, je vous remercie. Nous avons été très bien chez vous. Nous ne serons pas souvent si bien pendant la guerre. » Le même jour, un officier m'a conseillé de ne pas rester à la frontière et m'a remis, sans doute pour me faciliter mon départ, une lettre rédigée en allemand. Cette lettre, dont je n'ai pas compris le texte, était signée : « Lieutenant von Bitter, du 7e dragons de Sarrelouis ».

Le 7, les troupes allemandes qui occupaient Audun ont quitté la ville et ont été remplacées par d'autres; mais elles sont revenues le 21, remontant vers la frontière, et mon mari a reconnu les officiers qui avaient mangé chez nous. Ce jour-là, vers six heures et demie du soir, comme on craignait un bombardement, Mme Somen est venue nous trouver, dans le but de se réfugier avec nous dans notre cave, qui est voûtée. Quelques instants après, une personne l'ayant prévenue que son mari venait d'être blessé et la réclamait, elle s'est rendue en toute hâte dans sa maison, où nous l'avons suivie. M. Somen gisait dans la cour. Nous l'avons transporté de suite dans son salon et nous lui avons prodigué des soins. Il nous a déclaré alors qu'il avait reçu des balles dans le corps, et que c'était un jeune officier qui avait tiré sur lui avec un browning. Nous étions occupés à le soigner, et il venait de confier à Michel une somme de deux mille francs, quand des Allemands, faisant irruption dans la maison, se sont jetés sur nous et nous ont poussés dehors. J'ai pris mon mari par le bras et nous avons été emmenés sur la route de Beuvillers, par des soldats qui nous frappaient brutalement. Ceux qui étaient à cheval nous portaient à chaque instant des coups de pied, en vociférant. A un certain moment, je me suis trouvée séparée de mon mari, qui a été conduit, avec M. Bernard, dans la direction de Boulange. Je sais qu'il a été fusillé à Ludelange.

J'ajoute que, le 22 août, dans l'après-midi, j'ai vu les corps des jeunes Thiéry (Georges) et Rodicq (Marcel), âgés tous deux de dix-huit ans. Ces deux jeunes gens avaient été fusillés en présence de Mme Thiéry, qui s'était mise à genoux devant les Allemands pour les supplier d'épargner son fils et l'ami de celui-ci. Je tiens ces détails de Mme Thiéry elle-même.

Après lecture, le témoin a signé avec nous.

---

(1) Mlle Roux était à sa fenêtre, au rez-de-chaussée, et refermait ses volets après avoir donné à boire à un soldat allemand qui se trouvait dans la rue, lorsqu'un autre soldat tira sur elle et la blessa au bras. (*Note de la Commission.*)

Bour (Marie), 21 ans, femme Lagneau, demeurant à Audun-le-Roman, réfugiée à Nancy :

Je jure de dire la vérité.

Le 22 août 1914, dans la matinée, j'ai vu les cadavres de MM. Chary (Auguste), Thiéry (Georges) et Rodicq (Marcel). Celui de Chary était étendu sur la place d'Audun ; ceux de Thiéry et de Rodicq se trouvaient en haut du village.

Après lecture, le témoin a signé avec nous.

<hr/>

N° 170.

DÉPOSITION faite, le 23 octobre 1915, à Paris, devant la Commission d'enquête.

Lecomte (Marie), 43 ans, demeurant à Audun-le-Roman (Meurthe-et-Moselle), réfugiée à Levallois-Perret :

Je jure de dire la vérité.

Je me trouvais à Audun-le-Roman au début de l'occupation allemande. Du 4 août 1914 au 21 du même mois, nous n'avons pas eu trop à nous plaindre de l'ennemi, bien qu'il fût exigeant et parfois menaçant ; mais à partir du 21, la situation s'aggrava d'une façon terrible. Je n'ai pas assisté personnellement à tous les crimes qui ont été commis. Voici ce que j'ai vu :

Le 21 août, à la tombée de la nuit, des femmes d'employés de chemin de fer, qui habitaient la cité située à l'extrémité du bourg, sont passées devant chez moi en courant et en poussant des clameurs désespérées, tandis que les Allemands hurlaient et sonnaient du clairon. Je me suis alors aperçue que la cité était en feu. Le lendemain matin, ayant appris qu'Audun allait être bombardé, je me suis rendue à Malavillers avec beaucoup d'autres habitants. Ce jour-là, une bataille s'est engagée, à la suite de laquelle l'ennemi est entré dans ce village, qu'il a presque entièrement incendié. Le 23, je suis rentrée chez moi et j'ai trouvé ma maison occupée par des soldats qui étaient en train de la piller. De nombreuses habitations avaient été déjà brûlées et l'incendie continuait. Dans la matinée, des Allemands, après avoir tiré sur l'un des côtés de la maison Laguë, se sont précipités dans cet immeuble et en ont fait sortir deux hommes, MM. Rémer et Rodicq, dont j'ai entendu les cris perçants.

Ces deux hommes ont été dépouillés de leurs vêtements et mis nus jusqu'à la ceinture. Voyant qu'on se préparait à les fusiller, je me suis retirée, toute bouleversée, de ma fenêtre.

Vers quatre heures de l'après-midi, je suis passée auprès des cadavres, qui avaient été laissés à l'endroit où ils étaient tombés.

Pendant que j'étais à Malavillers, dans la nuit du 22 au 23 août, un soldat qui était venu réquisitionner une voiture pour transporter des blessés, nous a dit qu'il appartenait à l'armée du Kronprinz, et qu'un ordre venu de haut prescrivait de brûler tous les villages dans lesquels on rencontrerait des soldats français.

Après lecture, le témoin a signé avec nous.

N° 171.

DÉPOSITION reçue, le 28 août 1914, à PARIS, par M. GITZNER, inspecteur du commissariat de police du quartier Saint-Gervais.

MINELLI (Emilia), 44 ans, née à Bergalto (Italie), mariée, huit enfants, momentanément hospitalisée au lycée Charlemagne, puis à l'Hôtel-Dieu :

Je résidais, avec mon mari et mes enfants, à Audun-le-Roman depuis dix ans et nous occupions une maison située sur la route de Malavillers, à deux cents mètres environ du pays.

A partir du 4 août, les Allemands ont commencé à envahir la région. Il n'y avait que des cavaliers. Ils ont commencé par réquisitionner, et cela sous la menace du fusil ou du revolver. Puis ils exigèrent qu'on leur servît à boire; personnellement, j'ai dû donner toutes mes provisions et verser de la bière à tous ces gens. Les hommes de troupe, pour la plupart, ne payaient pas; seuls les officiers réglaient leurs dépenses sans élever d'objections. J'avais la certitude que si j'avais refusé de satisfaire à leurs demandes, ils m'auraient passée par les armes.

Cette situation a duré du 4 au 21 août. Pendant cette période critique, sachant que les Allemands avaient fusillé plusieurs hommes du village, j'ai supplié mon mari de se cacher. Il s'est donc tenu dans le grenier de notre maison, et c'est là que je lui servais ses repas.

Après avoir épuisé le pays, les troupes allemandes qui y étaient cantonnées se sont retirées; mais j'ignore quelle direction elles ont prise. Ce départ a eu lieu dans la nuit du 20 au 21 août.

Le 21 août, vers six heures et demie du soir, une autre troupe de cavaliers allemands a approché d'Audun-le-Roman. Chez moi, j'avais fermé toutes les issues et je me tenais, avec mes enfants et une dame Giglio, dans ma cour. Tout à coup, les vitres de la porte d'entrée volèrent en éclats : un coup de feu venait d'être tiré. Au même instant, deux uhlans ont ouvert la porte, sont entrés dans la cour, et, sans prononcer une parole, nous ont mis en joue et ont fait feu aussitôt. Mme Giglio a été très grièvement blessée au ventre (je crois qu'elle est morte maintenant), et moi-même j'ai été blessée au bras droit. Ces deux hommes se sont ensuite retirés. Après leur départ, mon mari est venu à notre secours et nous a prodigué les premiers soins.

Le gros de la troupe ne trouvant plus sa subsistance dans Audun-le-Roman, mit en batterie quatre canons et commença à incendier le village, sans aucun motif, puisqu'aucun soldat français ne s'y trouvait ni n'y était venu. Ma maison n'a pas été épargnée.

Dans la nuit, nous avons pris la décision de quitter Audun-le-Roman, et, d'une seule traite, nous avons gagné Étain avec tous les habitants, deux cents environ (je crois que Mme Giglio a été conduite à l'hôpital de Verdun et que c'est là qu'elle a succombé). Nous sommes arrivés à Étain samedi, dans la journée.

En cours de route, les habitants d'Audun-le-Roman, desquels nous étions restés isolés jusque-là, nous ont appris que huit femmes, dont trois que je connaissais seulement de vue, avaient été blessées dans les mêmes conditions que Mme Giglio et moi.

Comme mon état ne me permettait pas de rester à Étain, j'ai pris, avec mon mari et mes enfants, un train à destination de Châlons-sur-Marne. Là, j'ai été conduite et admise à l'hôpital; mais on a dû me séparer des miens, et j'ignore où ils se trouvent actuellement. Je suis restée en traitement pendant deux jours à l'hôpital de Châlons et j'ai été dirigée ensuite sur Paris, où je suis arrivée hier, 27 août.

De la gare de l'Est, on m'a conduite au lycée Charlemagne; mais, comme j'avais besoin de nouveaux soins, j'ai été transportée ici. Je souffre beaucoup de ma blessure; cependant je suis en état de voyager, et je viens d'apprendre que j'allais être rapatriée dans mon pays d'origine par les soins de l'ambassade d'Italie.

(Suit la signature de l'inspecteur, le témoin ne pouvant signer à cause de sa blessure.)

N°s 172, 173.

DÉPOSITIONS reçues, le 19 octobre 1914, à BLOIS, par M. COSSON, procureur de la République.

MARTOUZET (Adèle), veuve MARTIN, 59 ans, cultivatrice à Audun-le-Roman (Meurthe-et-Moselle), actuellement réfugiée à Blois (Grand Séminaire) :

Serment prêté.

J'habitais avec mon mari, Martin (Théophile), âgé de soixante-six ans, Audun-le-Roman, où nous étions cultivateurs.

Le 4 août, les Allemands ont pénétré pour la première fois à Audun-le-Roman; le 5, ils y sont revenus et s'y sont installés chez l'habitant. Nous avions chez nous un capitaine et une quarantaine de uhlans avec leurs chevaux. Ils se conduisaient très brutalement, nous menaçant fréquemment de leur revolver. Ils sont restés ainsi jusqu'au 21. Ce jour-là, vers trois heures du soir, tous sont partis, après avoir démoli leurs installations, comme s'il s'agissait d'un départ définitif. Vers cinq heures, nous les avons vus repasser précipitamment et en désordre; ils donnaient des signes d'émotion, et des habitants les ont même vus se tirer les uns sur les autres; ils tirèrent aussi de nombreux coups de fusil dans les portes et les fenêtres.

Vers sept heures du soir, nous vîmes pénétrer chez nous une trentaine de soldats d'infanterie, sous la conduite d'un lieutenant; ils entrèrent par le jardin, après avoir enfoncé la porte de la cuisine et la fenêtre de la chambre à coucher, brisèrent les chaises, puis prirent une lampe pour monter au premier étage, où nous nous trouvions avec mon mari, mes deux filles, ma sœur et mon petit commis, ainsi que l'enfant de ma fille, âgé de huit mois. Les Allemands nous saisirent tous, nous jetèrent dans l'escalier, en nous poussant à coups de crosse de fusil et nous disant « qu'il y avait des soldats français cachés chez nous, d'où on avait tiré sur eux ». Nous leur offrîmes vainement de leur montrer toute la maison pour leur prouver qu'il n'y avait personne : ils ne voulurent rien entendre, et à ce moment, sans avoir fait aucun préparatif pouvant annoncer une exécution, ils tirèrent à bout portant trois coups de fusil sur mon mari, qui tomba aussitôt. Bien qu'il fût déjà mort, l'un d'eux lui fendit la tête d'un coup de sabre, lui mettant la cervelle à nu; des uhlans qui étaient survenus le piquèrent de leur lance. J'oubliais de vous dire qu'ils avaient déjà mis le feu à notre maison, qui brûlait tandis qu'ils tuaient mon mari.

Ils brûlèrent au même moment un certain nombre d'autres maisons du village, et continuèrent d'ailleurs les jours suivants; je vous signale qu'avant d'y mettre le feu, ils jetaient le linge par les fenêtres et le chargeaient sur des automobiles qui attendaient dans la rue; j'affirme que plusieurs officiers présidaient à cet enlèvement du linge.

Après avoir tué mon mari, ils nous abandonnèrent devant notre porte, mais nous informèrent qu'ils nous interdisaient de quitter le village. Nous nous rendîmes alors au couvent des sœurs de la Doctrine Chrétienne, où bon nombre de femmes étaient déjà réunies et où, depuis le début de l'occupation, une ambulance avait été installée. Nous y passâmes la nuit, à l'exception de ma fille, Mme Liesenfelt, qui n'avait pu nous suivre. Le même soir, le chef cantonnier, M. Chary, qui avait mis sur ses vêtements une robe de femme pour essayer de se sauver, fut également tué à coups de fusil dans la rue; une demoiselle Marie Roux, âgée de trente-deux ou trente-trois ans, étant à sa fenêtre pour fermer ses volets, reçut une balle qui lui cassa le bras.

Pour tâcher d'adoucir les ennemis, nous restâmes, pendant deux jours, à soigner leurs blessés.

Le premier soir, ils nous avaient défendu de toucher au cadavre de mon mari, voulant qu'il restât devant notre porte; le lendemain, ils nous permirent de le conduire au cimetière, roulé dans une couverture, mais nous défendirent de lui faire creuser une fosse et de l'inhumer, disant que les autres troupes qui passeraient par la suite enterreraient les morts.

Le 23, nous fûmes autorisées à quitter Audun.

Ma fille, qui m'accompagne, pourra vous donner sur ces événements quelques détails complémentaires.

Lecture faite, persiste et signe avec nous.

MARTIN (Amélie), épouse LIESENFELT, 28 ans, sans profession, demeurant à Audun-le-Roman et actuellement réfugiée à Blois :

Serment prêté.

Je vous confirme de tout point le récit qui vient de vous être fait par ma mère. J'ajoute qu'après la mort de mon père, comme notre maison brûlait, je suis restée pour faire sortir le bétail. Ne sachant ce qu'était devenu le reste de ma famille, j'ai passé une partie de la nuit dans les rues. Rencontrée par des uhlans, ils me demandèrent où étaient les hommes de chez moi : je leur répondis qu'il n'y en avait qu'un, mon père, et qu'on l'avait fusillé. Ils me dirent alors que j'étais sa complice et que j'allais subir le même sort, et me mirent la pointe de leurs lances sur la poitrine ; c'est alors que certains d'entre eux, qui étaient lorrains, prirent ma défense et obtinrent qu'on me laissât tranquille. Au cours de la nuit, j'arrivai à mon tour chez les sœurs et j'y retrouvai ma famille.

Comme ma mère vous l'a dit, nous soignâmes là les blessés; le dimanche, un lieutenant blessé dit à ma tante, Mlle Treffel, qui le soignait: « Vous avez été bonne pour moi, je vais vous dire quelque chose: ne quittez pas vos croix rouges et fuyez au plus vite, car, lorsqu'on emmènera nos blessés, on vous fusillera tous. J'ai intercédé pour vous, mais je n'ai rien gagné. » C'est à la suite de cet avertissement que nous partîmes toutes précipitamment. Au cours de notre route, nous arrivâmes à Rouvres, à cinq kilomètres environ d'Étain, où les Allemands nous défendirent de passer; un Messin, qui était là pour aider au transport des blessés, nous dit qu'on ne voulait pas nous laisser voir qu'on venait de fusiller le reste de la population de Rouvres, une quarantaine de personnes.

Nous tombâmes ensuite parmi des Saxons, qui se montrèrent très bons pour nous et nous firent conduire en voiture à Verdun.

Nous avons appris, en passant à Trieux, qu'après notre départ, un M. Jolas, dit Collignon (Émile), soixante-cinq ans environ, avait été tué par les Allemands et enterré dans son fumier. On nous a assuré que, finalement, treize personnes auraient été tuées à Audun-le-Roman ; mais nous ne l'avons pas vu personnellement. Ce que nous savons, par l'intéressée elle-même, c'est qu'une dame Matte, débitante, notre voisine, qui partait avec 2.100 fr., s'est vu prendre cette somme par les Allemands.

Lecture faite, persiste et signe avec nous.

N° 174.

DÉPOSITION reçue, le 11 août 1915, à Nancy, par M. Célice, Procureur Général, agissant en exécution d'une commission rogatoire, en date du 5 août, de la Commission d'enquête instituée par décret du 23 septembre 1914.

Mathieu (Nicolas-Théodule), agent voyer en retraite, maire d'Audun-le-Roman, résidant actuellement à Nancy :

Serment prêté.

Les troupes allemandes sont entrées à Audun-le-Roman le 4 août 1914, à cinq heures et demie du soir. Pendant plusieurs jours et jusqu'au 21 août, la population de la ville a eu certainement à souffrir de réquisitions, vexations et brutalités de tout genre ; en ma qualité de maire, j'ai été incarcéré à plusieurs reprises, ligoté, mis en joue par un peloton ; mais tous ces excès ne sont rien à côté des crimes qui ont été commis le 21 et le 22 août.

Le 21 août, vers quatre heures de l'après-midi, des troupes en débandade entrèrent à Audun, paraissant venir de la direction d'Étain. La plupart traversèrent la ville sans s'arrêter. Un détachement, qui accompagnait des voitures chargées de morts liés trois par trois, fit tomber intentionnellement deux cadavres : l'un dans l'avenue de la gare, l'autre au centre de l'agglomération. Je n'ai pas vu ce dernier ; mais j'ai vu personnellement jeter le premier, et après lui quelques havresacs. Il était alors six heures ou six heures et demie du soir. Immédiatement, on entendit quelques coups de fusil. Les Allemands prétendirent que les habitants les avaient attaqués, et se mirent à tirer dans les fenêtres et sur la population, particulièrement sur les hommes.

M. Martin, cultivateur, fut arraché de sa maison et tué sur sa porte en présence de sa femme et de ses enfants ; le feu fut mis immédiatement à sa maison : ce fut le premier incendie.

Le cantonnier-chef Chary (Auguste), âgé de cinquante-deux ans, fut tué au moment qu'il sortait de l'église, où de nombreuses personnes s'étaient réfugiées.

M. Somen (Ernest), âgé de cinquante-trois ans, ancien maire, fut abattu par un officier au moment où il fermait la porte de sa grange. Il a survécu trente heures à ses blessures, les Allemands interdisant qu'on lui donnât le moindre soin. MM. Michel (Émile), adjoint, âgé de cinquante-quatre ans, et Bernard (Édouard), soixante-huit ans, qui avaient voulu lui porter secours, furent arrêtés, ligotés et emmenés à Ludelange (Lorraine), où ils furent fusillés le lendemain. M. Michel avait reçu de M. Somen un sac contenant deux mille francs, que le mourant lui avait confié pour le rendre à Mme Somen, sa femme ; on m'a assuré, mais je ne puis le certifier, que Michel et Bernard ont été fusillés sous le prétexte qu'ils avaient sur eux de l'argent volé à un civil.

Dans la même nuit du 21 au 22 août, les cités de la Compagnie de l'Est, les maisons Tarpin, Matte, Michel, Bernard, Sécheret, Chérer, Mangin ont été incendiées à la main. Mme Matte, qui s'enfuyait de sa maison incendiée, fut dépouillée par les soldats allemands d'une somme de deux mille francs qu'elle portait dans son réticule. Durant toute la nuit, les détachements qui continuaient à traverser la ville tirèrent sur la mairie.

Le lendemain, 22 août, les Allemands revinrent prendre position à Audun-le-Roman ; vers sept heures et demie du matin, un soldat vint me chercher et me conduisit près d'un officier, qui se trouvait sur le balcon de la maison isolée appartenant à M. Laguë. Cet officier me fit placer au milieu de la route, en m'enjoignant d'y rester. Presque aussitôt, j'aperçus les troupes françaises s'avançant du côté de Malavillers ; une fusillade nourrie s'engagea entre elles et les défenseurs de la maison. Ne voulant pas servir de cible à des balles françaises, je réussis à m'approcher de la maison et à m'abriter derrière le coin de celle-ci. Les Allemands reculèrent, et un petit détachement de nos troupes traversa la ville. Malheureusement, cet avantage fut de courte durée : les Allemands revinrent en masse, et le combat s'acheva vers Mercy-le-Haut et Fillières.

Dès le retour des Allemands, le même jour, dans la matinée, les atrocités du 21 recommencèrent. MM. Glabay et Laguë furent mis au mur; grâce au dévouement de la fille du premier, qui se jeta devant les fusils, ils ne furent pas exécutés. MM. Rémer père, Rodicq (Justin), Guyot (Émile), Jolas (Émile), Thiéry (Georges), Rodicq (Marcel), Jolas (Gustave) et un ou deux Italiens dont j'ignore le nom, qui se trouvaient chez ce dernier, furent tués dans leur demeure ou sur la rue. Six femmes furent blessées: la bonne du sieur Scaglia, Mlle Roux, Mlle Treffel, les deux dames Zappoli et la dame Giglio, ces trois dernières de nationalité italienne.

A la suite de ces exécutions sommaires, des incendies furent systématiquement allumés dans toutes les maisons : les Allemands ne réservèrent que celles indispensables à leurs services. Il en reste à peine une douzaine sur quatre cents.

Une partie de la population avait quitté la ville dans la nuit du 21 au 22 août. Le reste, cent cinquante personnes environ, sur douze cents, fut évacué sur l'ordre des Allemands et dirigé sur les cités de Crusnes. Personnellement, je faisais partie de ce convoi et j'ai quitté la ville le dernier, le 24 août.

Lecture faite, persiste et signe avec nous.

N° 175.

DÉPOSITION reçue, le 11 août 1915, à NANCY, par M. CÉLICE, Procureur Général, agissant en exécution d'une commission rogatoire, en date du 5 août, de la Commission d'enquête instituée par décret du 23 septembre 1914.

[*Sur le désir du témoin, cette déposition, qui figure au dossier de la Commission sous le n° 175, ne sera publiée qu'ultérieurement.*]

N° 176.

LETTRE complémentaire du précédent témoin.

[*Pour le même motif que ci-dessus, la publication de la pièce n° 176 a dû être ajournée.*]

N° 177.

DÉPOSITION faite, le 22 septembre 1915, à NANCY, devant la Commission d'enquête.

Dame Z..., 39 ans, demeurant à Nancy :

Je jure de dire la vérité.

Le 6 septembre, vers sept heures du soir, à Beuvillers, où je m'étais réfugiée après m'être sauvée d'Audun-le-Roman, et en l'absence de mon mari qui était mobilisé, j'ai été surprise chez moi par deux soldats allemands. L'un d'eux m'a terrassée et violée en présence de ma petite fille, âgée de dix ans, qui essayait de venir à mon secours. L'autre soldat, pendant ce temps, maintenait fermée la porte vitrée derrière laquelle était l'enfant, et me tenait en joue avec son revolver.

Après lecture, le témoin a signé avec nous.

N°⁵ 178, 179.

DÉPOSITIONS faites, le 19 février 1915, à Lumbin (Isère), devant la Commission d'enquête.

Hogard (Denise), veuve Dubreuil, 29 ans, domiciliée à Jarny, près Conflans (Meurthe-et-Moselle) :

Je jure de dire la vérité.

Les Allemands sont arrivés à Jarny au commencement d'août. Comme un Italien venait de tuer son chien d'un coup de fusil, ils ont prétendu qu'on avait tiré sur eux et ils ont mis, vers le 25 août, le feu au village avec des torches et du pétrole. Ils ont réuni à la mairie le maire, le curé, deux soldats lorrains et neuf Italiens, parmi lesquels Carreoldi (René), âgé de vingt-quatre ans, mineur, avec qui je vivais. Le lendemain, ils ont fusillé les Italiens et les deux Lorrains dans un jardin; le maire, le curé, avec trois autres habitants (Fidler, Bernier et un vieux qu'on ne connaissait que sous le nom de Joseph), ont été exécutés ensuite sur la route de Conflans. Je suis allée voir les cadavres, aux endroits mêmes où les massacres venaient d'avoir lieu : ils étaient criblés de blessures. La cervelle de Carreoldi s'était répandue sur le sol.

La veille, quatorze Italiens qui demeuraient à Jarny avaient été fusillés à Gravelotte : j'ai vu également leurs corps.

Au cours de l'incendie, des meurtres ont encore été commis. Mᵐᵉ Bérard et ses trois enfants se sauvaient dans leur jardin, quand les Bavarois ont tiré sur eux. Le petit garçon, âgé de cinq ans, a été tué dans les bras de sa mère. Les soldats l'ont ensuite arraché à celle-ci et ont jeté le petit cadavre dans la rue, où il est resté quatre jours, les ennemis ayant défendu de l'enterrer.

La famille Pérignon, pendant que sa maison brûlait, s'était réfugiée dans les cabinets d'aisance, qui se trouvaient au fond du jardin. Quand elle est sortie, le père, la mère et le fils, âgé de seize ans, ont été tués; la fille a été blessée au bras. Conduite à Metz, cette dernière a été soignée dans un hôpital, où un médecin allemand a pratiqué l'amputation. Le garde forestier Plessis a été découvert avec sa famille dans sa cave; les Allemands l'ont fait sortir, l'ont attaché à un arbre, puis l'ont fusillé devant sa femme, ainsi que son neveu. Ils ont en outre brûlé la maison.

J'ai vu personnellement les cadavres de toutes les victimes dont je viens de vous raconter la mort.

Après lecture, le témoin a signé avec nous.

Nicolas (Marie), femme Pieffer, 26 ans, domiciliée à Jarny :

Je jure de dire la vérité.

Vers le 25 août, j'ai vu les Bavarois mettre le feu à plusieurs maisons de Jarny avec des torches imbibées de pétrole.

J'ai été témoin du passage des corps de neuf Italiens, qui venaient d'être fusillés dans un jardin et qu'on transportait au cimetière. J'ai également vu, étendu à terre, le cadavre du curé, qui était criblé de blessures et dont les yeux pendaient, sortis des orbites. J'ai aperçu aussi celui du maire.

En ma présence, les Allemands ont traîné le corps du fils Pérignon du jardin jusqu'au bord du trottoir.

La famille Aufiero, qui se sauvait de chez M. Bérard, où le feu venait d'être mis, et qui traversait un fossé plein d'eau, a essuyé plusieurs coups de fusil. Le père a été tué; la jeune fille, âgée de treize ans, a été blessée au bras, et la fillette, âgée d'environ dix ans, a été atteinte à la jambe. La plus âgée de ces deux enfants a été amputée à Metz. J'ai vu le cadavre du père.

Après lecture, le témoin a signé avec nous.

Nᵒˢ 180, 181, 182.

DÉPOSITIONS faites, le 22 septembre 1915, à NANCY, devant la Commission d'enquête.

ROBERT (Félix), 56 ans, receveur-buraliste à Jarny (Meurthe-et-Moselle), réfugié à Nancy:

Je jure de dire la vérité.

Les Allemands, dès leur arrivée à Jarny, se sont livrés à un pillage général. Ils ont aussi commis de nombreux meurtres. Leur première victime a été M. Collignon (Joseph), qui a été tué à une cinquantaine de mètres de chez moi, le 10 août 1914. Pour obéir à l'ordre donné, il portait ses armes à la mairie, quand des soldats ennemis ont tiré sur lui. Comme il n'avait pas été atteint, ses agresseurs se sont mis à sa poursuite et l'un d'eux lui a porté un coup de baïonnette à la poitrine. Collignon est mort deux heures après; je l'ai vu pendant son agonie.

Le 25 et le 26 août, M. Génot, maire, le curé Vouaux, le jeune Fidìer (François), âgé de dix-huit ou dix-neuf ans, la famille Pérignon, M. Fournier, cafetier, et son neveu, M. Lhermitte (Ernest), menuisier, un ancien garde champêtre, nommé Plessis, et un certain nombre d'Italiens ont été massacrés.

Enfin, vingt-deux maisons ont été brûlées.

Après lecture, le témoin a signé avec nous.

DAVAL (Jean-Claude), 59 ans, percepteur des contributions directes à Jarny, actuellement sous-lieutenant au 41ᵉ régiment territorial d'infanterie:

Je jure de dire la vérité.

Je suis resté à Jarny jusqu'au 9 janvier dernier. Le 10 août 1914, un officier du 4ᵉ régiment d'infanterie bavarois s'est rendu chez moi, accompagné du maire et d'une dizaine de soldats, et, en me mettant le revolver sur le visage, m'a sommé de lui livrer ma caisse. Je lui ai déclaré, en lui montrant le reçu, que j'avais versé mes fonds entre les mains de mon collègue de Conflans. Sur ces entrefaites, l'officier ayant aperçu mes fusils de chasse, a enjoint au maire de faire déposer à la maison commune toutes les armes des habitants. M. Collignon a été tué au moment où il se rendait à la mairie pour obtempérer à cette injonction. J'ai entendu le bruit des coups de fusil qui ont été tirés sur lui.

Le 25 août, tandis que, me tenant dans mon corridor, je regardais à travers ma porte vitrée, j'ai vu, à quatre mètres de moi, un soldat bavarois du même régiment armer son fusil, tirer sur M. Lhermitte qui rentrait chez lui, et le tuer. Ce soldat est ensuite monté sur une voiture régimentaire, après avoir tiré, puis refermé sa culasse mobile.

Un quart d'heure après, j'ai assisté à l'incendie d'une maison appartenant à Mlle Anna François. Le feu a été mis dans une pièce du rez-de-chaussée, et cinq soldats se sont tenus devant l'immeuble, le fusil à la main, et dans l'attitude de chasseurs qui attendent le départ d'un lièvre. C'est d'ailleurs toujours ainsi que les Allemands agissaient. Ils empêchaient les habitants des immeubles qu'ils brûlaient de prendre la fuite, et on n'avait que le choix entre ces deux traitements : être grillé ou fusillé. Plusieurs personnes ont trouvé la mort dans ces conditions, le 25 août. C'est comme cela qu'ont été tués les membres de la famille Pérignon. Le père, la mère et le fils ont été fusillés au fur et à mesure qu'ils sortaient de leur habitation en flammes. La fille, Mme Leroy, a eu un bras fracassé et a été plus tard amputée à Metz. C'est cette dernière qui m'a donné les détails de la scène. Le même jour, les Allemands ont également tiré sur Mme Bérard, qui se sauvait pendant que sa maison brûlait, et lui ont tué dans les bras son petit enfant âgé de deux ou trois ans. M. Aufiero, qui était chez elle au moment où l'incendie avait commencé, a été abattu dans sa fuite; une de ses filles a eu un bras fracassé, et l'autre a reçu une balle dans la jambe.

J'ai su que le maire, M. Génot, le curé Vouaux, MM. Fidler et Bernier ont été alignés, le 26 août, le long d'une palissade, derrière l'auberge Blanchon, et fusillés au commandement, sous le prétexte qu'on avait tiré sur les Allemands.

Vingt-deux maisons et le clocher ont été incendiés. Pendant que le clocher brûlait, les soldats chantaient, en s'accompagnant avec un piano mécanique, dans une auberge située à quelques pas de l'église. Ces incendies ont été allumés par ordre. Comme ma femme et moi entendions des Allemands piller une maison dont les chambres sont en bordure de mon jardin, j'allai trouver des officiers qui stationnaient en face de chez moi et je leur demandai si on allait continuer à brûler. Ils répondirent : « Oui, tout le village y passera. » Je manifestai alors l'intention de quitter le pays, et on m'engagea à m'adresser à d'autres officiers qui étaient en groupe devant la poste. Ces derniers me déclarèrent que l'ordre d'arrêter les incendies venait d'arriver.

Après lecture, le témoin a signé avec nous.

———————

Bastien (Henri), 35 ans, docteur en médecine à Jarny, actuellement à Nancy :

Je jure de dire la vérité.

Le 10 août 1914, comme je me rendais à la mairie de Jarny pour y déposer mes armes, j'ai entendu des coups de feu, et j'ai été appelé peu d'instants après à soigner M. Collignon, qui portait, au sommet du poumon gauche, une plaie pénétrante par arme blanche. Il m'a raconté que les Allemands avaient tiré sur lui sans l'atteindre, et que l'un d'eux l'avait frappé ensuite d'un coup de baïonnette. Il est mort environ deux heures après, et, pendant que je lui donnais mes soins, un officier, qui était venu s'enquérir de l'état du blessé, m'a dit : « C'est une erreur regrettable. »

Le 14 août, j'ai soigné aussi un Italien atteint d'une balle au ventre; il est mort dans la soirée. Le 25, j'ai pansé M. Lhermitte, qui n'avait plus sa connaissance, quatre Italiens, sur lesquels les Allemands avaient également tiré, et Mme Bertrand, qui avait reçu une balle dans les deux mains au moment où elle était en train de fermer ses persiennes. Enfin, le 26, j'ai eu encore à m'occuper de trois blessés : Mme Leroy et deux enfants Aufiero.

J'ai vu les cadavres de M. et Mme Pérignon et de leur fils; ces personnes avaient été tuées au moment où elles essayaient de franchir la clôture de leur jardin. Deux corps étaient d'un côté de la palissade et le troisième de l'autre côté.

Mlle Mathès m'a assisté, comme infirmière, dans ces tristes circonstances.

Après lecture, le témoin a signé avec nous et avec Mlle MATHÈS (Germaine), âgée de 22 ans, employée des postes à Jarny, actuellement à Nancy, qui, serment prêté, a confirmé la déposition ci-dessus, en ajoutant que Mme Bérard lui avait déclaré avoir eu son petit enfant tué dans ses bras par les Allemands.

N° 183.

DÉPOSITION faite, le 23 octobre 1915, à PARIS, devant la Commission d'enquête.

DUREN (Virginie), femme BÉRARD, 29 ans, domiciliée à Jarny (Meurthe-et-Moselle), réfugiée à Levallois-Perret :

Je jure de dire la vérité.

Le 25 août 1914, les 66e et 68e régiments bavarois se trouvaient ensemble à Jarny. J'ai reçu l'ordre de donner à boire à leurs soldats et je suis allée chercher pour eux un grand nombre de seaux d'eau. A trois heures de l'après-midi, un chef, m'ayant rencontrée, m'a dit que j'avais transporté assez d'eau et m'a enjoint de rentrer immédiatement chez moi. Comme les Allemands tiraient avec des mitrailleuses sur notre maison, je me suis réfugiée dans la cave avec mes deux fils, Jean, âgé de six ans, Maurice, âgé de deux ans, ma fille Jeanne, âgée de neuf ans, et la famille Aufiero. Bientôt notre habitation a été arrosée de pétrole; il en a été versé dans la cave par le soupirail, et nous nous sommes trouvés entourés de flammes. Je me suis alors sauvée, avec mes deux petits garçons dans les bras, tandis que ma fillette et la petite Béatrice Aufiero couraient, accrochées à ma robe. Au moment où nous traversions le ruisseau Rougeval, qui coule tout près de chez moi, les Bavarois ont tiré sur notre groupe. Mon petit Jean, que je portais, a été atteint de trois balles, une à la cuisse droite, une autre à la cheville et la troisième à la poitrine. La cuisse était presque détachée, et par la plaie de sortie du projectile qui avait traversé la poitrine, le poumon apparaissait. Le pauvre enfant m'a dit : « Oh! maman, que j'ai mal! » et il est mort aussitôt. En même temps, la jeune Béatrice avait le bras droit tellement fracassé, qu'il ne tenait plus à l'épaule que par un lambeau de chair, et Angèle Aufiero, une enfant de neuf ans, qui nous suivait à peu de distance, recevait une blessure au mollet. La pauvre Béatrice souffrait cruellement et se plaignait en pleurant; elle n'est pourtant pas tombée et a continué à marcher auprès de moi.

Pendant que ces faits se passaient, la famille Pérignon, qui habitait la maison voisine de la nôtre, était massacrée.

Quand on n'a plus tiré sur nous, j'ai voulu laver au ruisseau mon enfant, qui était couvert de sang; mais un soldat m'en a empêchée, en me criant : « ...raus! »

Au bout de quelques instants, nous sommes arrivés sur la route; tandis qu'on faisait sortir M. Aufiero de la cave, des Allemands, qui parlaient assez couramment français, ont dit à sa femme qui venait de nous rejoindre : « Regarde fusiller ton *Mann!* » Le malheureux, à genoux, demandait grâce, et comme sa femme criait : « Mon pauvre Côme! » les soldats lui répondirent : « Tais ta gueule! » L'exécution eut lieu à une vingtaine de mètres de nous.

Les Bavarois m'ont ensuite emmenée avec mes enfants, Mme Aufiero et sa fille, dans le pré du Pont-de-l'Étang. Un général a donné l'ordre de nous y fusiller; mais je me suis jetée à ses pieds en l'implorant et en lui embrassant les mains : il a consenti à m'accorder notre grâce. A ce moment, un officier, porteur d'une grande pèlerine gris clair, avec un collet rouge, a dit, en désignant mon enfant mort : « Celui-là ne se battra pas plus tard contre les nôtres. »

Le lendemain, comme je m'étais réfugiée à la Barrière Zeller, un officier est venu me déclarer que le cadavre de mon enfant sentait mauvais et qu'il fallait m'en débarrasser. N'ayant trouvé personne pour faire un cercueil, je suis allée chercher dans les cantines deux caisses à lapins que j'ai clouées l'une au bout de l'autre ; j'y ai déposé le petit corps, et il a été enterré par deux soldats dans mon jardin, où j'avais dû creuser moi-même une fosse. Je portais au cou la photographie de mon enfant ; un officier a osé me demander de la lui vendre.

Les Bavarois ont commis à Jarny bien d'autres actes de cruauté. Une trentaine d'Italiens ont été massacrés. Dans une seule fosse, les ennemis en ont enfoui dix-huit. M. Génot, maire, M. l'abbé Vouaux et un Luxembourgeois, François Fidler, ont été fusillés dans les champs ; M. Fournier, cafetier, et son neveu ont été tués près du cimetière Bertrand. MM. Lhermitte, menuisier, et Plessis, ancien garde champêtre, ont reçu la mort devant leur maison ; M. Pérignon, charron, sa femme et leur fils, âgé de dix-sept ans, ont été massacrés dans leur cour. Leur fille, Mme Leroy, a eu un bras fracassé par un coup de feu et a été amputée à Metz.

Mme Bertrand a eu plusieurs doigts coupés par une balle pendant qu'elle fermait ses persiennes. Enfin, M. Joseph Collignon a été tué d'un coup de lance, alors que, pour déférer aux ordres des Allemands, il portait ses armes à la mairie.

Un certain nombre de maisons et le clocher de l'église ont été incendiés avec du pétrole. Dans la sacristie, les soldats ont pris les ornements d'église et les objets du culte. On a retrouvé, dans les rues et dans les champs, les bannières, les nappes d'autel et jusqu'au drap mortuaire.

Après lecture, le témoin a signé avec nous.

N° 184.

DÉPOSITION reçue, le 13 août 1915, à Vichy (Allier), par M. Thévenard, juge de paix.

MENNE (Maria), veuve FOURNIER, 41 ans, débitante à Jarny (Meurthe-et-Moselle), actuellement réfugiée à Vichy :

Serment prêté.

Les Allemands sont arrivés à Jarny le 23 août, et n'ont fait que passer pendant deux jours. Le 25 août, de nouvelles troupes ennemies ont passé ; elles provoquèrent des scènes tragiques. Comme les troupes allemandes et françaises se livraient des combats d'artillerie, mon mari, mon neveu Henri Menne, ma nièce Marie Menne, mon fils Henri Fournier et moi, nous nous réfugiâmes dans notre cave, vers cinq heures de l'après-midi. Ayant entendu qu'on enfonçait les portes du débit, mon mari, Alexis Fournier, remonta avec mon neveu Henri Menne. Sans aucune explication, les Allemands les firent monter en auto ; ils les emmenèrent à six cents mètres environ de chez nous et les fusillèrent tous les deux, sans raison et sans jugement.

J'affirme que mon mari et mon neveu n'avaient pas d'armes et n'avaient pas cherché à se défendre contre les troupes allemandes.

Je n'ai appris que le 27 août au matin, par une voisine, Mme Schwartz, que mon mari et mon neveu avaient été fusillés. Elle me dit qu'elle avait vu les corps à l'entrée de la commune, près de la maison Perrin. Je m'y suis rendue aussitôt, et j'ai constaté qu'en effet mon mari et mon neveu avaient été lâchement fusillés. Je les ai fait enterrer le 28 août.

J'ai appris ensuite que M. Génot, maire, M. le curé de Jarny remplaçant son frère, la famille Pérignon, composée du père, de la mère et d'un enfant, M. Lhermitte et d'autres personnes de la commune, au nombre de quarante-sept, ont été également fusillés sans motif par les soldats du 8° bavarois.

Lecture faite, persiste et signe avec nous.

N° 185.

DÉPOSITION faite, le 3 décembre 1914, à PARIS, devant la Commission d'enquête.

COLIN (Joseph), 51 ans, professeur au lycée Louis-le-Grand, à Paris :

Je jure de dire la vérité.

Le 13 août, vers huit heures et demie du soir, des balles ont traversé les fenêtres de ma salle à manger, à Blamont, où je me trouvais depuis la fin de juillet. Ma fille et une domestique, qui étaient occupées dans cette pièce à lire et à travailler, sont venues immédiatement se réfugier auprès de moi, dans ma chambre à coucher. J'ai alors rassemblé toute ma famille, composée de ma femme, de mes trois filles et de ma belle-mère ; j'ai également appelé mes deux bonnes, et nous nous sommes tous rendus dans une pièce qui était réservée à un officier allemand. A ce moment, une bande de Bavarois ayant essayé d'enfoncer les portes, une de mes domestiques est allée ouvrir, et les soldats, conduits par un officier, ont fait irruption dans l'appartement. Ils ont d'abord accusé ma seconde fille, âgée de treize ans, d'avoir tiré sur eux par une fenêtre ; mais je leur ai démontré l'absurdité de cette allégation, et ils se sont retirés en nous disant que nous pouvions nous coucher. A peine avions-nous eu le temps de nous embrasser, qu'une seconde bande pénétrait chez moi. L'officier qui la conduisait paraissait furieux. Cette fois, c'est moi qui fus accusé d'avoir tiré. Ma fille aînée, qui protestait et me tenait par le cou, reçut à la tempe et à l'œil un coup de crosse qui fit jaillir le sang et l'abattit. Elle en portera toujours la marque. Après avoir été, à mon tour, brutalement frappé, je fus traîné dehors. Un officier bavarois s'approcha de moi et m'adressa les plus grossières injures, me crachant à plusieurs reprises au visage. Pendant ce temps, ma belle-mère, mes filles et ma femme, qui étaient restées à la maison, étaient obligées de se coucher sur le plancher de la salle à manger, pendant que les Allemands enfonçaient le buffet, brisaient le piano et cassaient la vaisselle ; ma belle-mère, ma femme et une bonne recevaient de violents coups de crosse. Comme je les entendais crier, je dis à l'officier qui m'insultait : « Pour traiter ainsi des femmes, vous n'avez donc ni sœur ni mère ? » Il me répondit : « Ma mère n'a jamais fait un cochon comme toi. »

Après ces incidents, j'ai été conduit à la mairie. Quand on m'en a fait sortir, je suis passé à un endroit où venait d'être fusillé M. Foëll. J'ai vu sur le mur du sang et de la cervelle.

Le 14, j'ai été emmené avec d'autres otages jusqu'à la frontière, et le 15 au matin, j'ai été mis en liberté, surpris d'avoir la vie sauve, car les menaces dont j'ai été l'objet m'avaient bien persuadé que je serais fusillé.

Après lecture, le témoin a signé avec nous.

N° 186.

DÉPOSITION faite, le 22 septembre 1915, à NANCY, devant la Commission d'enquête.

BENTZ (Charles), 58 ans, conseiller général, maire de Blamont, chevalier de la Légion d'honneur, actuellement à Nancy :

Je jure de dire la vérité.

Je suis resté à Blamont jusqu'au 15 août 1914. Les Allemands y sont venus en patrouille dès le début de la guerre, et y sont arrivés en masse vers le 8 août. Ce jour-là, Mlle Cuny fut assassinée. Elle était occupée, avec son père, à moissonner dans les champs, quand, ayant entendu une fusillade, elle se cacha dans un fossé de bois. A un certain moment, comme un soldat s'approchait, elle se leva en criant : « Ne tirez pas ! » Mais l'Allemand lui fracassa immédiatement la poitrine d'un coup de fusil tiré à bout portant.

Dans la soirée du 12, mon prédécesseur, M. Barthélemy, ancien maire, âgé de quatre-vingt-deux ou trois ans, a été tué par une salve tirée de la rue au moment où il s'approchait de sa fenêtre.

Le 13, vers huit ou neuf heures du soir, un peloton de douze hommes est venu me chercher à mon domicile et m'a emmené menottes aux mains. En arrivant près de la place Carnot, devant la maison de Mme Brèce, les soldats m'ont montré une ouverture de grenier, de laquelle, prétendaient-ils, on avait tiré sur eux; puis on m'a conduit sur la place de l'Hôtel-de-Ville, où j'ai trouvé M. Foëll, cafetier, qui avait été arrêté et qu'on a « collé au mur » devant un peloton d'exécution. Alors que le malheureux Foëll attendait la mort, le commandant de place fit aux troupes une allocution qui dura bien dix minutes ou un quart d'heure, tandis que les soldats me crachaient au visage et me frappaient à coups de pied et à coups de poing. Enfin, Foëll fut exécuté en ma présence et tomba comme une masse. Je pensais que j'allais être massacré après lui; mais le commandant m'a fait conduire à la mairie, après m'avoir dit : « Vous allez monter à votre cabinet et vous y rédigerez une proclamation informant la population que, si le moindre incident se produit, vous serez fusillé avec un certain nombre d'habitants, et la ville sera mise à feu et à sang. » Je dois dire d'ailleurs que j'ai été arrêté à plusieurs reprises et que j'ai eu continuellement deux sentinelles auprès de moi. Les soldats allemands, qui pillaient les caves presque chaque soir, tiraient sans raison des coups de fusil dans les rues. Le lendemain de leur arrivée en masse, ils avaient pillé, puis incendié la chocolaterie Burrus.

Il est à ma connaissance que plusieurs viols ont été commis. La dame X..., qui était accouchée quinze jours auparavant, a été outragée par des soldats, et il paraît qu'elle a succombé aux suites des violences qu'elle a subies.

Après lecture, le témoin a signé avec nous.

N° 187.

DÉPOSITION reçue, le 6 septembre 1914, à GRAY, par M. DANION, procureur de la République.

GEORGE (Joseph), 55 ans, régisseur du baron de Turckheim, demeurant à Blamont, réfugié à Gray :

Avant la mobilisation, les patrouilles allemandes ont commencé à passer la frontière.

Après la mobilisation, des escarmouches se sont produites à Blamont. Un hussard français a été sauvé par les habitants; un autre hussard, blessé et tombé de cheval, a été achevé par les Allemands, qui l'ont criblé de balles. Sans pouvoir préciser la date, le 4 ou le 5 août, les Allemands sont entrés en force à Blamont; ils ont traversé la ville en chantant, en hurlant même.

Ils se sont installés à la mairie, ont pris M. Bentz (le maire) comme otage : il ne pouvait faire un pas sans être accompagné d'hommes armés.

Ils ont aussitôt commencé les réquisitions et vécu sur le pays. Ils ont occupé la ville pendant dix jours. La nuit, toutes les portes et fenêtres devaient être ouvertes et éclairées.

Toutes les caves ont été vidées. Ils étaient tous ivres. La nuit, c'étaient des coups de feu tirés par eux, et ils prétendaient que les habitants tiraient sur eux. M. le maire avait prévenu les habitants que, sous peine d'être fusillés, ils devaient déposer toutes leurs armes à la mairie; c'est ce qui a été fait. Toutes les armes ont été saisies par les Allemands et envoyées par eux à Sarrebourg. J'ai assisté au départ du camion qui les contenait. Des coups de fusil n'en étaient pas moins tirés. Ils ont décidé alors de prendre des otages.

Ils ont commencé par M. Foëll, cafetier. Ils l'ont fait fusiller le lendemain, sous prétexte qu'il avait été trouvé porteur d'un revolver. M. Foëll était originaire de Sarrebourg et âgé de cinquante ans.

Ils ont emmené une quinzaine d'otages : M. le curé, M. Colin, professeur à Paris, M. Toubhans, épicier, etc... Ils les ont abandonnés dans l'église d'un village voisin de la frontière à l'arrivée de nos troupes.

J'ajoute que Mlle Colin a été blessée dans son lit par des balles et des coups de crosse de fusil. J'ai entendu dire que Mme Brisse, belle-mère de M. Colin, avait également été maltraitée.

Un soir que M. Barthélemy, âgé de plus de quatre-vingts ans, ancien maire, ancien conseiller général, allumait de la lumière chez lui, les Allemands l'ont criblé de balles, sans aucun motif.

Une demoiselle Cuny, âgée de vingt-deux ans, étant dans les champs occupée à moissonner, et voyant venir les Allemands, leur a crié : « Ne tirez pas, ne tirez pas! » Ils l'ont criblée de balles, en disant : « Une Française de moins! » Son père, qui était caché dans un fossé, a été témoin de cette scène. Chez moi, ils sont entrés en faisant sauter les portes. Ils m'ont gardé, me défendant de sortir. Toute la nuit, ils m'ont pillé et dévalisé : ils ont bu mon vin, tué mes lapins, mes volailles, et volé toutes mes provisions de ménage. Ils ont souillé les chambres et les lits, faisant leurs nécessités partout.

Au château du baron de Turckheim, dont je suis le régisseur, ils n'ont trouvé qu'un vieux domestique et deux bonnes alsaciennes parlant parfaitement l'allemand. Avec elles, ils se sont entendus : elles leur ont donné tout ce qu'ils demandaient. Ils ont brisé toutes les portes des dépendances; ils ont tué et mangé toutes les volailles. Au château, ils étaient bien deux mille; ils y ont fait des tranchées et des fortifications. Tous les murs, toutes les clôtures ont été détruits. J'ai subi personnellement un préjudice de sept cents francs environ. Au château, c'est par milliers de francs qu'il faudra compter, car tout est dévasté.

Je dois ajouter qu'ils ont pillé la chocolaterie de Blamont : tout y a passé, matériel et marchandises; puis, ils y ont mis le feu. Cette chocolaterie appartient à M. Burrus, sujet suisse.

Depuis mon départ, Blamont a été bombardé.

Lecture faite, persiste et signe avec nous.

N° 188.

DÉPOSITION reçue, le 25 novembre 1914, à Gray, par M. Danion, procureur de la République.

DEMANGE (Eugénie), veuve Depoutot, 62 ans, propriétaire à Blamont, actuellement réfugiée à Gray :

Serment prêté.

A Blamont (Meurthe-et-Moselle), la mobilisation a été annoncée le samedi 1er août. Mon fils avait rejoint. J'étais seule avec ma fille Marguerite. Dès le samedi soir, les uhlans sont arrivés à Blamont. Ma fille et moi, nous nous sommes réfugiées dans l'appartement de M. Bentz, notre maire, dont je suis locataire. Des officiers allemands étaient couchés chez lui.

Au milieu de la nuit, des bruits significatifs me donnèrent la certitude que mon appartement avait été envahi par des soldats allemands, qui brisaient tout chez moi. Vers une heure et demie du matin, nous avons fait réveiller un jeune soldat allemand qui parlait français et lui avons fait part de nos craintes. Avec un de ses camarades, il s'est rendu dans mon appartement, et je l'ai suivi. Chez moi, tout était bouleversé, tout était saccagé, tout était pillé. Tous les meubles avaient été fouillés; le contenu en gisait pêle-mêle sur le sol : linge, vêtements, provisions de ménage : en un mot, tout ce que renfermaient les meubles et les placards. Ils avaient mangé des œufs et brisé sur le sol et les murs ceux qu'ils n'avaient pu consommer. Ils avaient pillé ma cave, bu mon vin, renversé mes pots de conserves et de confitures : je n'ai plus rien.

Le jeune soldat qui parlait français a fait venir les chefs; ceux-ci ont dit que « c'était la guerre », mais ont ajouté que les auteurs de ces actes de vandalisme seraient punis et que je serais indemnisée. La plupart de mes meubles sont brisés; mon linge, mes effets et mes provisions de ménage sont perdus. J'évalue à deux mille cinq cents francs le préjudice qui m'a été causé.

Blamont a été occupé pendant douze jours. Au cours de cette occupation, les Allemands ont tué d'un coup de revolver une jeune fille qui travaillait à la moisson; c'était Aline Cuny, âgée de vingt-trois ans. Le soldat qui l'a tuée s'est écrié : « Encore une Française de moins! » Son père n'a échappé à la mort que parce qu'il s'était caché dans un fossé.

Les Allemands tiraient des coups de fusil et reprochaient ensuite aux habitants d'avoir des armes et d'en faire usage. Ils étaient de mauvaise foi, car, sur leur ordre, toutes les armes de tous les habitants avaient été confisquées et déposées à la mairie.

Toutes les portes des maisons devaient toujours être ouvertes, même pendant la nuit, et les fenêtres devaient être éclairées. Comme, un soir, M. Barthélemy, âgé de quatre-vingt-dix ans, mettait une lampe sur sa fenêtre, ils l'ont tué d'un coup de feu, sous prétexte qu'il avait tiré.

Ils ont fusillé sans motif, au coin de l'hôtel de ville, M. Foëll, cafetier. Après son exécution, ils sont allés dire à sa femme que c'était une erreur.

A l'entrée de Blamont, ils ont achevé plusieurs blessés français.

Un soir, sans lui donner le temps de se vêtir, ils ont emmené M. Colin, professeur à Paris, et l'ont gardé comme otage pendant trois jours. Ils ont tiré sa belle-mère à bas du lit et lui ont abîmé un bras; ils ont grièvement blessé à la tête Mlle Colin, âgée de vingt-deux ans environ. Je ne me rappelle pas tout ce qui s'est passé.

Lecture faite, persiste et signe avec nous.

N° 189.

DÉPOSITION reçue, le 21 janvier 1915, à BRIOUDE, par M. POUGNET, procureur de la République.

RUPP (Joseph), 52 ans, rentier, domicilié à Blamont (Meurthe-et-Moselle), résidant actuellement à Brioude :

Serment prêté.

Au début des hostilités, j'habitais Blamont, où je suis domicilié depuis 1911. Le 7 août dernier, un avion allemand survola la ville et y jeta six bombes; peu après, les Allemands arrivèrent et occupèrent la localité.

Dès le lendemain, de nouvelles troupes ennemies survinrent, et le pillage commença. Les soldats allemands pénétrèrent dans les caves de certains habitants, notamment dans celles de M. Bentz, de Mme Laurent, de M. Baumgarten, et les dévalisèrent. Ils dévalisèrent aussi les bureaux de tabac et les maisons abandonnées. La fabrique de chocolat appartenant à M. Burrus, qui pourtant avait donné l'hospitalité à des officiers et à un général allemands, fut complètement dévalisée : les machines furent brisées, les courroies coupées, et enfin, l'usine fut incendiée. Une fabrique de velours fut également pillée; les soldats lacérèrent à coups de sabre les pièces d'étoffe qu'ils ne croyaient pas pouvoir utiliser, et sur lesquelles ils avaient fait coucher leurs chevaux.

Dès leur arrivée, les Allemands se firent remettre à l'hôtel de ville toutes les armes des habitants, et ces armes, chargées sur un camion, furent transportées en Allemagne.

Le commandant des troupes donna l'ordre aux habitants de laisser leurs maisons ouvertes la nuit et d'éclairer toutes les fenêtres, du rez-de-chaussée au dernier étage. Chaque nuit, dans les rues, la fusillade éclatait, et les soldats de l'ennemi tiraient sur les personnes qu'ils apercevaient. C'est ainsi que fut tué M. Barthélemy, vieillard de quatre-vingts ans, ancien maire de Blamont, qui s'était avancé vers une fenêtre de son appartement.

M. Louis Foëll fut emmené par une patrouille à l'hôtel de ville et fusillé sans motif ni prétexte.

Une jeune fille âgée de vingt ans, Mlle Aline Cuny, se trouvait dans un champ, près de Blamont, avec son père. En voyant arriver une patrouille allemande, elle se cacha dans un fossé. Cette patrouille s'étant avancée, elle implora à genoux la pitié des soldats, qui la fusillèrent à bout portant.

Le premier régiment qui est entré à Blamont est le 20° régiment d'infanterie bavarois.

J'ai quitté Blamont le 14 août et j'ignore ce qui s'y est passé depuis.

Lecture faite, persiste et signe avec nous.

VOSGES

N°s 190, 191, 192, 193, 194, 195, 196, 197, 198.

DÉPOSITIONS faites, le 25 septembre 1915, à RAON-L'ÉTAPE (Vosges), devant la Commission d'enquête instituée par décret du 23 septembre 1914.

RAOUL (Charles), 67 ans, conseiller municipal à Raon-l'Étape, docteur en médecine :
Je jure de dire la vérité.

Les Allemands ont fait leur entrée à Raon-l'Étape le 24 août 1914, vers dix heures et demie du soir, et y sont restés jusqu'au 12 septembre. En arrivant, ils ont incendié quatre immeubles de la rue Carnot, sous le prétexte qu'on aurait tiré sur eux de La Neuveville, où se trouvaient des troupes françaises.

Pendant les jours suivants, jusqu'au 28 août, ils ont continué à incendier la ville. Un grand nombre de maisons ont été détruites.

Après lecture, le témoin a signé avec nous.

CLAVIÈRE (Charles), 70 ans, maire de Raon-l'Étape :
Je jure de dire la vérité.

Je n'étais pas à Raon-l'Étape pendant l'occupation allemande ; mais j'y suis revenu aussitôt après le départ de l'ennemi. En rentrant, j'ai trouvé la ville très ravagée : la halle au blé, les écoles des filles, une autre propriété communale et cent deux maisons étaient brûlées.

Après lecture, le témoin a signé avec nous.

CHRISMENT (Gabriel), 33 ans, vicaire à Raon-l'Étape :
Je jure de dire la vérité.

J'ai assisté à plusieurs reprises à des actes de pillage commis par les Allemands à Raon-l'Étape, notamment dans les magasins. J'ai vu, dans la dernière semaine de l'occupation, une dame de la Croix-Rouge allemande, portant le brassard, aider à dévaliser des maisons particulières, rue Jules-Ferry. Cinq ou six soldats, en ma présence, après avoir chargé sur une voiture à fourrage des tonneaux de vin sortis de la cave de M. Marceloff, ont placé sur cette voiture un drapeau de la Croix-de-Genève.

Le 25 août, les Allemands ont installé une mitrailleuse sur le perron de l'hôpital, et de là, ont tiré sur les Français. Ils ont également creusé des tranchées dans le jardin de cet établissement. Comme les sœurs protestaient contre cette violation d'un lieu affecté à un service sanitaire, ils ont répondu qu'ils s'étaient précisément installés en cet endroit pour se mettre à l'abri des ripostes de nos troupes.

Après lecture, le témoin a signé avec nous.

WENDLING (Victor), 57 ans, docteur en médecine à Raon-l'Étape :

Je jure de dire la vérité.

Le 26 ou le 27 août 1914, pendant les incendies de Raon-l'Étape, j'ai demandé à des Allemands pourquoi ils brûlaient nos maisons. Ils m'ont répondu : « Il ne fait pas clair dans votre ville : c'est pour nous éclairer la nuit. »

J'ai assisté à de nombreux actes de pillage ; j'ai vu une dame de la Croix-Rouge allemande y participer. J'ai vu aussi une femme, qui vivait avec le médecin-chef allemand de l'hôpital, faire charger sur une automobile des colis qui venaient d'être enlevés de la maison de M. Ferry, notaire. Cette femme, que le médecin-chef m'a présentée comme étant son épouse, avait d'ailleurs des allures très libres. Je l'ai trouvée, le 9 septembre, en train, avec des majors, de boire du champagne dans des crachoirs de malades en fumant un cigare. Cette scène se passait dans le jardin même de l'hôpital.

Une autre fois, j'ai encore vu une troisième femme allemande faire placer sur une automobile des malles, des caisses et des paniers qu'on enlevait de chez M. Brajon.

Du reste, tous les trois jours environ, une voiture chargée d'objets volés prenait la direction de Cirey, puis revenait à vide.

Après lecture, le témoin a signé avec nous.

MATER (Camille), 52 ans, appariteur de la mairie à Raon-l'Étape :

Je jure de dire la vérité.

J'ai vu, à plusieurs reprises, les Allemands piller. Un jour, notamment, une dame allemande a fait, en ma présence, charger sur une automobile des colis sortis de la maison Brajon. Des officiers étaient avec elle.

Les renseignements que j'ai recueillis m'ont convaincu, bien que je n'aie pas vu les ennemis allumer l'incendie, qu'ils ont mis le feu à la ville volontairement.

J'ai eu connaissance de plusieurs meurtres. M. Richard (Émile) a été tué dans sa maison pendant qu'il regardait par la fenêtre. M. Huck a reçu la mort au moment où il sortait d'une cave. M. Périsse, obligé à marcher devant des soldats allemands, a été abattu rue Chanzy, et, dans la même rue, Mme veuve Grandemange a reçu une balle à la jambe : elle est morte deux jours après.

Après lecture, le témoin a signé avec nous.

MATHIS (Joseph), 70 ans, concierge de l'hôpital à Raon-l'Étape :

Je jure de dire la vérité.

J'ai vu plusieurs fois la femme du médecin-chef allemand de l'hôpital partir en ville avec des soldats et revenir avec des camions chargés de marchandises, notamment de vin. Tout ce butin était rechargé sur des automobiles et partait ensuite pour l'Allemagne.

Après lecture, le témoin a signé avec nous.

MARANDE (Camille), 75 ans, propriétaire à Raon-l'Étape :

Je jure de dire la vérité.

J'ai vu, le 25 août 1914, au lever du jour, les Allemands mettre le feu à la maison de

10...

M. Payeur, boulanger, avec un liquide qu'ils projetaient au moyen d'une pompe à main, et aussi avec des grenades.

Après lecture, le témoin a signé avec nous.

PIERRAT (Marie), 21 ans, demeurant à Raon-l'Étape :

Je jure de dire la vérité.

Au commencement de l'occupation, j'ai vu des soldats allemands mettre le feu à la maison où se trouvaient les caves de M. Bayard. Ils sont entrés avec des torches enflammées dans un hangar, et immédiatement l'incendie a éclaté.

Après lecture, le témoin a signé avec nous.

ROGASSE (Marie-Julie), veuve HUCK, 52 ans, demeurant à Raon-l'Étape :

Je jure de dire la vérité.

Dans la nuit du 24 au 25 août 1914, mon mari s'était réfugié, avec moi et quatorze autres personnes, dans la cave de Mᵐᵉ Martin-Cuny. A un certain moment, les Allemands sont arrivés et il est sorti. Je ne l'ai plus revu vivant. J'ai su que les Allemands, après l'avoir tué, l'avaient jeté à l'eau. J'ai moi-même retrouvé son corps, quatre jours après, dans la Meurthe. J'ai constaté qu'il portait une blessure à la tête.

Huck était un homme très paisible, et je suis certaine qu'il n'a commis aucune imprudence ni ne s'est livré à aucune provocation.

Après lecture, le témoin a signé avec nous.

N° 199.

DÉPOSITION faite, le 26 septembre 1915, à RAON-L'ÉTAPE (Vosges), devant la Commission d'enquête.

GIMET (Charles), 57 ans, conseiller municipal à Raon-l'Étape :

Je jure de dire la vérité.

Pendant l'occupation de Raon-l'Étape, j'ai rempli les fonctions de maire et j'ai fait toutes les corvées imposées par l'ennemi. J'ai vu, à plusieurs reprises, les Allemands incendier les maisons : ils se servaient de pompes à main pour lancer à l'intérieur des immeubles un liquide inflammable. Ils avaient d'ailleurs enjoint aux habitants de leur apporter tout le pétrole qu'ils possédaient.

J'ai assisté également à plusieurs scènes de pillage auxquelles participaient des femmes allemandes. L'une de ces femmes avait un brassard ; je l'ai vue, notamment, sortir de chez M. Ferry, notaire, emportant dans ses bras divers objets. Deux automobiles l'accompagnaient.

Les ennemis ont tué d'une balle un vieillard de soixante-quinze ans, M. Richard (Émile), qui les regardait tranquillement passer d'une petite lucarne de sa maison, rue Wesval. Quelques jours après, ils ont également tué M. Poirel et M. Huck.

Après lecture, le témoin a signé avec nous.

N° 200.

LETTRE complémentaire du témoin précédent.

Raon-l'Étape (Vosges), le 6 octobre 1915.

Monsieur le Président,

Suivant votre demande, j'ai l'avantage de vous adresser les renseignements très exacts que j'ai pu obtenir au sujet de la mort du sieur Poirel, de Raon-l'Étape, fusillé par les Allemands le 26 août 1914.

Le susnommé se trouvait dans une maison, faubourg Badonviller, que les Allemands occupaient. Cette maison avait une sortie sur la rue, ainsi qu'une autre par derrière, donnant sur le jardin et la campagne. Voulut-il se sauver par cette issue, ou satisfaire un besoin quelconque? Le fait est qu'aussitôt dans le jardin, il fut tué de plusieurs balles dans la tête, et enterré sur place par des habitants deux jours après.

Recevez, Monsieur le Président, mes respectueuses salutations.

Signé : GIMET.

N°ˢ 201, 202, 203.

DÉPOSITIONS faites, le 25 septembre 1915, à RAON-L'ÉTAPE (Vosges), devant la Commission d'enquête.

WENDLING (Victor), 57 ans, docteur en médecine, à Raon-l'Étape :

Je jure de dire la vérité.

Pendant la première semaine de l'occupation, Mlle X..., âgée de trente-quatre ans environ, a été outragée par des Allemands. Elle est au service de ..., actuellement mobilisé, et elle se trouvait seule dans la maison de son maître, à cinquante mètres de chez moi, quand quatre soldats allemands se sont jetés sur elle. Trois d'entre eux l'ont maintenue pendant que le quatrième la violait. J'ai entendu les cris de cette fille. Bientôt elle est arrivée chez moi, tout affolée, et elle m'a raconté sur-le-champ les faits dont elle venait d'être victime.

Après lecture, le témoin a signé avec nous.

Dame Y..., 32 ans, demeurant à Raon-l'Étape :

Je jure de dire la vérité.

Le 25 août 1914, j'étais réfugiée chez Mme Thomas, avec mes quatre jeunes enfants et plusieurs femmes. Un Allemand, étant survenu, m'a entraînée dans une cuisine en brandissant son revolver et en menaçant de tuer toutes les personnes qui se trouvaient dans la maison si je ne lui cédais pas. Puis il a abusé de moi.

Après lecture, le témoin a signé avec nous.

Dame Z..., 30 ans, demeurant à Raon-l'Étape :

Je jure de dire la vérité.

Le 25 août 1914, j'étais chez ma tante, à La Neuveville, près Raon, quand sont arrivés deux cyclistes allemands. Ils ont voulu chasser tout le monde, en annonçant qu'ils allaient mettre le feu. Connaissant la langue allemande, j'ai tenté de les calmer ; mais l'un d'eux m'a saisie, a porté un violent coup de poing à ma cousine qui essayait de me protéger, et après avoir tiré sa baïonnette qu'il a plantée dans le sommier, m'a jetée sur un lit et m'a violée, tandis que l'autre, un caporal, était témoin de cette scène. J'étais aux prises avec un véritable assassin.

Après lecture, le témoin a signé avec nous.

N° 204.

DÉPOSITION faite, le 26 septembre 1915, à RAON-L'ÉTAPE (Vosges), devant la Commission d'enquête.

MATER (Camille), 52 ans, appariteur de la mairie à Raon-l'Étape :

Je jure de dire la vérité.

Quand ont été commis les faits dont je vous ai parlé dans ma déposition précédente(1), Raon était occupé par le xve Corps d'armée allemand venant de Strasbourg, et notamment par le 99e régiment d'infanterie. Le nom du général von Deimling est resté longtemps inscrit sur la porte de la propriété Sadoul, où logeait cet officier.

Après lecture, le témoin a signé avec nous.

N° 205.

DÉPOSITION faite, le 26 septembre 1915, à RAON-L'ÉTAPE (Vosges), devant la Commission d'enquête :

SCHMITT (Marie-Joséphine), en religion sœur Saint-Louis, 46 ans, supérieure de l'hôpital mixte de Raon-l'Étape :

Je jure de dire la vérité.

Le 25 août 1914, de grand matin, l'hôpital a été envahi par des Allemands. Comme ils plaçaient une mitrailleuse sur le perron, en haut des marches, de telle façon que si les troupes françaises avaient riposté, elles auraient dû tirer sur l'établissement, j'ai énergiquement protesté ; mais un chef m'a répondu qu'ils agissaient ainsi pour empêcher les Français de tirer.

Dans l'après-midi du même jour, une ambulance allemande s'est emparée de l'hôpital et a fait partir pour l'Allemagne le plus grand nombre des blessés français. Les médecins se sont conduits d'une façon ignoble, faisant des orgies sans nom, s'enivrant tous les jours et dévalisant des cantines d'officiers blessés ou décédés. L'un d'eux a volé la trousse de toilette d'un officier français. Une dizaine de matelas, une grande quantité de couvertures et plus de cent draps nous ont été enlevés.

Le médecin-chef se faisait remarquer par sa brutalité et par sa grossièreté. La sœur Marie-Antoinette, qui s'occupait de la cuisine, a un jour subi les effets de sa colère. Furieux d'avoir trouvé une tache sur un couteau, il a injurié notre sœur et l'a traitée de « Schwein », en se

---

(1) V. *supra*, page 151.

plaignant de n'être pas servi selon son rang; puis, il lui a lancé au visage une dizaine de couteaux.

Deux jours avant son départ, une personne qu'il disait être sa femme est venue le retrouver. Elle était fort libre d'allures, fumant comme un homme et buvant avec les majors, étendue sur une chaise longue.

Les blessés, français ou allemands, étaient, quand on les évacuait, jetés pêle-mêle avec un peu de paille dans des chariots, sans qu'on s'occupât de la gravité de leur état. Les blessés allemands eux-mêmes se plaignaient de l'indignité de leurs médecins.

Le 25 août, à l'arrivée des ennemis, un sergent d'infanterie français, blessé à la tête et portant un pansement très apparent, a essayé de se sauver. Il était absolument sans armes et il eût été facile de le faire prisonnier; mais les Allemands ont tiré sur lui et l'ont tué. Le même jour, un infirmier, qui portait un brassard et un tablier, a essuyé un coup de feu qui a percé ses vêtements, au moment où il allait dans le jardin ramasser une toile cirée qui était tombée par la fenêtre.

Je ne me rappelle pas le nom du médecin-chef dont on a eu tant à se plaindre. Ce major était venu avec la troisième des ambulances qui ont été installées à Raon-l'Étape.

Après lecture, le témoin a signé avec nous et avec Mᵐᵉ ANDRÉ (Maria), en religion sœur Constantia, qui, après avoir prêté serment, a confirmé la déposition ci-dessus.

N° 206.

DÉPOSITION reçue, le 26 octobre 1914, à GRAY, par M. DANION, procureur de la République.

GSCHWEND (Arnold-Ernest), 42 ans, médecin aide-major de première classe de réserve, attaché au 157ᵉ régiment d'infanterie de l'active en garnison à Gap, de passage à Gray comme « éclopé » pour maladie contractée au service au cours de la guerre :

Serment prêté.

J'ai pris part avec mon régiment aux opérations de guerre depuis le début des hostilités.

La première bataille à laquelle mon régiment a pris part est celle de Wallheim : c'était le 17 ou le 18 août. J'avais organisé mon poste de secours tout près du champ de bataille. A un moment donné, surpris de constater qu'aucun blessé n'arrivait, je me suis rendu de ma personne sur le champ de bataille; j'ai alors essuyé trois coups de feu tirés, à cinquante mètres environ, d'un fourré qu'occupaient des fuyards allemands. Il était six heures du soir, il faisait complètement jour; je portais mes insignes de médecin, notamment mon brassard de la Croix-Rouge.

Mes brancardiers se sont plaints à moi d'avoir, dans les mêmes circonstances, essuyé des coups de feu de la part de l'ennemi alors qu'ils relevaient les blessés.

A Wallheim également, un de mes brancardiers a donné à boire, sur sa demande, à un officier allemand blessé. Après avoir bu, celui-ci lui a tiré un coup de revolver à bout portant; il l'a heureusement manqué. Le nom de ce brancardier m'échappe.

Partout mon ambulance a été bombardée; j'ai été moi-même renversé par un obus : cependant j'avais toujours pris soin d'arborer sur mon ambulance le pavillon de la Croix-Rouge.

Le 12 septembre, après avoir traversé le col de la Chipotte, nous sommes arrivés à Raon-l'Étape, que les Allemands avaient évacué depuis la veille. Ayant entendu dire que des blessés français se trouvaient encore à l'hôpital, je m'y suis rendu, accompagné du capitaine Michelin, de mon régiment. Quatre-vingts blessés se trouvaient encore à l'hôpital; parmi eux, une vingtaine de Français, tous « grands blessés ». Je les ai interrogés sur la façon dont ils avaient été soignés par les médecins allemands. Ils m'ont répondu que leurs soins avaient été à peu près nuls, que seules les religieuses s'étaient occupées d'eux. Ceci m'a été confirmé par les religieuses.

Il est difficile d'exprimer en paroles la façon d'agir des médecins allemands. Un seul, sur trois médecins, faisait ses pansements le matin. Les deux autres avaient estimé, pendant leur dernière semaine de séjour, c'est-à-dire du 4 au 12 septembre, qu'il était inutile de panser les blessés. Ce n'est que grâce au zèle et au dévouement du personnel hospitalier, que les malades trouvaient le soulagement auquel ils avaient droit. Aux heures des repas, les médecins allemands se conduisaient comme des pourceaux. Ils exigeaient des sœurs des mets abondants et spécialement préparés, jetant le vin ordinaire, dont ils étaient gavés, de la table sur la pierre d'évier, et réclamant des vins vieux choisis, dont ils s'enivraient tous les soirs. Une des sœurs, ne pouvant un jour les satisfaire, fut insultée de la façon la plus honteuse, reçut à la tête le vin qu'elle servait et une demi-douzaine de couteaux.

A leurs insultes quotidiennes, les mêmes officiers, cherchant à démoraliser ces femmes, ajoutaient les nouvelles les plus fantaisistes sur les échecs de l'armée française. Au moment de l'évacuation, les blessés français, sans qu'on tînt compte de la gravité de leurs blessures, furent empilés pêle-mêle dans les fourgons, jusqu'à ce qu'il n'y eût plus de place, et emmenés comme prisonniers.

Deux médecins français, qui n'avaient pas voulu abandonner leur poste, furent également emmenés comme prisonniers. Ainsi, après l'évacuation, pendant trois jours, le personnel hospitalier seul dut donner aux blessés allemands, très nombreux, et à ceux des nôtres qui n'avaient pu trouver place dans les fourgons allemands, tous les soins médicaux. Les blessés allemands — je parle leur langue — m'ont eux-mêmes avoué la honteuse conduite de leurs médecins.

Le capitaine Michelin, du 157e régiment d'infanterie, qui a bien voulu m'accompagner pour visiter nos blessés et les réconforter, a également entendu rapporter les faits précités.

Après une nouvelle visite faite à l'hôpital, cette fois dirigé par le service médical français, les sœurs m'ont confirmé que les Allemands avaient, deux jours avant leur départ, installé deux mitrailleuses dans le jardin même de l'hôpital. C'est par miracle que notre riposte ne s'est pas faite; elle ne pouvait du reste se produire, parce que le drapeau de la Croix-Rouge flottait sur l'édifice. Malgré cela, les Allemands en profitèrent pour tirer sur les nôtres.

Puis je fis une visite au dépôt des éclopés, aux casernes de Raon-l'Étape. Le spectacle qui s'offrit à mes yeux dépasse toute imagination. Le dépôt, rempli presque exclusivement de blessés allemands, ne constituait plus qu'un foyer d'infection horrible. Blessés graves et légers, à côté de moribonds, gisaient pêle-mêle sur la paille pourrie et inondée de déjections de toute sorte ; les couvertures recouvrant ces immondices étaient recouvertes à leur tour par d'autres couvertures tout aussitôt infectées. En entrant dans les salles, une odeur nauséabonde me saisit à la gorge : impossible de respirer. Les lieux d'aisance n'étaient plus accessibles. L'ambulance divisionnaire française, qui s'est mise aussitôt à l'œuvre, n'a pu rétablir un service régulier qu'au bout de huit jours d'un travail surhumain pour rendre les lieux habitables.

A Raon-l'Étape, les Allemands ont mis systématiquement le feu à tout un quartier de maisons.

Je tiens des religieuses qui dirigent à Raon-l'Étape une école libre, rue Jules-Ferry, que les Allemands ont installé devant leur maison un canon qu'ils ont braqué sur l'église. Ils avaient prétexté avoir entendu des coups de revolver tirés de l'église. Ils ont fait usage de ce canon contre l'église, qui n'en était qu'à cent mètres. Ils ont mis ainsi, par le canon, le feu à l'église à quatre reprises différentes ; ils ont fait tomber les cloches et anéanti le clocher.

Divers habitants de Raon-l'Étape m'ont rapporté que des femmes d'officiers allemands étaient venues en automobile, après avoir traversé le Donon. Dans le bazar principal de la ville, elles se sont elles-mêmes, en compagnie de leurs maris, livrées à un vrai pillage. Elles ont emporté tout ce qui leur plaisait, et après leur passage, il ne restait plus dans ce bazar aucun objet de valeur. Elles ont également fait choix, dans des maisons particulières abandonnées, de tout ce qui pouvait leur convenir en lingerie, bibelots, bijoux, meubles de toute sorte, prenant jusqu'à des pianos. Pour donner à ces dames libre accès dans les maisons, les soldats fracturaient les portes.

Ceci m'a été confirmé à Celles : les habitants avaient vu le convoi d'automobiles traverser leur village et n'avaient pas été peu surpris de voir des pianos sur les fourgons.

A Celles, j'ai appris par M. Mougeot, secrétaire particulier de M. Charles Cartier-Bresson, grand industriel et maire de cette ville, que, sans raison aucune, les Allemands avaient fait prisonniers le maire et le curé d'Allarmont, village voisin de Celles. Ces deux malheureux ont été conduits par les Allemands dans la prairie de Celles et, sans aucun motif, y ont été fusillés.

A Bouconville, j'avais, le 27 septembre, installé un poste de secours sur lequel j'avais naturellement arboré le pavillon de la Croix-Rouge ; cela n'a pas empêché un avion allemand de nous bombarder, de nous lancer une pluie de schrapnells. Personne, heureusement, n'a été blessé.

Lecture faite, le témoin a signé avec nous.

N° 207.

DÉPOSITION faite, le 26 septembre 1915, à LA NEUVEVILLE-LÈS-RAON (Vosges), devant la Commission d'enquête.

BOURGEOIS (Constant), 63 ans, maire de La Neuveville-lès-Raon :

Je jure de dire la vérité.

Dès la fin des combats qui ont eu lieu autour de La Neuveville et de Raon-l'Étape, les Allemands se sont livrés ici à un pillage organisé, chargeant leur butin sur des voitures automobiles et l'expédiant dans leur pays. Plusieurs personnes ont même vu des femmes ou maîtresses d'officiers choisissant de la lingerie ou des meubles.

Pendant les dix-neuf jours de l'occupation, ce fut une beuverie continuelle. Dans les habitations où ils logeaient, les officiers envoyaient les propriétaires se coucher, pour pouvoir plus commodément vider les caves. Les maisons occupées par eux ont été laissées dans un état de saleté répugnant : certaines d'entre elles étaient remplies d'immondices et d'excréments.

Quarante-cinq maisons ont été brûlées par une troupe munie de sacs remplis de matières incendiaires. Des soldats ont déclaré à M. et Mme Barret qu'ils avaient reçu l'ordre de mettre le feu partout.

A l'arrivée des Allemands, plusieurs personnes s'étaient réfugiées dans une cave de la ferme de M. Lalevée. Pendant la bataille, un blessé français du 20e bataillon de chasseurs à pied a pu se traîner jusqu'auprès d'elles. Les Allemands, étant survenus, ont ordonné aux femmes de le panser et l'ont fait emporter par M. Zabel, soi-disant pour le conduire auprès d'un major; mais à peine Zabel avait-il franchi une distance de cinquante mètres, avec le soldat sur son dos, que les ennemis massacraient les deux hommes.

Après lecture, le témoin a signé avec nous.

***

N°s 208, 209.

DÉPOSITIONS faites, le 24 septembre 1915, à NOSSONCOURT (Vosges), devant la Commission d'enquête.

SIBILLE (Maria), femme VIRION, demeurant à Nossoncourt:

Je jure de dire la vérité.

Les Allemands sont arrivés ici le 25 août 1914. Dès ce jour-là, ils ont mis le feu à vingt bâtiments du village. Je les ai vus incendier ma maison et celle de M. Humbert avec des torches fixées au bout de bâtons. Ils nous avaient fait sortir auparavant.

Mon mari, qui était adjoint faisant fonctions de maire, a été arrêté sans motif avec seize habitants. Tous ont été emmenés en Allemagne; mon mari y est encore, ainsi que le curé, M. Martin, et deux autres, dont un estropié, M. Bodaine (Paul). M. Leconte (Jules) et M. Mathieu (Eugène) sont morts là-bas. M. Gabriel (Charles) est décédé en route pendant qu'il revenait.

Après lecture, le témoin a signé avec nous.

***

CALNAT (Laurent), 22 ans, instituteur public à Nossoncourt, secrétaire de la mairie :

Je jure de dire la vérité.

Je n'étais pas encore instituteur à Nossoncourt quand les Allemands y sont venus; mais je sais, par les renseignements que les habitants m'ont fournis, ce qui s'est passé ici pendant l'occupation. Vingt bâtiments ont été brûlés, et il est de notoriété publique que les ennemis ont mis le feu avec des torches.

Après lecture, le témoin a signé avec nous.

***

N°s 210, 211, 212, 213, 214.

DÉPOSITIONS faites, le 24 septembre 1915, à SAINTE-BARBE (Vosges), devant la Commission d'enquête.

SAINT-DIZIER (Paul), 43 ans, maire de Sainte-Barbe :

Je jure de dire la vérité.

Les Allemands sont arrivés à Sainte-Barbe le 25 août 1914, et ont pillé la commune. Sous le prétexte qu'ils avaient trouvé de la résistance de la part de quelques troupes françaises, ils m'ont arrêté et m'ont gardé pendant cinq jours, ainsi que mon adjoint, et ils ont volontairement brûlé le village. L'incendie a été allumé le 25 et le 26 août. Les soldats entraient dans chaque habitation et exigeaient qu'on leur remît des allumettes, en déclarant qu'ils allaient s'en servir pour mettre le feu à la maison. Cent quatre immeubles, sur environ cent cinquante, ont été détruits. Mlle Rosalie Haite, âgée de quatre-vingt-trois ans, qui était impotente, a été brûlée chez elle, dans son lit. Sa nièce avait demandé la permission de l'emporter; mais les Allemands l'avaient repoussée.

Les troupes qui ont incendié notre village sont les 113e et 114e régiments d'infanterie bavarois.

Après lecture, le témoin a signé avec nous.

Denis (Marie), femme Leroy, 47 ans, demeurant à Sainte-Barbe :

Je jure de dire la vérité.

Le 26 août 1914, vers sept heures et demie du matin, au moment où je voulais rentrer chez moi après avoir conduit mes vaches dans les prés, j'ai vu des Allemands enfoncer la porte de notre grange. Aussitôt l'un d'eux a frotté une allumette et a mis le feu à un tas de paille. Tout l'immeuble a été consumé. Pendant la nuit précédente, nous avions été pillés.

Après lecture, le témoin a signé avec nous.

Mary (Joséphine), femme Petit, 30 ans, demeurant à Sainte-Barbe :

Je jure de dire la vérité.

Le 25 août 1914, vers cinq ou six heures du soir, une douzaine de Bavarois sont venus chez moi me demander du vin et des allumettes. Quand ils sont sortis, je les ai vus placer au bout de leurs fusils des mèches analogues à celles qui servent à soufrer les tonneaux, les allumer, puis tirer à l'intérieur de l'église. Cette tentative d'incendie n'a pas réussi : l'église n'a été brûlée que le lendemain.

Après lecture, le témoin a signé avec nous.

Demolis (Pierre-Paul), 52 ans, instituteur à Sainte-Barbe et secrétaire de la mairie :

Je jure de dire la vérité.

Le 26 août 1914, dans la matinée, je me trouvais à l'infirmerie installée dans la salle d'école, quand un commandant bavarois, s'approchant de moi, me dit : « Nous allons brûler le reste du village. » Comme je lui demandais la raison de cette mesure, il me répondit : « On a tiré sur nous. » J'ai énergiquement protesté; mais il n'a rien voulu entendre, et un instant après, les maisons qu'on avait épargnées la veille étaient en flammes.

Vers deux heures de l'après-midi, le feu avait fait son œuvre : les deux tiers du village, et notamment l'église, étaient brûlés.

Après lecture, le témoin a signé avec nous.

Thiébaut (Jean-Baptiste), 64 ans, garde champêtre à Sainte-Barbe :

Je jure de dire la vérité.

Le 26 août 1914, vers huit heures du matin, je me trouvais chez ma tante, Mlle Rosalie Haite, avec ma femme et notre cousine, Célestine Haite, qui servait de garde-malade à notre parente. A un certain moment, un Allemand appela de la rue en criant : « La patronne ! » Étant alors sortis, ma femme, ma cousine et moi, nous avons vu cet homme en train de mettre le feu, avec une allumette, à la paille qui était répandue dans la grange. Célestine s'est écriée à plusieurs reprises : « Mon Dieu, ma tante ! » et a essayé de pénétrer dans la maison pour porter secours à l'infirme; mais l'Allemand nous a tous repoussés. Mlle Célestine Haite n'est plus ici : elle se trouve actuellement à l'hôpital de Baccarat.

Après lecture, le témoin a signé avec nous et avec sa femme, née COLIN (Marie), âgée de soixante-six ans, qui, serment prêté, a confirmé la déposition ci-dessus.

N° 215.

DÉPOSITION faite, le 24 septembre 1915, à SAINTE-BARBE (Vosges), devant la Commission d'enquête.

BONTEMPS (Marie), 57 ans, demeurant à Sainte-Barbe :

Je jure de dire la vérité.

Le 26 août, dans la matinée, j'ai vu, dans les champs près de chez moi, deux soldats allemands achever deux soldats français blessés et étendus à terre. L'un frappait à coups de crosse; l'autre a saisi à plusieurs reprises un des blessés, le relevant et le rejetant sur le sol (1).

Après lecture, le témoin a signé avec nous.

N°s 216, 217, 218.

DÉPOSITIONS faites, le 24 septembre 1915, à DONCIÈRES (Vosges), devant la Commission d'enquête.

VILLAUME (Charles), 57 ans, maire de Doncières :

Je jure de dire la vérité.

Je n'étais pas ici lorsque les Allemands sont arrivés, le 26 août 1914; mais il résulte des renseignements que j'ai recueillis que, sur les vingt-neuf maisons qui ont été détruites, deux seulement ont été brûlées par les obus : les autres ont été incendiées à la main. Le village a été complètement pillé.

Un habitant de la commune, M. Thomas (Antoine), âgé de soixante-quatorze ans, a été tué par une balle.

Après lecture, le témoin a signé avec nous.

GROSJEAN (Édouard), 71 ans, propriétaire à Doncières :

Je jure de dire la vérité.

Un jour, fin août ou commencement de septembre 1914, je me trouvais avec Hégy (Xavier) et Thomas (Antoine) devant la maison de ce dernier, quand les Allemands nous envoyèrent une décharge. Aucun de nous ne fut atteint. Nous nous empressâmes de rentrer chacun chez nous. Quelques instants après, Mlle Thomas est venue me chercher, en me disant que son père venait d'être tué dans son grenier, près de la fenêtre. L'ayant suivie, j'ai trouvé M. Thomas étendu mort. Il avait reçu une balle en pleine poitrine. Le projectile avait traversé une vitre.

Après lecture, le témoin a signé avec nous.

---

(1) V. Rapports et Procès-verbaux d'enquête de la Commission, III-IV : p. 20, 101.

Odinot (Jules), 69 ans, cultivateur à Doncières :

Je jure de dire la vérité.

A la fin du mois d'août 1914, quinze ou vingt Allemands sont entrés chez moi, en pillant, et m'ont dit de sortir parce qu'ils allaient mettre le feu à la maison. Presque immédiatement, la flamme s'est élevée.

En face de chez moi, dans la maison Noël, comme le feu ne prenait pas assez vite à leur gré, je les ai vus promener des torches sur la paille.

Après lecture, le témoin a signé avec nous.

Nᵒˢ 219, 220.

DÉPOSITIONS faites, le 24 septembre 1915, à Ménil-sur-Belvitte (Vosges), devant la Commission d'enquête.

Henry (Julien), 61 ans, propriétaire à Ménil-sur-Belvitte :

Je jure de dire la vérité.

Le 27 août 1914, pendant qu'on se battait à Ménil, des Allemands sont venus me prendre chez moi et m'ont obligé à me tenir devant eux pour empêcher les soldats français de tirer. J'ai eu la chance de ne pas recevoir de balle; mais les deux hommes qui m'escortaient de chaque côté ont été atteints: l'un a été tué, l'autre blessé.

Au bout de dix minutes, ma belle-fille, Mᵐᵉ Henry, femme du maire, est venue me chercher, et son attitude a imposé aux Allemands, qui m'ont laissé partir.

Après lecture, le témoin a signé avec nous.

Henry (Denise), née Noël, 36 ans, demeurant à Ménil-sur-Belvitte :

Je jure de dire la vérité.

Le 27 août 1914, ma belle-mère est venue tout en pleurs me prévenir que les Allemands avaient enlevé mon beau-père et étaient en train de l'exposer aux balles françaises. Je me suis précipitée et j'ai vu qu'en effet M. Henry était en avant de l'ennemi, tandis que les Français tiraient à cinquante mètres de là. J'ai bousculé les soldats, j'ai pris mon beau-père par le bras et je l'ai entraîné jusque chez moi. Les Allemands, surpris, m'ont laissée faire.

Après lecture, le témoin a signé avec nous.

Nᵒˢ 221, 222, 223, 224, 225, 226, 227.

DÉPOSITIONS faites, le 24 septembre 1915, à Ménil-sur-Belvitte (Vosges), devant la Commission d'enquête.

Dulché (Marie-Léonie), veuve Michel, 51 ans, demeurant à Ménil-sur-Belvitte :

Je jure de dire la vérité.

Le 28 août 1914, pendant que la maison voisine de la nôtre brûlait, je suis sortie avec mon mari, Victor Michel, cultivateur, pour me sauver. Il y avait des Allemands partout. Comme je marchais la première, je n'ai pas vu ce qui se passait; mais j'ai entendu une voix

de femme crier : « Quel malheur, Victor est tué ! » M'étant alors retournée, je me suis aperçue que mon mari était étendu sur le sol; j'ai tenté de m'approcher de lui, mais les Allemands m'ont entraînée.

Après lecture, le témoin a signé avec nous.

———

THIÉRY (Mélanie), femme BENOIT, 34 ans, demeurant à Ménil-sur-Belvitte :

Je jure de dire la vérité.

Le 28 août 1914, vers huit heures du matin, quand les époux Michel sont sortis de chez
eux, j'ai entendu un officier allemand donner l'ordre de fusiller le mari et enjoindre à celui-
ci de lever les bras. Aussitôt deux hommes ont tiré, et Michel est tombé. Je me suis écriée :
« Quel malheur ! Ils viennent de tuer Victor. » J'étais au milieu des Allemands. Ils m'ont fait
partir immédiatement vers Baccarat.

Après lecture, le témoin a signé avec nous.

———

CHEVILLOT (Edmond), 56 ans, cultivateur à Ménil-sur-Belvitte :

Je jure de dire la vérité.

Le 28 août 1914, j'ai trouvé M. Conte (Victor) mort dans sa cave. D'après ce que nous
avons constaté, il a été tué par une balle tirée à travers la porte. Il avait du sang au côté.

Aidé de MM. Cailloux et Didier, je l'ai inhumé dans le cimetière. Nous avons aussi enterré
M. Michel (Victor) et M. Constant Maugin, dont nous avions relevé les corps. Michel était
étendu dans la rue et Maugin gisait dans son jardin.

Après lecture, le témoin a signé avec nous et avec MM. CAILLOUX (Auguste) et DIDIER
(Joseph), qui, serment prêté, ont confirmé la déposition ci-dessus.

———

MAUGIN (Marie), femme BERNARD, 27 ans, demeurant à Ménil-sur-Belvitte :

Le 28 août, vers huit heures et demie du matin, nous sommes sortis, mon père, Constant Maugin, âgé de soixante-trois ans, et moi, parce que notre maison commençait à brûler.
J'ai sauté par une fenêtre dans le jardin, et mon père, après m'avoir passé mes trois enfants,
a tenté de me rejoindre. A peine était-il dans le jardin, que deux Allemands tiraient sur lui et
l'abattaient. Je n'ai pu revenir auprès de lui qu'au bout de deux heures. Il était mort, et son
corps portait deux blessures, l'une au cou, l'autre au côté droit.

Après lecture, le témoin a signé avec nous.

———

THOMAS (Pauline), femme MAUGIN, 28 ans, demeurant à Ménil-sur-Belvitte :

Je jure de dire la vérité.

Le 28 août 1914, dans la matinée, les Allemands ont mis volontairement le feu à une
partie du village. J'en ai vu plusieurs incendier la maison de Mme veuve Colin. Ils ont chargé
de paille un chariot qui se trouvait dans la grange, et ont mis le feu à cette paille avec des
allumettes que l'un d'eux m'avait demandées à moi-même.

Après lecture, le témoin a signé avec nous.

———

Cailloux (Auguste), 58 ans, cultivateur à Ménil-sur Belvitte :

Je jure de dire la vérité.

Le 28 août 1914, vers neuf heures du matin, un grand nombre d'Allemands ont envahi ma maison. Ils m'ont conseillé de lâcher mon bétail, en me prévenant qu'ils allaient mettre le feu; puis, avec des allumettes, ils ont allumé l'incendie dans le grenier. Cinquante-deux maisons du village ont été brûlées.

Après lecture, le témoin a signé avec nous.

Henry (Paul), 39 ans, maire de Ménil-sur-Belvitte :

Je jure de dire la vérité.

J'étais mobilisé à Toul quand les Allemands ont envahi ma commune. L'incendie qu'ils ont allumé ici a consumé cinquante-deux maisons sur environ cent cinquante.

Après lecture, le témoin a signé avec nous.

N° 228.

DÉPOSITION faite, le 24 septembre 1915, à Xaffévillers (Vosges), devant la Commission d'enquête.

Renaud (Alcide), 16 ans, cultivateur à Xaffévillers :

Je jure de dire la vérité.

Le 27 août 1914, j'ai été arrêté dans la rue, avec mon père et un étranger réfugié, M. Flavenot, de Gélacourt (Meurthe-et-Moselle), par un détachement que commandait un officier du 1er régiment d'infanterie bavarois. On nous a fait coucher dans les prés et on nous a laissés sous le feu des Français jusqu'au lendemain soir. L'officier nous avait prévenus que, si nous cherchions à nous évader, nous serions fusillés. Mon père, atteint à la poitrine par un éclat d'obus, a succombé le 11 novembre aux suites de sa blessure. J'ai moi-même reçu une égratignure à la jambe.

Après lecture, le témoin a signé avec nous.

N° 229.

DÉPOSITION faite, le 24 septembre 1915, à Xaffévillers (Vosges), devant la Commission d'enquête.

Demange (Célestin), 57 ans, maire de Xaffévillers :

Je jure de dire la vérité.

Une de mes parentes, Mme veuve X..., âgée d'environ soixante-quinze ans, a été violée par un Allemand à son domicile.

Elle n'est pas chez elle en ce moment. Du reste, j'estime qu'il est préférable qu'on ne lui demande pas de déposition sur cette malheureuse affaire.

Notre village a été brûlé en partie, mais nous ne pouvons pas préciser les causes de l'incendie. Le pillage a été général.

Après lecture, le témoin a signé avec nous.

N°s 230, 231.

DÉPOSITIONS faites, le 26 septembre 1915, à La Voivre (Vosges), devant la Commission d'enquête.

SCHMITT (Louise), veuve AZE, négociante à La Voivre :

Je jure de dire la vérité.

Le 29 août 1914, ayant vu passer devant ma fenêtre M. l'abbé Lahache, curé de La Voivre, entouré d'Allemands, je suis sortie pour lui dire bonjour. Il m'a donné une poignée de mains et m'a dit : « J'ai été arrêté parce qu'ils prétendent avoir trouvé chez moi quelque chose que je ne devais pas avoir : une carte d'état-major. » A ce moment, des soldats m'ont saisie, avec tant de brutalité que j'ai eu le bras noir pendant plus de quinze jours, et m'ont jetée sur un banc. Au bout d'une heure, nous avons été emmenés dans les champs. M. le curé avait d'abord essayé de me rassurer, mais il a fini par me dire : « Mme Aze, faisons notre acte de contrition ; je vois bien que nous sommes perdus », et il m'a donné sa bénédiction.

Nous avons été alors conduits sur la route d'Hurbache, où se trouvait un nombreux état-major. Là, un commandant a lu à M. l'abbé Lahache une sentence en français ; j'ai entendu notamment, à trois reprises, cette phrase : « Au nom de la loi, vous serez fusillé. » M. le curé est revenu vers moi, m'a embrassé les mains et m'a chargée de dire à sa sœur qu'il partait pour l'éternité et qu'il fallait prier pour lui. Il m'a aussi confié sa montre, en me demandant de la remettre à Mlle Lahache. Ensuite, il est allé se placer à dix mètres plus loin, dans un champ, s'est bandé les yeux avec son mouchoir et a chanté le *Libera me*. Dix soldats se sont placés devant lui, ont fait feu tous ensemble, et il est tombé.

Pendant que cette scène se déroulait, quatre infirmiers portant brassard ont creusé dans un champ voisin une fosse peu profonde, et aussitôt après l'exécution, y ont enterré M. le curé.

Les Allemands m'ont ensuite ramenée à La Voivre, m'y ont gardée à vue jusqu'à dix heures du soir, avec plusieurs habitants de la commune, puis m'ont transférée à Saint-Michel-sur-Meurthe, où, pendant la nuit, j'ai été fouillée par mes gardiens. Ils m'ont laissé mes billets de banque, mais m'ont pris quelques pièces de vingt francs.

Après lecture, le témoin a signé avec nous.

QUIRIN (Eugène), 62 ans, maire de La Voivre :

Je jure de dire la vérité.

L'occupation allemande à La Voivre a duré dix-sept jours, à partir du 28 août 1914. Les ennemis ont tué M. le curé Lahache le 29, et ils m'ont arrêté le 30. Je suis resté quatorze jours entre leurs mains. Sous le prétexte faux que les habitants avaient tiré sur eux, ils ont incendié six maisons avec des baguettes fusantes. M. le curé n'a pas été leur seule victime. Ils ont tué aussi M. Bastien (Joseph), âgé de soixante-quatorze ans, après l'avoir emmené à une centaine de mètres de son habitation. Personne n'a assisté au meurtre ; mais on a entendu le coup de feu et on a trouvé le cadavre enterré par les Allemands dans un jardin, à deux mètres du fossé de la route.

Bastien était presque impotent et tout à fait inoffensif.

M. l'abbé Lahache, un excellent homme, très conciliant et très doux, était âgé de soixante et un ans.

Après lecture, le témoin a signé avec nous.

Nᵒˢ 232, 233.

DÉPOSITIONS faites, le 26 septembre 1915, à SAINT-MICHEL-SUR-MEURTHE (Vosges), devant la Commission d'enquête.

VIVIN (Camille), 47 ans, instituteur et secrétaire de la mairie à Saint-Michel-sur-Meurthe :

Je jure de dire la vérité.

Il n'était resté que quelques personnes à Saint-Michel quand les Allemands y sont arrivés, le 29 août 1914. J'étais moi-même absent. Dix maisons, une usine et deux hangars ont été détruits. D'après les renseignements que j'ai recueillis, ces destructions ont été surtout causées par les obus; cependant les Allemands ont brûlé volontairement trois maisons.

Après lecture, le témoin a signé avec nous.

———

POUR (Félicie), femme BARLIER, 37 ans, demeurant à Saint-Michel-sur-Meurthe :

Je jure de dire la vérité.

Le 29 août, trois Allemands sont entrés chez moi : c'étaient deux soldats et un chef. Ce dernier s'est emparé de la lampe à pétrole allumée qui se trouvait sur la table, en a brisé le verre et est allé mettre le feu dans la grange. Les trois hommes se sont ensuite éloignés, tandis que notre maison brûlait complètement.

Après lecture, le témoin a signé avec nous et avec Mᵐᵉ SUÉRY (Sylvie), femme JACQUOT, âgée de trente-cinq ans, demeurant à Saint-Michel, qui, après avoir prêté serment, a confirmé la déposition ci-dessus.

———

Nᵒˢ 234, 235.

DÉPOSITIONS faites, le 26 septembre 1915, à SAINT-MICHEL-SUR-MEURTHE (Vosges), devant la Commission d'enquête.

VILLAUME (Hortense), veuve GÉRARD, 67 ans, demeurant à Saulceray, commune de Saint-Michel-sur-Meurthe :

Je jure de dire la vérité.

Le samedi 5 septembre, j'étais à la scierie Villaume, à Saulceray, avec mon mari, Gérard (Célestin), âgé de soixante et onze ans, et Villaume (Jean-Baptiste), mon frère, âgé de soixante-quinze ans, quand une vingtaine d'Allemands sont venus nous demander du vin. Villaume s'est empressé de leur montrer son tonneau pour qu'ils pussent boire. Aussitôt l'un des soldats l'a terrassé et s'est mis à le piétiner. Sur ces entrefaites, les Allemands découvrirent dans la cave une carabine genre scolaire appartenant à mon petit-fils. Ils se jetèrent immédiatement sur nous, arrachèrent les bretelles de mon frère, et s'en servirent pour frapper les deux hommes en les chassant devant eux comme du bétail. Affolée, je me sauvai chez M. Lemaire, aux Baraques, écart de Saulceray. En route, j'entendis un feu de peloton. Le lendemain, ayant été avisée par une femme que mon mari et mon frère étaient fusillés, je suis allée à la recherche des corps et je les ai trouvés attachés l'un à l'autre par un bras avec les bretelles de Villaume. Mon frère avait la main sur la poitrine : trois de ses doigts étaient coupés. J'ai procédé moi-même, avec l'aide d'un voisin, à l'inhumation des deux victimes.

Après lecture, le témoin a signé avec nous.

GÉRARD (Émile), 46 ans, boulanger à Saulceray, commune de Saint-Michel-sur-Meurthe :

Je jure de dire la vérité.

J'ai assisté à l'exhumation des corps de mon père et de mon oncle, qui a eu lieu quinze jours après l'exécution. J'ai remarqué que les cadavres portaient chacun un trou énorme à la poitrine.

Après lecture, le témoin a signé avec nous.

N°ˢ 236, 237, 238, 239.

DÉPOSITIONS faites, le 26 septembre 1915, à NOMPATELIZE (Vosges), devant la Commission d'enquête.

THIÉBAUT (Auguste), 51 ans, cultivateur à Bourmont, commune de Nompatelize :

Je jure de dire la vérité.

Le 4 septembre 1914, une quinzaine de uhlans sont venus arrêter chez lui, au hameau de Bourmont, M. Balland, mon voisin, qu'ils accusaient d'avoir tiré sur eux. Ils sont ensuite entrés dans ma maison, en vociférant et en portant contre moi la même accusation dénuée de tout fondement; puis ils m'ont emmené chez Balland avec M. Valentin, mon locataire. De là, nous avons été conduits tous trois à la gare de Saint-Michel, où on nous a placés debout contre une pile de planches. Au bout de six heures, des soldats sont venus prendre Balland et, à cinquante mètres de nous, ils l'ont fusillé. Nous avons entendu le feu de peloton. L'exécution terminée, les Allemands sont venus nous chercher, Valentin et moi. Nous avons cru notre dernière heure arrivée et nous nous sommes mis à pleurer. Un soldat nous a dit alors : « Non, pas pour vous. » On voulait seulement nous faire emporter le cadavre de notre concitoyen et nous obliger à l'enterrer. Nous avons dû l'inhumer dans une tranchée près du chemin de fer.

Balland était aussi calme et inoffensif que moi-même. Je ne lui ai jamais vu de fusil. C'était un brave homme : il faisait bon avec lui. C'est dommage !

Quand Mᵐᵉ Balland a appris la mort de son mari, elle a déclaré qu'elle voulait mourir et m'a dit qu'elle venait d'absorber « un paquet ». Elle est décédée chez moi dans la nuit.

Après lecture, le témoin a signé avec nous.

GÉRARDIN (Joseph-Alphonse), 55 ans, maire de Nompatelize :

Je jure de dire la vérité.

Ma commune a été ravagée par les obus, et les Allemands, qui l'ont occupée à partir du 4 septembre 1914 jusqu'au 11 du même mois, y ont mis volontairement le feu à une maison. Toutes les caves ont été pillées, et les habitations abandonnées ont été dévalisées.

Le 4 septembre, des uhlans ont emmené M. Balland, âgé de soixante ans environ, cultivateur au hameau de Bourmont, et l'ont fusillé à la gare de Saint-Michel, sous le prétexte certainement faux qu'il avait tiré sur eux.

Je connaissais beaucoup Balland. C'était un homme extrêmement paisible, qui n'avait jamais tenu un fusil de sa vie.

Mme Balland est décédée quelques heures après avoir appris la mort de son mari.

Après lecture, le témoin a signé avec nous.

———————

VALENTIN (Charles), 54 ans, manœuvre à Bourmont, commune de Nompatelize :

Je jure de dire la vérité.

Un jour, au commencement de septembre, des uhlans sont venus m'arrêter avec M. Thiébaut, chez qui je me trouvais. Ils prétendaient faussement que nous avions tiré sur eux. Malgré nos protestations, ils nous ont entraînés chez M. Balland; puis, en compagnie de celui-ci, nous ont conduits jusqu'à la gare de Saint-Michel, où ils nous ont placés contre une pile de planches. A la tombée de la nuit, des soldats ont emmené Balland à une cinquantaine de mètres de nous et l'ont fusillé. Ils nous ont obligés ensuite, M. Thiébaut et moi, à transporter le corps et à l'enterrer dans une tranchée, près de la voie du chemin de fer.

Après lecture, le témoin a déclaré persister dans sa déposition et ne savoir signer.

———————

COLOTTE (Julie), 67 ans, demeurant au hameau de Bourmont, commune de Nompatelize :

Je jure de dire la vérité.

Un jour, au commencement de septembre 1914, à onze heures et demie du matin, des uhlans ont envahi notre maison, où nous étions tranquillement assis dans la cuisine, ma sœur, mon beau-frère Balland (Eugène) et moi, et nous ont ordonné d'en sortir, en nous bousculant et en nous mettant le canon de leurs fusils sur l'oreille. En passant dans la grange, ils m'ont brutalement renversée; puis, en face de la maison, ils nous ont alignés tous trois le long d'un mur, en se plaçant devant nous; enfin, ils ont emmené Balland avec MM. Thiébaut et Valentin, qu'ils avaient conduits chez nous.

Vers six heures et demie du soir, ces deux derniers sont revenus seuls, et Thiébaut, s'adressant à ma sœur, lui a dit : « Oh ! ma pauvre Delphine, votre mari est fusillé. »

Ma sœur est morte dans la nuit.

Après lecture, le témoin a signé avec nous.

———————

N°s 240, 241, 242, 243, 244, 245, 246.

DÉPOSITIONS faites, le 27 septembre 1915, à MANDRAY (Vosges), devant la Commission d'enquête.

NOËL (Marie-Julienne), veuve VAUTHIER, 39 ans, demeurant à Mandray :

Je jure de dire la vérité.

Le 27 août 1914, en prévision de l'arrivée des Allemands, mon mari, Jean-Baptiste Vauthier, âgé de quarante-sept ans, cultivateur, m'a conduite à Anould, avec mes quatre enfants; puis il est revenu à Mandray pour soigner son bétail. Je sais qu'il a été tué par des soldats ennemis. D'ailleurs, le surlendemain, étant retournée à Mandray, j'ai vu son corps qui portait une blessure à la hauteur des reins.

Après lecture, le témoin a signé avec nous.

———————

Vauthier (Joseph), 53 ans, cultivateur à Bénifosse, commune de Mandray :

Je jure de dire la vérité.

Le 27 août 1914, à la nuit, mon cousin Vauthier (Jean-Baptiste) est venu avec deux Allemands frapper à ma fenêtre et me demander à boire et à manger pour les hommes qui l'accompagnaient. Je lui ai répondu que nous n'avions plus rien, car tout avait été déjà raflé par l'ennemi. Vauthier a fait alors connaître aux Allemands ce que je venais de dire, et ceux-ci l'ont emmené dans la direction du village. Le groupe avait une lanterne allumée.

Après lecture, le témoin a signé avec nous.

Vincent (Joseph), 48 ans, cultivateur à la Basse-Mandray :

Je jure de dire la vérité.

Le 27 août 1914, vers neuf heures du soir, étant couché chez moi, au premier étage, j'ai vu de mon lit, par la fenêtre, la lumière d'une lanterne qui s'avançait. Quelques instants après, un coup de feu a retenti; puis, j'ai entendu les pas de deux hommes qui passaient devant chez moi en courant. Le lendemain, le cadavre de Vauthier a été trouvé à cinquante mètres de ma maison.

Après lecture, le témoin a signé avec nous.

Kinzel (Aline), femme **Cuny**, 49 ans, demeurant à Mandray :

Je jure de dire la vérité.

Le 5 septembre 1914, vers six heures du soir, des Allemands ont amené chez moi M. Apy (Léopold), âgé de soixante-quatre ans, manœuvre à Mandray; à onze heures, on l'a fait sortir et on l'a fusillé près de ma maison. J'ai entendu coup sur coup cinq détonations. Le lendemain, j'ai vu le cadavre étendu sur le sol. Les Allemands l'ont ensuite emporté, et l'on ne sait pas ce qu'ils en ont fait.

Apy était un homme paisible, un peu simple d'esprit. Les meurtriers ont prétendu qu'il avait tiré sur eux; mais je suis convaincue que cette allégation est inexacte. Apy m'avait d'ailleurs raconté qu'il avait été arrêté parce que, poussé par la curiosité, il s'était approché d'une maison que les obus avaient incendiée.

J'ajoute qu'un commandant qui logeait chez moi, au premier étage, est resté complètement indifférent à ce qui s'est passé.

Après lecture, le témoin a signé avec nous.

Rément (Camille), 49 ans, curé de Mandray :

Je jure de dire la vérité.

Le 6 septembre 1914, le général allemand von Zeck (1) m'a dit : « Les soldats français ont tué une de vos paroissiennes. » Une minute après, Mme Cuny, chez qui j'étais entré, m'apprenait que Mlle Marie Péchey, une vieille fille de soixante-quinze ans, était absente depuis que, la veille au soir, les Allemands l'avaient contrainte à les conduire à la ferme de Miraumeix. Ayant fait immédiatement un rapprochement entre ce récit et le propos du général, je me

(1) Ainsi déclaré.

suis rendu auprès de ce dernier et je l'ai prié d'envoyer chercher le cadavre. Il y a consenti non sans peine; enfin, le corps fut rapporté. Je ne m'étais pas trompé : c'était bien celui de Marie Péchey. La malheureuse avait été certainement tuée par un feu de salve tiré à bout portant. Il ne restait de sa tête que les deux os pariétaux. Le mensonge du général von Zeck était flagrant.

Après lecture, le témoin a signé avec nous.

Subil (Marguerite), veuve Sibille, 56 ans, demeurant à La Behouille, commune de Mandray :

Je jure de dire la vérité.

Le 8 septembre 1914, vers six heures ou six heures et demie du soir, deux Allemands ont pénétré chez nous et ont empoigné mon mari, qui venait d'entrer dans la cuisine où je me trouvais. Ils l'ont immédiatement emmené en le poussant avec une baïonnette.

Au bout de six jours, ayant appris qu'on avait découvert, sur le territoire de La Croix-aux-Mines, une tombe sur laquelle était déposée une paire de sabots, je me suis rendue à l'endroit indiqué et j'ai reconnu les chaussures de mon mari. Le même jour, j'ai fait ouvrir la fosse et j'ai retrouvé le cadavre.

Constant Sibille, qui avait cinquante-neuf ans, était un homme très calme. Il n'a eu aucune altercation avec les Allemands, dont il avait même soigné les blessés. Quand il a été arrêté sans motif, il s'est borné à dire : « Messieurs, je ne fais pas de mal; je suis le patron d'ici. »

Après lecture, le témoin a signé avec nous.

Cuny (Gustave), 55 ans, adjoint faisant fonctions de maire à Mandray :

Je jure de dire la vérité.

En plus des meurtres qui vous ont été révélés par les témoins que vous venez d'entendre, j'ai à vous signaler la mort de Laurent (Constant), qui était âgé de cinquante-sept ans, et dont le corps a été trouvé enterré sous une mince couche de terre, à proximité de la fosse dans laquelle on avait découvert, quinze jours auparavant, les restes de M. Sibille. Le cadavre était en pleine putréfaction; aussi a-t-il été impossible de constater les blessures que la victime avait reçues.

Après lecture, le témoin a signé avec nous.

N° 247.

DÉPOSITION reçue, le 17 octobre 1914, à Sainte-Foy-lès-Lyon (Rhône), par M. Galfard, juge de paix.

Laneyrie (Jules), caporal au 23e d'infanterie, de Bourg (dépôt) :

Serment prêté.

Le 1er septembre, à Mandray, près Saint-Dié (Vosges), dans une ferme où j'ai passé la nuit, la propriétaire, dont j'ignore le nom, m'a montré le cadavre de son mari, âgé de quarante-huit ans, père de quatre enfants, lequel gisait sur la route, transpercé de part en part d'un coup de baïonnette.

D'après ce que m'a dit cette dame, un groupe d'Allemands battant en retraite, après avoir été hébergés dans cette maison, avaient demandé au mari de leur indiquer la route. Le mari avait obéi, allumé la lanterne, et les avait accompagnés une vingtaine de mètres. Au moment où il quittait le groupe, il fut lâchement frappé d'un coup de baïonnette qui entraîna la mort.

Lecture faite, persiste et signe avec nous.

N° 248.

DÉPOSITION faite, le 27 septembre 1915, à MANDRAY (Vosges), devant la Commission d'enquête.

Veuve X..., 56 ans, demeurant à Mandray :

Je jure de dire la vérité.

Le 7 septembre 1914, dans la soirée, je me trouvais chez ma belle-sœur, quand un Allemand, faisant irruption dans la cuisine, éteignit la lampe, me mit sa baïonnette sur la poitrine, me jeta contre le mur et me viola. J'ai été tellement ébranlée par cette scène affreuse que je suis encore très souffrante.

Après lecture, le témoin a signé avec nous.

N° 249.

DÉPOSITION faite, le 26 septembre 1915, à SAINT-DIÉ, devant la Commission d'enquête.

BURLIN (Louis), 53 ans, premier adjoint faisant fonctions de maire à Saint-Dié :

Je jure de dire la vérité.

Le 27 août 1914, les Allemands sont arrivés à Saint-Dié et se sont battus dans les rues avec des soldats d'une arrière-garde française. Pour se protéger contre le feu de ceux-ci, ils se sont saisis de plusieurs habitants et les ont placés devant eux. C'est dans ces conditions que MM. Chotel et Léon Georges ont été tués, et que MM. Visser et Louzy ont été blessés.

Le 29, au cours d'une contre-attaque, l'ennemi a incendié le quartier de la rue de la Bolle, tandis que les ponts qui relient ce quartier à la ville étaient rigoureusement gardés, ce qui supprimait toute possibilité de secours. Quarante-cinq maisons et cinq usines ont été brûlées.

Depuis, la ville de Saint-Dié a subi, en dehors de tout combat, une soixantaine de bombardements par canon et de nombreux bombardements par avion. Les obus sont tombés partout. Je vous remettrai la liste des victimes.

Après lecture, le témoin a signé avec nous.

N° 250.

DOCUMENT remis à la Commission par **M. L. BURLIN**, premier adjoint faisant fonctions de maire à SAINT-DIÉ.

LISTE

des habitants de Saint-Dié tués par suite de bombardement.

NOMS ET PRÉNOMS.	ÂGE.	DATE DU DÉCÈS.	BOMBARDEMENT	
			PAR CANON.	PAR AVION.
1. Wuillemain (Eugène)	47 ans	26 août 1914	1	//
2. Hummel (Édouard)	69 ans	26 août 1914	1	//
3. Perrin (Charles)	15 ans	27 août 1914	1	//
4. Mᵐᵉ Simon, *née* Valentin	30 ans	28 août 1914	1	//
5. Simon (Jeanne)	16 mois	28 août 1914	1	//
6. Mᵐᵉ Wolgemuth	55 ans	28 août 1914	1	//
7. Colin (Augustine)	23 ans	2 septembre 1914	1	//
8. Streicher (Madeleine)	2 ans	2 septembre 1914	1	//
9. Mᵐᵉ Antoine, *née* Bourg	27 ans	6 septembre 1914	1	//
10. Didier (Édouard)	56 ans	7 septembre 1914	1	//
11. Sudre (Marie)	23 ans	29 septembre 1914	1	//
12. Fouligny (Camille)	35 ans	4 février 1915	//	1
13. Mattern (Camille)	49 ans	4 février 1915	//	1
14. Mougeolle (Paul)	36 ans	4 février 1915	//	1
15. Remy (Paul)	44 ans	4 février 1915	//	1
16. Deloisy (Nicolas)	75 ans	6 février 1915	1	//
17. Mathieu, inspecteur de la sûreté	32 ans	6 février 1915	1	//
18. Guillemain (Alphonse)	13 ans	11 juin 1915	//	1
19. Mᵐᵉ Lorrain, *née* Mathis	44 ans	27 juin 1915	//	1
20. Weick (Adolphe)	53 ans	8 juillet 1915	1	//
21. Vᵛᵉ Portet	70 ans	8 juillet 1915	1	//

Saint-Dié-des-Vosges, le 27 septembre 1915.

L'adjoint faisant fonctions de maire,

Signé : L. BURLIN.

N°ˢ 251, 252.

DÉPOSITIONS faites, le 27 septembre 1915, à SAINT-DIÉ, devant la Commission d'enquête.

VISSER (Georges), 50 ans, comptable à Saint-Dié :

Je jure de dire la vérité.

Le 27 août 1914, j'étais caché dans les caves de l'usine Blech, quand les Allemands sont arrivés par le bois de Gratin. Étant alors sorti de ma cachette, je me suis trouvé en présence d'un officier allemand qui, en me mettant le revolver sous le menton, m'a dit : « Vous, nous conduire », et m'a fait immédiatement emmener. Tout près de l'usine, j'ai rencontré, encadré par les Prussiens, M. Chotel, qui demeure rue d'Ormont. Il m'a déclaré avoir été arrêté sur la route.

A l'angle de la rue Tharin et de la rue du Breuil, les soldats ennemis, qui pénétraient dans toutes les maisons, se sont saisis d'un jeune sourd-muet, nommé Louzy, et de M. Georges (Léon), manœuvre. Bientôt un Allemand, qui traversait la rue du Breuil, a reçu une balle en plein visage, et l'officier qui m'avait arrêté, s'adressant à moi, s'est écrié : « Les voilà, vos sales Français : ils tuent nos soldats au coin des rues. » Puis il donna un ordre à ses hommes et nous dit à tous quatre, en nous menaçant de son revolver : « Vous, sur le front, et en avant ! »

Au bout de quelques pas, nous nous sommes trouvés en face d'une barricade derrière laquelle tiraient des chasseurs alpins, de sorte que nous étions entre deux feux. A ce moment, Chotel s'est affaissé sur les genoux. Il a eu encore la force de se retourner vers les Allemands, en criant : « Lâches assassins ! » Puis il est tombé mort.

Peu après, Georges (Léon) a été tué raide, et j'ai vu Louzy se sauver en longeant le mur de l'hôpital ; il avait reçu une blessure au poignet. Les Allemands lui criaient : « halt ! » mais il a continué à fuir.

J'ai enfin été atteint d'une balle au ventre. Elle a porté sur deux pièces de cinq francs qui étaient dans la poche de mon gilet et qui l'ont fait dévier ; aussi n'ai-je eu qu'une plaie en séton. Je vous en fais constater la cicatrice. Après être resté quelques instants sans connaissance, j'ai prié un soldat allemand de me conduire chez moi. Il m'a mené auprès de l'officier qui m'avait fait placer en avant ; ce dernier m'a dit : « Vous saurez que ce n'est pas une balle allemande qui vous a frappé, mais une balle française », et il m'a fait ensuite escorter par deux hommes jusqu'à mon domicile.

J'ai dû rester cinq semaines à l'hôpital. Là, j'ai vu deux enfants de dix ou douze ans blessés au ventre. L'un d'eux est mort dans de grandes souffrances. J'ignore les circonstances dans lesquelles l'un et l'autre ont été frappés.

Après lecture, le témoin a signé avec nous.

Le même jour, au même lieu, a comparu devant nous Louzy (Henri), âgé de vingt-six ans, menuisier à Saint-Dié, lequel, étant sourd-muet, n'a pu nous faire de déclaration, mais nous a fait constater les cicatrices d'entrée et de sortie de la balle qui l'a atteint au poignet droit, dans les circonstances relatées en la déposition ci-dessus de M. Visser.

Bonté (Marie), veuve Denis Pierre, 64 ans, demeurant à Saint-Dié :

Je jure de dire la vérité.

Le 27 août 1914, mon petit-fils, Charles Perrin, âgé de quatorze ans, était allé faire une commission en courant, lorsque des Allemands qui arrivaient ont tiré sur lui deux coups de fusil. Il a eu les intestins perforés et il est mort le 20 septembre, à l'hôpital de Foucharupt.

Après lecture, le témoin a signé avec nous.

N° 253.

CERTIFICAT du médecin-chef de l'hôpital civil de SAINT-DIÉ.

Saint-Dié, 27 septembre 1915.

Je soussigné, docteur en médecine, officier de l'Instruction Publique, médecin-chef de l'hôpital civil de Saint-Dié, certifie que le nommé Visser (Georges), 50 ans, comptable à Saint-Dié, est entré à l'hôpital civil de Saint-Dié à Foucharupt le 27 août 1914. M. Visser était blessé à la hanche droite. La plaie, d'environ vingt centimètres de long sur dix centimètres de large, était une plaie produite par ricochet. Elle intéressait la peau et les muscles.

M. Visser est resté cinq semaines à l'hôpital et a demandé alors à en sortir, quoique incomplètement guéri. Je l'ai vu ensuite chez lui et puis certifier que sa plaie n'a été guérie qu'au bout de cinquante jours.

Certifié sincère et véritable.

Signé : E. Toussaint.

N° 254.

CERTIFICAT du médecin-chef de l'hôpital civil de SAINT-DIÉ.

Saint-Dié, 27 septembre 1915.

Je soussigné, docteur en médecine, officier de l'Instruction Publique, médecin-chef de l'hôpital civil de Saint-Dié, certifie que le nommé Louzy (Henri), 26 ans, menuisier à Saint-Dié, atteint de surdi-mutité, est entré à l'hôpital civil de Saint-Dié à Foucharupt le 27 août 1914. M. Louzy était blessé au bras droit par une balle entrée à la région postéro-interne du poignet et sortie à quatre travers de doigt plus haut à la région antéro-interne du bras.

M. Louzy est resté douze jours à l'hôpital et a demandé à en sortir, quoique incomplètement guéri. Il n'a pu se servir de son bras qu'un mois environ après sa sortie de l'hôpital.

Certifié sincère et véritable.

Signé : E. Toussaint.

N° 255.

DÉPOSITION reçue, le 2 septembre 1915, à SAINT-DIÉ, par M. DUCHER, commissaire de police, agissant en exécution d'une commission rogatoire de la Commission d'enquête instituée par décret du 23 septembre 1914.

STIRNLING (Jeanne), femme STIERLING, 24 ans, charcutière, demeurant à Saint-Dié, rue de la Bolle, n° 5 :

Serment prêté.

J'ai trouvé Paul Luquer au collège de filles de Saint-Dié, situé près de chez moi, rue d'Hellieule, collège qui servait d'ambulance aux Allemands. J'ai à peine reconnu Luquer, tellement il était défiguré par sa blessure. Sa figure était ensanglantée. Je l'ai soigné pendant plusieurs jours, après quoi il a été emmené dans un des hôpitaux de Saint Dié. Luquer m'a remis l'argent et les papiers qu'il portait sur lui, ainsi que sa montre: j'ai transmis le tout à ses parents.

Luquer m'a dit qu'il avait été blessé dans les circonstances suivantes :

Il sortait de chez Mme Voignier, débitante aux Tiges. A ce moment, la bataille était engagée. Luquer, voyant un chasseur alpin blessé, a voulu le relever. C'est à ce moment qu'il a été blessé par les balles allemandes.

En résumé, j'ai compris que Luquer avait été blessé au cours de la bataille qui s'est engagée aux Tiges.

Je n'ai pas été témoin oculaire, et je ne connais personne qui ait vu comment Luquer a été blessé.

Lecture faite, persiste et signe avec nous.

N°s 256, 257.

DÉPOSITIONS reçues, le 30 septembre 1915, à Saint-Dié, par M. Ducher, commissaire de police, agissant en exécution d'une commission rogatoire de la Commission d'enquête instituée par décret du 23 septembre 1914.

Léonard (Marie-Adèle), femme Luquer, 48 ans, ménagère, demeurant à Saint-Dié, lieu-dit « les Tiges » :

Serment prêté.

J'étais absente de Saint-Dié quand mon fils, Paul Luquer, âgé de dix-neuf ans, a été blessé mortellement.

J'ai su par l'infirmière qui le soignait, que mon fils avait été blessé pendant qu'il relevait un soldat français, près de chez Mme Voignier, au Cardinal.

J'ai vu mon fils avant sa mort, mais il n'a pu me parler. Il est mort le 16 septembre 1914. Je ne connais aucune personne qui ait vu mon fils tomber. Tous les voisins étaient partis; seule Mme Voignier était chez elle. J'ignore quelle est l'infirmière qui l'a soigné.

Lecture faite, persiste et signe avec nous.

Popart (Mathilde), femme Voignier, 49 ans, débitante et propriétaire, demeurant à Saint-Dié, lieu-dit « les Tiges, le Cardinal » :

Serment prêté.

Le 28 août, vers dix heures du soir, je suis rentrée chez moi avec Paul Luquer, qui a couché dans ma maison. Le 29, les Allemands sont arrivés vers neuf heures du matin, et à partir de cette heure, j'ai perdu de vue ce jeune homme. Le 31 août, vers quatre heures du soir, les Allemands sont venus chez moi et m'ont dit de prendre de l'eau et une serviette, et de les suivre. Ils m'ont conduite dans une petite maison m'appartenant, située près de chez moi. Là, j'ai trouvé Paul Luquer couché et blessé au visage; il pouvait à peine parler. Je l'ai lavé, et cependant je lui ai demandé en patois si c'étaient les Allemands qui l'avaient blessé; je n'ai pas compris ce qu'a répondu Paul Luquer. Le même jour, vers six heures du soir, les soldats allemands ont conduit Luquer à l'hôpital. Luquer n'est mort qu'après l'évacuation de Saint-Dié par les Prussiens. Il a revu ses parents avant de mourir, et je sais qu'il a dit dans quelles circonstances il avait été blessé.

Lecture faite, persiste et signe avec nous.

N°s 258, 259, 260, 261.

DÉPOSITIONS faites, le 27 septembre 1915, à SAINT-DIÉ, devant la Commission d'enquête.

GAXATTE (Eugénie), femme BLEICHER, 40 ans, demeurant à Saint-Dié :

Je jure de dire la vérité.

Le 28 août 1914, mon fils, Anatole-Marcel Bleicher, âgé de vingt ans, réformé du service militaire pour anémie, s'est rendu chez Mme Ziegler. Il n'est pas rentré le soir; et le lendemain, j'ai appris qu'il avait été tué par un chef allemand. On ne m'a pas permis de voir son corps.

Après lecture, le témoin a signé avec nous.

LECOMTE (Marie), femme ZIEGLER, 62 ans, cultivatrice à Saint-Roch, commune de Saint-Dié :

Je jure de dire la vérité.

Le 28 août 1914, le jeune Bleicher, âgé de vingt ans, se trouvait chez moi, quand trois « chefs allemands » sont entrés. L'un d'eux, s'adressant à Bleicher, a crié : « ...*raus!* » Ce dernier a fait un pas en avant, en disant : « Je suis... » Il n'a pas pu prononcer un mot de plus, car il a été immédiatement abattu d'un coup de revolver.

Après lecture, le témoin a signé avec nous.

POPART (Mathilde), femme VOIGNIER, 49 ans, débitante de boissons au lieu-dit « le Cardinal », commune de Saint-Dié :

Je jure de dire la vérité.

Le 29 août 1914, vers neuf heures et demie du matin, j'ai vu tomber, près de chez moi, M. Tihay, âgé de soixante-neuf ans, qui était entouré d'Allemands. On se battait à ce moment-là. Je me suis approchée et j'ai constaté qu'il était mort. On m'a défendu de le ramasser.

Après lecture, le témoin a signé avec nous.

KLEIN (Lucie), femme FREY, 37 ans, demeurant à Saint-Dié :

Je jure de dire la vérité.

Le 27 août, vers une heure et demie de l'après-midi, j'ai vu un Allemand viser M. Lafoucrière (Camille), âgé de dix-huit ans, tirer sur lui et l'abattre d'une balle à la gorge, à l'angle de la rue de la Prairie et de la rue du Dixième-Bataillon. On ne se battait pas à ce moment, et Lafoucrière n'avait ni dit un seul mot, ni fait aucun geste de provocation. Il a été tué sans motif et par pure méchanceté.

Après lecture, le témoin a signé avec nous et avec MM. Junger (Hubert), âgé de soixante-cinq ans, propriétaire, et Crovisier (Julien), âgé de quarante-quatre ans, tisserand, tous deux demeurant à Saint-Dié, qui, après avoir prêté serment, nous ont fait une déposition en tout point conforme à celle de Mme Frey.

N°s 262, 263.

DÉPOSITIONS faites, le 27 septembre 1915, à Saint-Dié, devant la Commission d'enquête.

Martin (Marie), femme Marchal, 42 ans, demeurant à Foucharupt, commune de Saint-Dié :

Je jure de dire la vérité.

Le 29 août 1914, me trouvant aux Tiges, faubourg de Saint-Dié, où je m'étais réfugiée, j'ai vu arriver dans la cave où j'étais une trentaine de soldats français, du 99e régiment d'infanterie. Peu après, les Allemands ayant cerné la maison, ces hommes sont sortis pour se rendre, comprenant que la lutte était inutile. Les ennemis, après avoir brisé leurs armes sur les marches de l'escalier, les ont fusillés, tandis que j'étais conduite, avec d'autres femmes, derrière le bâtiment. Nous avons assisté à la première partie de la scène, et au moment de l'exécution, nous avons entendu les coups de feu ainsi que les cris des victimes.

Après lecture, le témoin a signé avec nous.

Aubry (Léa), femme Vogt, 22 ans, ouvrière d'usine aux Tiges :

Je jure de dire la vérité.

[Le témoin, après nous avoir fait une déposition entièrement conforme à celle de Mme Marchal, ajoute :]

Au moment où les trente Français ont été fusillés, un soldat a dit au grand-père de mon mari qu'on venait de l'appeler pour participer à l'exécution, mais qu'il ne voulait pas obéir parce que cela lui faisait trop mal au cœur. Le grand-père nous a raconté également que, quand nos soldats s'étaient rendus, un des Allemands, à qui il cherchait à expliquer que ces hommes se constituaient prisonniers, lui avait répondu : « Nous ne faisons pas de prisonniers. »

Après lecture, le témoin a signé avec nous.

N° 264.

DÉPOSITION faite, le 27 septembre 1915, à Saint-Dié, devant la Commission d'enquête.

Berger (Élisabeth), née Meyer, 36 ans, demeurant aux Tiges, commune de Saint-Dié :

Je jure de dire la vérité.

Je confirme, d'une façon absolue et sous la foi du serment, la déclaration que j'ai faite au commissaire de police de Saint-Dié et dont vous avez le procès-verbal entre les mains. Elle fait connaître très exactement les circonstances du meurtre de deux militaires français blessés, qui a été commis chez moi, le 30 août 1914, par un soldat allemand.

Après lecture, le témoin a signé avec nous.

N° 265.

PROCÈS-VERBAL de la déclaration faite par Mme BERGER (Élisabeth), née MEYER, au commissaire de police de SAINT-DIÉ.

Le 30 août dernier, vers six heures et demie du matin, j'ai entendu appeler « au secours », et ces cris semblaient venir d'un pré situé à proximité de ma maison et de l'autre côté de la voie. J'ai prié des soldats français qui se trouvaient devant ma maison d'aller voir ce qui se passait. Ils sont partis, et ont ramassé un blessé appartenant au 21ᵉ bataillon de chasseurs à pied. Il paraissait avoir la jambe gauche fracassée. Ma maison étant la seule ouverte et mes voisins étant tous partis, je l'ai recueilli chez moi et placé dans un fauteuil, dans ma cuisine. Le malheureux, qui avait passé près de deux jours et deux nuits sans aucun soin, personne n'ayant osé l'aller chercher à cause de la fusillade continuelle et de la proximité des Allemands, était naturellement transi de froid et absolument incapable de se mouvoir. Peu après, cinq minutes peut-être, des soldats de l'infanterie française m'amenèrent un autre blessé, du 62ᵉ chasseurs, je crois, qui avait éprouvé une très forte hémorragie à la suite d'une blessure par balle dans la jambe et la cuisse droites — blessure reçue d'un cycliste prussien, m'a-t-il dit. Je l'ai placé à proximité du premier blessé et par terre, à cause de sa jambe qui le faisait beaucoup souffrir. Pendant ce temps, les soldats français qui se trouvaient dans ma maison tiraient sur les Allemands dans la direction de la Meurthe.

Les troupes allemandes ayant eu l'avantage, les Français ont quitté les Tiges vers dix heures du matin. A onze heures, une patrouille allemande est entrée dans ma maison (le 120ᵉ d'infanterie, si mes souvenirs sont exacts). Ils n'ont rien dit aux deux blessés. Peu de temps après, six autres soldats allemands, qui avaient brisé la porte de ma salle à manger pour entrer plus vite — car la porte de la cuisine était ouverte — se sont présentés revolver au poing et m'ont sommée de leur dire pourquoi ces deux blessés étaient chez moi. Je leur ai répondu qu'ils étaient grièvement blessés et incapables de marcher. L'un d'eux, le plus violent, voulait les obliger à se lever. Comme ils se trouvaient dans l'impossibilité de le faire, il n'insista pas et il partit avec les autres.

Vers deux heures de l'après-midi, ce même soldat revint chez moi seul. Il avait échangé son casque contre un béret à bande rouge. Il me tutoya et me demanda si c'étaient « mes deux hommes »; je répondis que non, et que c'étaient des blessés qu'on m'avait amenés. Il me dit en allemand (je comprends un peu cette langue, ma mère étant alsacienne): « Fahr ab! » ce qui veut dire : « Va-t'en! » Je partis, et, quelques minutes après, il me rappela et me dit en allemand: « Femme, je vais les fusiller. » Je me suis rendue dans la cave, épouvantée, car je croyais que c'était à moi qu'il en avait. A ce moment, j'entendis six coups de feu. Au bout de quelques instants, l'ayant entendu partir, je suis remontée de la cave et j'ai constaté qu'il avait tué de balles à bout portant et dans la tête mes deux malheureux blessés. Je vous montre la trace des six coups de feu sur les murs de ma cuisine et à l'endroit où se trouvaient les deux chasseurs.

[*Nous, commissaire de police, relevons en effet la. trace très visible de six trous de balles, en même temps qu'une tache de sang à environ deux mètres du sol. Deux de ces balles ont traversé le mur — en briques sur champ — et sont allées s'incruster dans le matelas d'un lit qui est placé dans la chambre à coucher.*]

Mon mari étant mobilisé et mes voisines étant parties, j'ai dû garder pendant deux jours les cadavres dans ma cuisine, qui était inondée de sang. C'était une infection! Enfin, des soldats-allemands étant passés, je les priai de me débarrasser de ces deux cadavres. Ils se contentèrent de les porter dans le jardin situé au pied de ma maison, où ils les laissèrent. Les corps restèrent là plus de trois jours encore, et c'est alors seulement que des hommes, sous les ordres de M. le commissaire de Saint-Dié, qui prit les plaques d'identité, les enterrèrent dans mon jardin.

Signé : Mᵐᵉ Berger.

Nous soussignés, membres de la Commission d'enquête instituée par décret du 23 septembre 1914, avons donné lecture de la déclaration ci-dessus à Mᵐᵉ Berger, qui l'a reconnue comme étant celle qu'elle a faite devant le commissaire de police de Saint-Dié, au mois d'octobre 1914, et en a confirmé tous les termes, sous la foi du serment.

Elle a signé avec nous.

Saint-Dié, le 27 septembre 1915.

Nᵒˢ 266, 267, 268, 269, 270, 271, 272.

DÉPOSITIONS faites, le 27 septembre 1915, à Saint-Dié, devant la Commission d'enquête.

Badier (Adolphe), 52 ans, marchand de vins en gros à Saint-Dié :

Je jure de dire la vérité.

Pendant leur séjour à Saint-Dié, les Allemands ont pillé mes magasins. Ils m'ont volé six cents hectolitres de vin ordinaire et sept mille bouteilles de vins fins. Mon préjudice est d'environ trente-cinq mille francs; il m'a été remis pour dix mille francs de bons de réquisition plus ou moins réguliers. Ces bons sont signés par des officiers de la 26ᵉ division de réserve et du 71ᵉ régiment d'infanterie de Landwehr prussien.

Après lecture, le témoin a signé avec nous.

Sem (Joseph), 56 ans, boucher à Saint-Dié :

Je jure de dire la vérité.

J'ai vu les Allemands, au début de l'occupation, dévaliser plusieurs magasins, notamment ceux de M. Badier, négociant en vins, et de M. Boër, restaurateur-débitant. Les marchandises qui n'étaient pas emportées par les soldats étaient chargées sur des voitures automobiles.

Après lecture, le témoin a signé avec nous.

Zecth (Eugénie), veuve Guth, 62 ans, négociante à Saint-Dié :

Je jure de dire la vérité.

Les 1ᵉʳ et 2 septembre 1914, des soldats allemands ont complètement dévalisé ma cave. Après avoir vidé celle de mon voisin, M. Jeanpierre, ils avaient passé dans la mienne en sciant la cloison de séparation.

Après lecture, le témoin a signé avec nous.

MENTZER (Henriette), 44 ans, débitante de tabac à Saint-Dié :

Je jure de dire la vérité.

Les 27, 28 et 29,août 1914, mon débit a été entièrement pillé par les Allemands. Je me suis plainte vainement à l'état-major.

Après lecture, le témoin a signé avec nous.

SEILER (Adolphe), 39 ans, agent de police à Saint-Dié :

Je jure de dire la vérité.

Les Allemands ont pillé à Saint-Dié toutes les maisons inoccupées ainsi qu'un grand nombre de magasins. Je les ai vus dévaliser l'établissement de M. Badier, négociant en vins, et charger les marchandises sur des automobiles. Chez un lieutenant du 10ᵉ chasseurs à pied français, locataire dans la maison Pierrat, ils ont enlevé un coffre-fort.

Un jour, devant moi, sous le péristyle de l'hôtel de ville, des soldats allemands, en présence de plusieurs de leurs officiers, ont fracturé avec un marteau et des pinces un autre coffre-fort qu'ils avaient apporté en cet endroit.

Après lecture, le témoin a signé avec nous.

PETITCOLIN (Pierre), 49 ans, contremaître de scierie à Saint-Dié :

Je jure de dire la vérité.

Pendant l'occupation, j'ai assisté, ainsi que ma femme, à des scènes journalières de pillage de caves. Nous avons vu aussi, le 29 août 1914, les Allemands circuler dans la rue de la Bolle et dans la rue des Cités avec des bidons de pétrole. Ils entraient dans les maisons, et le feu éclatait aussitôt.

Le même jour, à huit heures ou huit heures et demie du matin, ils ont trouvé dans une cave deux soldats d'infanterie de ligne et deux chasseurs alpins, qui avaient tiré sur eux, ont-ils dit. Ils ont conduit ces quatre hommes à l'angle de la rue de la Bolle et de la rue des Cités, et les ont fusillés. Comme je me trouvais à proximité, j'ai vu tomber les prisonniers. Ma femme est allée ensuite voir avec moi les corps, qui sont restés sur la voie publique pendant quatre jours.

Après lecture, le témoin a signé avec nous et avec Mᵐᵉ TOUSSAINT (Marianne), femme PETITCOLIN, qui, après avoir prêté serment, a confirmé la déposition de son mari.

MARTIN (André-Jacques), 57 ans, menuisier à Saint-Dié :

Je jure de dire la vérité.

Le 29 août 1914, dans la matinée, j'ai vu, sur une place, à l'extrémité de la rue des Cités et de la rue de la Bolle, les cadavres de deux soldats d'infanterie de ligne français et de deux chasseurs alpins, que les Allemands avaient fusillés après les avoir faits prisonniers.

Après lecture, le témoin a signé avec nous.

N° 273.

DÉPOSITION faite, le 27 septembre 1915, à SAINT-DIÉ, devant la Commission d'enquête.

FERRY (Marcelle), 61 ans, infirmière-surveillante à l'hôpital de Saint-Dié :

Je jure de dire la vérité.

Le 27 août 1914, dans la matinée, me trouvant à l'hôpital, j'ai vu les Allemands tuer deux civils français. Après une fusillade assez vive, ils ont poussé contre un mur ces deux hommes, sur lesquels six soldats ont tiré en même temps. Je ne connaissais pas les victimes.

Je crois devoir vous signaler aussi le fait suivant :

Depuis le 6 septembre jusqu'au 10, jour du départ de l'ennemi, on m'a interdit, sous peine d'expulsion, de faire des pansements aux blessés français, et, comme je réclamais, un infirmier-chef m'a répondu : « C'est par ordre ». Cette mesure a eu pour nos blessés les conséquences les plus terribles. Beaucoup, qui auraient pu être sauvés, ont succombé à la gangrène et à l'infection.

Après lecture, le témoin a signé avec nous.

N° 274.

DÉPOSITION faite, le 25 septembre 1915, à GÉRARDMER (Vosges), devant la Commission d'enquête.

PARISOT (Charles), 51 ans, premier adjoint faisant fonctions de maire à Gérardmer :

Je jure de dire la vérité.

La ville de Gérardmer a été très souvent survolée par des aéroplanes allemands qui l'ont bombardée plus de vingt fois. Il y a eu des dégâts matériels assez importants et nous avons eu à déplorer, dans la population civile, la mort de deux victimes : Mme veuve Bronner, qui a été tuée, le 22 mai, dans son logement, et une petite fille d'une dizaine d'années, la jeune Jacquot (Marie-Angèle), qui a été tuée sur un chemin, le 28 juillet dernier.

Une femme aussi a été blessée dans la rue.

Après lecture, le témoin a signé avec nous.

DOCUMENTS PHOTOGRAPHIQUES

Les documents photographiques qui suivent sont extraits de la collection annexée au rapport. Les clichés n°s 1, 2, 5, 6, 7, 11, 19, 20, 21, 22 et 23 ont été pris, au cours des enquêtes, par la Commission, à laquelle est adjoint un fonctionnaire du Service géographique de l'Armée. Les n°s 3, 4, 16, 17, 18, 24 et 25 ont été communiqués par la Section photographique de l'Armée; les n°s 8, 9 et 10 par M. Emile Fournier, administrateur délégué dans les fonctions de maire à Badonviller; et les n°s 12 et 13 par Mme Bérard, dont la déposition figure à la page 143.

Les n°s 14 et 15 sont des reproductions de cartes postales allemandes.

1

LISSE (Marne).

2

AUVE (Marne).

3

CHATILLON-SUR-MORIN (Marne).

4

COIZARD (Marne).

14.

5

BRABANT-LE-ROI (Meuse).

6

VASSINCOURT (Meuse).

VASSINCOURT (Meuse).

BADONVILLER (Meurthe-et-Moselle).

BADONVILLER (Meurthe-et-Moselle). — Les cités ouvrières.

BADONVILLER (Meurthe-et-Moselle). — Faubourg d'Alsace

11

.... (Meurthe-et-Moselle).

12

Petit JEAN BÉRARD.
Agrandissement du médaillon communiqué par Mme Bérard.
(V. pages 28 et 113.)

BÉATRICE AUFIERO.
(V. pages 28 et 143.)

(Cliché veuve Berthomier et fils, à Bône.)

14

Westlicher Kriegsschauplatz   Audun-le-Roman

15

Westlicher Kriegsschauplatz   Audun-le-Roman

AUDUN-LE-ROMAN (Meurthe-et-Moselle).
(Reproductions de cartes postales allemandes.)

16

RAON-L'ÉTAPE (Vosges). — Rue Jules-Ferry.

17

RAON-L'ÉTAPE (Vosges). — Les Halles

18

RAON-L'ÉTAPE (Vosges). — Place Jules-Ferry.

19

NOSSONCOURT (Vosges).

GUERRE 1914-1915-1916. — ENQUÊTE DE LA COMMISSION. — T. V.   16

20

SAINTE-BARBE (Vosges). — Maison où Mlle HAITE a été brûlée vive.
(V. pages 32 , 158 et 159.)

21

SAINTE-BARBE (Vosges).

DONCIÈRES (Vosges).

MÉNIL-SUR-BELVITTE (Vosges).

24

SAINT-MICHEL-SUR-MEURTHE (Vosges).

25

SAINT-DIÉ (Vosges).

TABLE ALPHABÉTIQUE

DES COMMUNES ET LOCALITÉS CITÉES

DANS LE RAPPORT DU 8 DÉCEMBRE 1915

ET

DANS LES PROCÈS-VERBAUX D'ENQUÊTE

ET DOCUMENTS DIVERS

TABLE DES MATIÈRES

www.ingramcontent.com/pod-product-compliance
Lightning Source LLC
Chambersburg PA
CBHW061019280326
41935CB00009B/1020